大学美育 （医学版）

主　编◎王丽娜

副主编◎刘　博　任　璐　陈　然　张煜佳　王博洋　王翠香

清华大学出版社
北京

内 容 简 介

本书的编者团队贯彻落实中共中央办公厅、国务院办公厅印发的《关于全面加强和改进新时代学校美育工作的意见》，立足"新医科"建设和医学院校人才培养，从医学生人格养成、职业精神培养、审美能力提升等角度设计、编写了这本适合医学生的美育教材。全书共八章，涵盖生命之美、医学之美、造物之美、文学之美、礼仪之美、心灵之美、艺术之美、科技之美，还包括多种艺术形式的审美引领和艺术实践。

本书内容系统全面、图文并茂，既可以作为全日制医学类本科院校和高等职业院校的教材，也可供广大艺术工作者、美育工作者参考。

图书在版编目（CIP）数据

大学美育：医学版 / 王丽娜主编. -- 北京：清华大学出版社，2025. 7.
ISBN 978-7-302-69923-1

Ⅰ. G40-014

中国国家版本馆 CIP 数据核字第 2025RE4219 号

责任编辑：付潭蛟
封面设计：胡梅玲
责任校对：王荣静
责任印制：刘 菲
出版发行：清华大学出版社
　　　　　网　　　址：https://www.tup.com.cn，https://www.wqxuetang.com
　　　　　地　　　址：北京清华大学学研大厦 A 座　　　　　　邮　　编：100084
　　　　　社 总 机：010-83470000　　　　　　　　　　　　邮　　购：010-62786544
　　　　　投稿与读者服务：010-62776969，c-service@tup.tsinghua.edu.cn
　　　　　质 量 反 馈：010-62772015，zhiliang@tup.tsinghua.edu.cn
　　　　　课 件 下 载：https://www.tup.com.cn，010-83470332
印 装 者：三河市铭诚印务有限公司
经　　销：全国新华书店
开　　本：185mm×260mm　　　印　张：14　　　字　数：284 千字
版　　次：2025 年 8 月第 1 版　　　　　　　　印　次：2025 年 8 月第 1 次印刷
定　　价：49.80 元

产品编号：109377-01

推荐序一

习近平总书记指出："做好美育工作，要坚持立德树人，扎根时代生活，遵循美育特点，弘扬中华美育精神，让祖国青年一代身心都健康成长。"这一重要论述为新时代高校美育建设指明了前进方向。

美育是最重要、最基础的人生观教育。美育是传承中华文明的重要方式，是增强文化自信的重要力量，是提升全民族审美素养、道德情操和激发全社会创造活力的重要手段，更是提升国家文化软实力、增强国家核心竞争力的重要途径。美育是高等教育体系中不可或缺的组成部分，既是审美教育、情操教育、心灵教育，也是丰富想象力和培养创新意识的教育。加强美育工作是落实立德树人根本任务、促进学生全面发展的必然要求，是落实习近平总书记关于教育的重要论述的具体行动。

培养什么样的医生，是医学教育所面临的首要问题。医学，是人性善良、人类价值和人类情感的表达，几乎没有哪一门学科像医学一样，闪耀着人文光辉，充满着仁爱精神。以人为本，是医学的内核。美育不应局限于艺术学科，而应成为所有学科的共同语言。随着"新文科+新医科"建设的不断推进，迫切需要进一步促进医文交叉融合，涵养医学生人文精神和家国情怀。《大学美育》（医学版）这本书配合美育课程编写，内容从传统到现代，从传承到创新，涵盖生命之美、医学之美、造物之美、文学之美、礼仪之美、心灵之美、艺术之美、科技之美，创新性地构建了"医学+美育"课程与教材体系。在编写风格与论述上，该书定位清晰，契合复合型医学人才的培养目标；注重案例赏析与文本分析，注重培养学生的深层思考和感悟能力；行文语言生动、图文并茂，能够引起青年大学生的思想共鸣，从而引导青年大学生欣赏艺术之美、生活之美、生命之美，创造人生之美。

党的二十届三中全会提出深化教育综合改革的任务，强调完善立德树人机制，健全德智体美劳全面培养体系。我们将积极落实立德树人根本任务，运用中华美学和美育精神滋养青年一代，推动美育融入医学教育全过程，培养有情怀、有温度、有担当、有作为的医学人才。

姜建明

河北省卫生健康委员会党组书记

美育是启智润心的，美育教育是"五育并举"培养合格建设者和接班人的重要组成部分。习近平总书记高度重视美育工作，指出："做好美育工作，要坚持立德树人，扎根时代生活，遵循美育特点，弘扬中华美育精神，让祖国青年一代身心都健康成长。"

这本针对医学类院校美育教育的《大学美育》(医学版)，充实了"医学+美育"课程的教材体系，体现了以下几个特点。

首先是特色鲜明。大学美育，不仅要育出美，更要育出文化自信。美育本身具有启智、引善的普遍作用，不仅是审美的教育、情操的教育，更是激荡心灵的思想教育，在立德树人方面具有不可替代的作用。美育是认识美、发现美、创造美、追求美、提高审美水平、培养审美能力的教育，首先这个"美"必须符合"中国特色"，坚持"文化自信"。加快建设具有中国特色、世界一流的高等教育，这就要求我们在课程设置、教材编写、教学实践等过程中，坚守这个关键，从"中国特色"出发，培养学生的"文化自信"。本书在指导思想上，坚持了"中国特色"、坚守了"文化自信"，对于培养更多具有家国情怀、人文素养、国际视野的高素质医学人才，具有基础性作用。

其次是针对性强。《国语》中讲"夫美也者，上下、内外、小大、远近皆无害焉，故曰美"。本书既涵盖了生命之美、医学之美、造物之美等自然之美，又包含了文学、礼仪、艺术、科技等人文之美，这种分类不但全面，而且科学，兼顾了高等学校学科专业设置的分类，同时涵盖了大学生接受美育的基本认知和实践内容，而其中将生命、医学纳入美育中，是有针对性的，体现了医学类院校教材的特点。

最后是跨学科。本书的出版完善了跨学科优质美育资源体系，彰显了在医学类高校美育课程与教学改革发展中编写团队的使命和担当。通过本书的编写理念、教学内容、活动设计等，读者既能够从书中获取美育的熏陶，又能够继续思考新时代医学类院校到底需要怎样的美育教学。这对优质均衡的美育更加普及、学生审美和人文素养普遍提高、教师美育素养显著提升、学校美育氛围更加浓厚、学校美育工作体制机制更加健全，都有一个明显的促进作用。

正如本书前言中所讲："美育和课程思政是高校育人的两翼，在显性教育和隐性教育层面发挥着重要作用，是教育引导学生树立正确价值观和培养高尚品德的重要举措。"让我们继续做好美育工作，润物无声，以新时代文化思想为美育护航，培养学生正确的审美观念和感受美、鉴赏美、创造美的能力，在潜移默化中对学生进行思想教育、理论武装和价值引领；入脑入心，以中华美育精神为美育赋能，实现全员、全过程、全方位育人，使学生能够感受到美好事物，培养学生健康的审美观念，做到显性教育与隐性教育的和谐统一。

翟海魂

河北医科大学医学教育与医教协同中心教授，博士研究生导师

国家督学，教育部高等学校医学人文素养与全科医学教学指导委员会主任委员

　　美是纯洁道德、丰富精神的重要源泉。美育是审美教育、情操教育、心灵教育，也是丰富想象力和培养创新意识的教育。美育应该伴随人的一生。

　　新时代新征程，国家和社会对大学美育提出了新要求，全面加强和改进美育是高等教育当前和今后一个时期的重要任务，大学美育课程应积极承担新任务，学习贯彻党的二十大精神和习近平新时代中国特色社会主义思想，承担起为社会主义文化强国建设培育高素质建设者和接班人这一新使命。教育部 2019 年印发的《关于切实加强新时代高等学校美育工作的意见》明确指出，高校美育要以艺术教育的改革发展为重点，紧紧围绕高校普及艺术教育、专业艺术教育和艺术师范教育三个重点领域，大力加强和改进美育教育教学。2020 年 10 月，中共中央办公厅、国务院办公厅印发《关于全面加强和改进新时代学校美育工作的意见》，要求全面加强和改进新时代学校美育工作。

　　进入新时代，我国高校美育建设也迎来了新的发展机遇。随着国家自上而下地普及、推广美育文化，人们对美育的认识获得了进一步提升。学校美育不仅是"五育并举"育人体系的重要组成部分，也是立德树人的重要载体，更是全面发展教育的重要组成部分。

　　作为高校美育工作者，大学美育对大学生有什么用？如何引导学生更好地感知美、发现美、创造美？如何结合不同专业特色，更好地开设美育课程？这是围绕当代美育教学的时代之问。作为医学院校的美育工作者，如何结合医学院校的人才培养，从医学生人格养成、职业精神培养、审美能力提升等角度撰写一部医学生的美育教材，也是创作团队一直思考的问题。

　　美育和课程思政是高校育人的两翼，在显性教育和隐性教育层面发挥着重要作用，是教育引导学生树立正确价值观和培养高尚品德的重要举措。为落实立德树人根本任务，本书在讲解知识点的过程中，将美育与德育、美育与专业教育有机结合起来，培养学生正确的审美观念和感受美、鉴赏美、创造美的能力，在潜移默化中对学生进行思想教育、理论武装和价值引领，做到显性教育和隐性教育相统一，实现全员、全过程、全方位育人，通过有意识的引导，使学生能够感受到美好的事物，从而培养学生健康的审美观念。

　　基于此，本书遵循以下编写思路。

　　一是内容相对科学。全书共八章，涵盖生命之美、医学之美、造物之美、文学之美、礼仪之美、心灵之美、艺术之美、科技之美，专业门类涵盖 8 个艺术领域。这种分类虽不甚全面，但涵盖了大学生所接受的美育的基本认知和实践内容。将文学、礼仪、心理、科技纳入美育，是本书的亮点和特色。

二是教学目标定位清晰。所谓大学美育，旨在培养大学生的人文精神与审美能力，教育部要求每位大学生在校期间必须修满 2 个美育课程学分方能毕业，内容设置涵盖美学和艺术史论、艺术鉴赏和评论、艺术体验和实践三个层次。一方面，内容注重与医学专业相结合，基于医学与艺术深厚的同源性、融通性，比如，书中设计了"如何敬畏生命""医学史教学中的审美教育""文学与医学的深度探析""美育与心理健康教育的关系""当艺术遇上医学"等内容。在加快医学教育创新发展的背景下，本书贯彻教育部 2024 年起全面实施的"学校美育浸润行动"，寓德于美、以艺启医，培养医德高尚、医术精湛的人民健康守护者。另一方面，教材内容注重课程思政，围绕"审美"和"铸魂"两大功能目标，将知识讲解与社会主义核心价值观、医学人文精神等思想培育相融合，引导学生认识美、发现美、鉴赏美、感悟美、分享美，使学生形成高尚的道德情操、完善的人格修养。

三是写作形式雅俗共赏。本书的写作既是理论性的，也是实践性的。本书的写作在教育目标上回归美育初心，高度重视美育的通识性特点，在潜移默化中引导大学生形成自主审美体验和审美判断能力，推动美育成为当代大学生的基本文化素养教育。从各人文艺术学科的理论基础、文化常识、作品鉴赏、艺术实践出发，带领美育教师在教学过程中全员、全程、全方位开展审美教育活动，从知识、情感、能力等多方面开展浸润式美育，并着眼于青年大学生完整人格养成教育。本书从理论层面到实践层面，以雅俗共赏、通俗易懂、生动形象的形式和内容，向读者阐释并实证了美育对大学生尤其是素质全面发展的影响。

本书由河北医科大学团委书记、艺术教育中心王丽娜担任主编，负责组织编写、提出修改意见、审定章节内容，并最终定稿；由河北医科大学刘博、郑州工程技术学院任璐、河北医科大学第一医院陈然、郑州工程技术学院张煜佳、河北医科大学王博洋、石家庄理工职业学院王翠香担任副主编。具体分工如下：第一章、第四章由王丽娜、刘博编写；第二章由陈然、王翠香编写；第三章由王丽娜、陈然编写；第五章由陈然、王博洋编写；第六章由张煜佳编写；第七章、第八章由任璐、陈然编写。全书由王丽娜统筹，陈然协调，刘博统稿。编写团队为本书的顺利完成收集了大量的资料，付出了大量的心血。

编写团队在编写本书的过程中，参考和借鉴了大量国内外相关文献资料、专著及教材，在此向相关作者表示最诚挚的感谢。感谢清华大学出版社对本书的支持与帮助，包括在文字校对、内容审定、图书出版等方面。

编写团队虽然对本书进行了反复研讨修改，但由于编者水平有限，书中疏漏、不当之处难以避免，敬请广大读者提出宝贵意见，以便编写团队对本书做进一步的修改、补充和完善。编写团队的联系方式：1450691104@qq.com。

王丽娜

2025 年 7 月

课前引导

课程介绍

目 录

第一章

生 命 之 美

　　自然美是人类审美活动的重要领域。自然蕴含着生动、丰富、深厚的美育资源，人人都可以从中发掘美、欣赏美。同时，自然也是我们能接触到的最直观的"美"。大自然的鬼斧神工使我们能够在与自然的和谐共处中汲取其孕育的力量与品格。

第一节　自然与人文之美

　　习近平总书记指出："自然是生命之母，人与自然是生命共同体。"人是自然存在物，是自然进化的产物。大自然是人类赖以生存和发展的基本条件，人与自然的关系是人类社会最基本的关系。

　　马克思指出："人靠自然界生活。"在原始状态下，人类生活在自然界之中，从自然中获取必需的生活资料，人与自然共生共存。中华文明强调天人合一、道法自然，强调人类按照大自然的规律活动，取之有时，用之有度。

　　蔡元培在《美育与人生》一文中写道："名山大川，人人得而游览；夕阳明月，人人得而赏玩；公园的造像，美术馆的图画，人人得而畅观。"[①]在景观美的范畴中，这是人人都有权利享有的审美资源和人生追求。

一、自然风光之美

　　我是个对一切无信仰的人，却只信仰"生命"。

——沈从文

　　沈从文在《边城》中对乡土与纯粹的自然风光进行了大量描绘，开篇写道："小溪流下去，绕山岨流，约三里便汇入茶峒的大河。人若过溪越小山走去，则只一里路就到了茶峒城边。溪流如弓背，山路如弓弦，故远近有了小小的差异。小溪宽约二十丈，河床为大片石头作成。静静的水即或深到一篙不能落底，却依然清澈透明，河中游鱼来去皆可以计数。"在沈从文的眼中，"美是不固定无界限的名词，凡事、凡物，对一个人能够激

----

① 蔡元培. 美育与人生[M]. 北京：中国画报出版社，2022：139.

起情绪、引起惊讶、感到舒服，就是美"。

[清]石涛《陶渊明诗意图册》

在欧阳修的《醉翁亭记》中，描绘了不同时节自然风光的不同韵味和特点，"四时之景不同，而乐亦无穷也"。清晨前往，黄昏归来，四季的风光各异，乐趣也是无穷无尽的。

四季山水是古代画家绘制山水画的一个重要主题。画家撷取季节特征，在作品中融入人们熟悉的元素，扩大作品的影响力。清代戴熙的《春山新沐》以草木为主要描绘对象，体现出生命的律动和活力。

[清]戴熙《春山新沐》

明代蒋嵩的《冬雪图》画出了白雪皑皑、群山寂寂的景象，一幅冬季的自然恬淡风光跃然纸上，这种自然的生命力蕴含于蒋嵩的创作理念中。

[明]蒋嵩《冬雪图》长卷局部

（一）山水美

余秋雨在《文化苦旅》中写道："读懂了中国山水，便读懂了中国。"近水远山皆有情，山水已经融入了中国人的性格基因。山水之美，在于它与人类生命的密切关联。在广袤的大自然中，山川河流等各种形态的山水景观总能引发人们无限的遐想和情感共鸣。它们或雄伟壮观，或清新脱俗，或幽静深邃，或充满浪漫情怀，都展现出丰富多彩的自然美。而对于艺术家来说，山水也是永恒的灵感源泉。历代文人墨客通过笔墨纸砚表达他们对山水的独特感悟和审美意趣，留下了大量令人赞叹的文艺作品。

中国是个多山的国家，以"三山五岳"最为著名。"三山"指的是黄山、庐山、雁荡山；"五岳"指的是东岳泰山、西岳华山、中岳嵩山、南岳衡山、北岳恒山。同时，中国是世界上河流最多的国家之一。中国有许多源远流长的大江大河。中国的十大河流分别是长江、黄河、黑龙江、松花江、珠江、雅鲁藏布江、澜沧江、怒江、汉江、辽河。早期的中国文人墨客喜欢画山水，因为山水代表自然。我们的日常生活离不开的就是自然。在中国人眼中，山水从来不是冰冷的石头和无情的水。通过山水，我们可以领悟到更大的宇宙和我们的内心。

西方哲学家海德格尔曾说："人充满劳绩，但还诗意地安居于大地之上。"除了自然的风光美，还有人与自然相处的自然精神。陶渊明笔下的"采菊东篱下，悠然见南山"，不仅有意境美，而且有内涵美，这里的"南山"是具有灵魂介入、闪耀着灵性之光的自然物，是一种人格美与自然美的统一。

那么，从对自然风光的客观描绘到将创作寄情于山水，中国人的山水情怀到底经历了怎样的变迁呢？这一自然观的转变发生在魏晋南北朝时期。正如宗白华在《论〈世说新语〉与晋人的美》中所说："晋人向外发现了自然，向内发现了自己的深情。山水虚灵化了，也情致化了。陶渊明、谢灵运这般人的山水诗那样地好，是由于他们对于自然有那一股新鲜发现时身入化境浓酣忘我的趣味；他们随手写来，都成妙谛，境与神会，真气扑人。"①这种对于山水题材的喜爱，也为我们留下了无数与之相关的诗词、绘画等文艺作品。

魏晋时期戴逵的《剡山灵秀图》运用工笔写意技法勾勒出东晋时期的剡地山水。剡山层峦叠嶂，郁郁葱葱，溪面广阔，山水相映成趣，鲜活地展现在我们面前。清乾隆皇帝为此画题诗云："山川灵秀称江南，伊人小隐为结庵。竹篱茅舍颇自适，云容水态曾相谙。老松落落蟠翠色，高峰矗矗烘朝岚。兴来扫笔作长幅，故知丘壑性所耽。"

[东晋]戴逵《剡山灵秀图》

剡山，位于嵊州市西北部，剡山之南，长乐江、澄潭江和剡溪在此交汇。剡山何以得名？秦置剡县，故山称剡山，水名剡溪。剡山的地势起伏如苍龙，最高峰名为星子峰，海拔146米，如龙头般高高昂起。南宋高似孙编纂的《剡录·山水志》中有"剡山为越面"。剡山地处剡中盆地的蒂口，"四山"之水在此汇集，流入嵊崃峡谷。剡山宛如守护在蒂口的一条长龙，气势非凡。

天人合一，是中国人自古以来对自然的态度。带着热爱与珍惜，我们深信自然的美是真实的、有力量的，它既宽广有力，又能涵容万物。我们深感山之巍峨、水之包容，人不过是栖息于此。

（二）园林美

什么是园林？根据《中国大百科全书》的词条，园林是"在一定的地域运用工程技术与艺术手段，通过改造地形（或进一步筑山、叠石、理水）、种植树木花草、营造建筑和布置园路等途径创作而成的美丽自然环境和游憩境域"②。园林美是什么呢？它是指按照审美理念设计和布局，统筹山川河流、花草树木、宅院建筑等元素，体现自然

---

① 宗白华. 美学散步[M]. 武汉：长江文艺出版社，2019：294.
② 周武忠. 园林美学[M]. 北京：中国农业出版社，2022：2.

美、社会美和艺术美统一性的园林艺术。园林美是一种将自然风景、建筑形式、人居环境、诗画艺术等融为一体的综合美、整体美。我们认为，园林美的本质在于人与自然的和谐共生。

对建筑和园林的艺术处理，是处理空间的艺术。中国园林已有 3000 多年的历史。北京故宫旁边就有"三海"（北海、中海、南海），圆明园和颐和园是清代皇家园林。民间的老式房子总有天井、院子，这也可以算作一种小小的园林。①中国现存著名古典园林多为明清两代的遗物。我国的"四大园林"包括苏州的拙政园、留园，承德的避暑山庄以及北京的颐和园。中国古典园林的精华集中在江南，苏州的沧浪亭、狮子林、拙政园和留园分别代表宋、元、明、清四个朝代的艺术风格，被称为苏州"四大名园"。清代广东"四大园林"也被称为岭南"四大名园"，分别是顺德清晖园、东莞可园、番禺余荫山房和佛山梁园。

皇家园林是皇帝和皇室私有的大型园林建筑，古代称之为苑、苑圃、宫苑、御苑、御园等。按照使用情况来看，皇家园林分为日常休憩的大内御苑、近郊暂住的行宫御苑和相对远离皇城的离宫御苑等。私家园林是指官僚贵族依附住宅所建造的风景园林，古籍中称之为宅园、别业、园亭、池馆、山庄、草堂等。寺观园林是寺庙道观的附属园林，一般包括寺观内部庭院和外围地段的园林化环境等。除这三种园林外，中国传统园林还有衙署园林、祠堂园林、书院园林、陵寝园林、风景名胜园林和公共园林等非主流园林。

魏晋南北朝时期，园林艺术向自然山水园林方向发展。天人合一与追求精神绝对自由的道家思想，成为这一时期人们满足精神生活与实现自我解脱愿望的重要途径。与此同时，魏晋时代也是中国园林美学的转折时期。园林的三种基本类型，即皇家园林、私家园林、寺观园林，都在这一时期基本形成。移情山水、倡导隐居成为当时颇为流行的社会风尚，同时也激发了知识分子阶层对自然山水的重新认识，并从审美的角度去亲近和理解自然。南齐著名画家谢赫在《古画品录》中提出的"六法"，对我国园林艺术创作中的布局、构图、手法等都有较大的影响。"六法者何？一，气韵生动是也；二，骨法用笔是也；三，应物象形是也；四，随类赋彩是也；五，经营位置是也；六，传移模写是也。"②东晋著名书法家王羲之所居的园林兰亭，是一座晋代园林，同时也是体现"江南文化"的著名场所之一。

明代画家文徵明画的《兰亭修禊图》中，环境静谧，建筑、人物、植物刻画得极为细腻，丘壑连绵，树林葱郁。弯曲的流水将兰亭环抱其间，山峦皴擦简练，用淡干墨涂染表现山石纹理。临流水而坐的文人似在谈诗论道，姿态各异，目光却都集中于溪流上顺流而下的酒觞。

① 宗白华：《中国园林建筑艺术所表现的美学思想》。
② 谢赫：南朝齐梁时期画家、绘画理论家，著有《古画品录》。

[明]文徵明《兰亭修禊图》

关于寺观园林，南北朝杨衒之的《洛阳伽蓝记》中记载的北朝洛阳寺观园林最为详尽。园林紧邻寺院，如宝光寺、崇觉寺等。南朝城市寺观园林也很普遍，建康（今南京市）的同泰寺就是著名的佛寺之一。佛教盛行，玄学兴起，城市园林不仅是举行宗教活动的场所，也是居民公共活动的中心，游园活动盛极一时。寺庙和道观的纷纷修筑，带动了寺观园林的发展。南朝时，仅建康就有六七百座寺庙，诗人杜牧以夸张笔法写下"南朝四百八十寺，多少楼台烟雨中"的名句。

江西九江庐山——东林寺

中国古典园林所追求的最高审美境界是意境。"意"为园主的思想感情，"境"为园林景观，一是建筑与自然的融合映衬，二是建筑与人的情趣承载。意境是中华文化的特色，中国园林深受山水诗画的影响，布局讲究诗情画意。造园时不仅要有优美的自然山水构图，更要有深刻的立意。中国古典园林素有"凝固的诗、立体的画"之称，诗、画、园三位一体，相互交融。意境实际上就建立在文学艺术的基础之上。清代书法家钱泳在《履园丛话》中说："造园如作诗文，必使曲折有法，前后呼应，最忌堆砌，最忌错杂，方称佳构。"苏州的拙政园有两处赏荷的场所：一处名为"远香堂"，引用周敦颐《爱莲说》之"香远益清"；另一处则名为"听雨馆"，取自李商隐的"留得枯荷听雨声"，运用不同的诗词含义营造出不同的意境体验。园林中自然风光的布局颇具诗意，诗词对景进行描绘，二者之间互相吸收，相辅相成。可以说，离开了诗画，源远流长的园林文化就不会有如此之高的成就。

中国古典园林的意境美除了诗画，还与林木、建筑、山水等相关，从而达到"言有尽而意无穷"的审美境界。山石的应用分为真假山石之美，而水体的应用较为广泛，主要体现为动静水体之美和倒影之美。动态水体带给人们不同的感受，灵动之美与静态水体则带给人幽静、禅意之感。倒影之美把园林的意境之美烘托到了极致，林木的倒影与水体形成新的景象，将园林意境以简练、极致的方式推向高潮。建筑和自然景色的相互作用造就了意境的多样性。林木与建筑也有多种联系，会在不同的季节呈现出不同的氛围。南宋画家刘松年的《四景山水图》描绘了春、夏、秋、冬四个季节中亭台楼阁在山水间的不同趣味。同样，园林中的建筑搭配不同的四时之景，亦可营造出园林在不同时刻的独特意境。比如，苏州拙政园听雨轩院内有小池塘、芭蕉和翠竹。在园林中，芭蕉和竹子多植于雅室之外，在意境上，芭蕉种在窗前，人们不仅可以获得"雨打芭蕉"的听雨乐趣，其本身还有顽强、平和的象征意义。

园林建筑之美是整体环境的重要组成部分，它既满足人们的生活使用需求，又满足人们对自然美与环境美的追求。宗白华先生在《中国园林建筑艺术所表现的美学思想》中提到，园林中也有建筑，要能够居人，使人获得休息，但它不只是为了居人，它还必须可游、可行、可望。"望"最重要。一切美术都是"望"，都是欣赏。不但"游"可以发生"望"的作用（颐和园的长廊不但引导我们"游"，而且引导我们"望"），就是"行"，也同样要"望"。[1]这体现的是中式古典园林"以小见大"的传统。此外，园林建筑中还采用多种手法来布置空间，如"借景"。通过布置、组织、创造和扩大空间等手法，丰富美的感受，创造艺术意境。宗白华先生引用沈复的话说："大中见小，小中见大，虚中有实，实中有虚，或藏或露，或浅或深，不仅在'周回曲折'四字。"以此概括中国古典园林的艺术特征。

总之，园林空间的意境形成是一项跨维度的成就，需要在理性中融入感性，既要为文人雅士找到思想归宿，又要成为他们的精神家园。因此，除草木、山石、花鸟等元素外，中国园林建筑的意境营造所体现的美感经验离不开人的精神创造。中国人的审美范畴极具诗意与特色，一砖一石便能映照出对人生与宇宙的无限想象。虚与实的层次通过这种方式产生。借由意象在心中的作用，突破象限，继而产生意境。园林建筑本身只有材质、规制、大小等区别，仅具有物理性质，但却能被赋予情感和精神。园林建筑的参

① 宗白华：《中国园林建筑艺术所表现的美学思想》。

与打破了人与景之间单纯的欣赏与被欣赏的关系，利用这种巧妙构景产生的意境，让想象悄然进场，物的形象因此承载了人的情趣，即物的形象是人的情趣的反映。"宁可食无肉，不可居无竹"，竹蕴含着人的精神观念的植入，而不仅仅是一种景观装饰。因此，园林建筑具有引导抒情的作用，不仅可以抒情，还可以起到移情的作用，它可以表现人的个性和情趣。园林建筑通过这种方式在由物象转化为意象的过程中完成了自身的独特形式表达，这就是园林艺术的独特美感。所以，中国古典园林建筑的营造同样映衬着人的需求，通过自我营造，可以呈现心中的美好意象，陶冶情操。

二、人文风俗之美

（一）人文美

"文化是一个国家、一个民族的灵魂，希望大家坚定文化自信，用文艺振奋民族精神。"这是习近平总书记在文联十大、中国作协九大开幕式上的讲话。我们的"美丽中国"不仅包括自然之美，更应当包括人文之美，或者说它是自然之美和人文之美融合的存在。一个国家，只有青山绿水，没有文明礼貌以及雍容典雅的大国人文气象，是无法持续积累软实力的。所以，生态文明应该包括自然生态和人文生态，"美丽中国"包括自然之美和人文之美，不仅有自然遗产，更应当有文化遗产，这是一个整体，国家也正朝着这个完整性发展。

"人文"指民众的精神面貌，它同样需要随时观察，并通过诗书礼乐的教化不断提升。俗话说："一方水土养一方人。"这是指不同的地方因当地资源、环境不同，使人们养成了不同的风俗习惯，甚至不同的脾气秉性、肤色外貌。中国的人文思想同中国传统文化一样源远流长、博大精深。中国的人文精神在探讨人与自然、人与社会、人与自身道德的关系过程中，不是一成不变的，而是在不断发展和完善的，因而具有强大的生命力。中国人民追求的是朴实厚重的情感，向往的是美美与共的大同境界，这也要求中华文化必须具备海纳百川的特性。

《论语》第二章第二节："子曰：'《诗》三百，一言以蔽之，曰：思无邪。'"其中，"思无邪"就是真情流露、毫不作假的意思。孔子言"兴于诗，立于礼，成于乐"，认为《诗经》可以用来培养感情、明辨是非、完善人格。汉儒认为，《诗经》具有"经夫妇、成孝敬、厚人伦、美教化、移风俗"的教化意义。如果把中国传统文化比喻成参天大树的话，那么树根就是《诗经》。我们可以从《诗经》中体味各个方面的人文关怀：有对人的生存状态的同情和关注，有对人的个性张扬的赞颂，有对社会和国家的忧虑和关怀；有对最基本物质生存条件的关注，有对高层次精神世界尤其是情感世界的表现和抒写；等等。《诗经》从三个维度展现出立体的人性，文字虽古老，但人性、人情不会因斗转星移而有所改变，不变的是人与人之间的脉脉温情。恋人情、兄弟情、家国情，一片片情怀构建起永垂不朽的华夏文明。也正是这些情怀守护着每一寸山河，维系着每个人心中的家国。

东晋有陶渊明的《桃花源记》，今有沈从文的《边城》。在中国的文学传统中，于现实中构建桃花源或乌托邦，是一代代文人不竭的梦想与怀乡冲动。沈从文描绘的抒情诗般的风俗画卷，不仅构成小说中人物活动的背景，同时又与作品中光彩夺目的人情美交相辉映，把一个犹如世外桃源般的"边城"世界装饰得如梦如幻。《边城》中湘西的人情、自然和风俗都在展示着沈从文向往的淳朴人性和理想的人生情态。小说以真挚的感情、优美的语言、诗意的情绪，营造出一支清新悠远的乡村牧歌，倾诉着沈从文对至善至美的人情与和谐宁静的理想境界的想象。

由此可见，人文美是一座村庄、一座城市的灵魂，能够让我们所处的一方水土更有温度和内涵。以人文美推动文明深化，才能更富有特色与活力。

近年来，弘扬中华文化的优质文艺作品大量涌现，《唐宫夜宴》《长安十二时辰》《风起洛阳》等蕴含了浪漫悠久的东方美学品格；《觉醒年代》《山海情》《功勋》等塑造了生动饱满的英雄形象；《人世间》《平凡的世界》《大江大河》塑造了时代中"不普通的"普通人，平凡又伟大……这些彰显了文化自信的影视艺术作品有效助力了人文美的传播。

（二）风俗美

"听其言则知其风，观其乐则知其俗。"几千年来，中华民族逐步形成了以风俗来规秩序、引风尚、聚民意、治家国、正人心的优良传统和灿烂文化。风俗中有大爱。礼产生于俗，绵延几千年的中华礼文化起源于原始先民的礼仪活动。礼文化的核心是儒家的道德思想。孔子所说的"礼之用，和为贵""乐而不淫，哀而不伤""里仁为美""君子怀德""见贤思齐"等，都是民俗的基本准则。中国民俗中的儒家思想，是炎黄文明、华夏文明传承的结果。涿鹿之战后，炎黄文明被推向中原，在华夏大地不断发展、弘扬，逐渐演化出华夏文明。

中国传统民俗，如舞龙、舞狮和剪纸，是中华文化宝库中的瑰宝，不仅体现了中华民族的悠久历史和丰富文化，而且在现代社会中依然保持着旺盛的生命力。这些传统民俗的传承与创新，不仅是对传统文化的尊重和继承，更是对现代社会文化的丰富和发展。

剪纸是中国传统民间手工艺之一，具有悠久的历史和独特的艺术风格。在传承方面，剪纸艺术保留了其传统的制作工艺和技法，如剪刀或刻刀在纸上的剪刻技巧，以及不同纹样的寓意和象征意义等。这些传统技艺的传承，保证了剪纸艺术的独特性和魅力。剪纸，作为中国传统民间手工艺，承载着上千年的历史文化和民族情感。这一艺术形式以纸张为媒介，通过剪刀或刻刀的巧妙运用，创造出形态各异、栩栩如生的图案，展现出独特的艺术魅力。在传承方面，剪纸艺术严格遵循着传统的制作工艺和技法。手艺人运用剪刀或刻刀，在薄薄的纸张上细心地剪刻出各种纹样，无论是花鸟鱼虫、人物故事，还是吉祥图案，都体现了剪纸艺术的精湛技艺和深厚内涵。这些纹样不仅具有高度的审美价值，还蕴含着丰富的文化内涵和象征意义，如蝙蝠代表"福气"，牡丹象征"富贵"，喜鹊寓意"喜庆"等。

剪纸艺术的传承不仅仅是对技艺的继承，更是对文化的传承。每一幅剪纸作品都蕴含着深厚的文化底蕴和民族情感，反映了中华民族的审美观念、价值观念和生活方式。从剪纸艺术中，我们可以感受到中国传统文化的博大精深和独特魅力。

舞龙、舞狮是中国传统民俗的重要表现形式。在传承方面，舞龙、舞狮保留了其传统的表演形式和技艺，如龙头、龙身、龙尾的制作工艺，以及舞龙、舞狮的表演技巧等。这些传统技艺的传承，保证了舞龙、舞狮文化的原汁原味。舞龙、舞狮作为中国传统民俗的璀璨瑰宝，承载着深厚的历史文化底蕴和独特的艺术魅力。自古以来，它们便是中国人欢度佳节、喜庆丰收的重要仪式之一，无论是在春节、元宵节还是其他重大庆典活动中，都能见到其身影。

在传承方面，舞龙、舞狮严格遵循传统的表演形式和技艺。制作龙和狮的工匠凭借精湛的技艺，精心打造出生动灵活的龙头、龙身和龙尾，以及威武雄壮的狮头、狮身。这些工艺品不仅外形逼真，而且细节之处也极为考究，如龙头的龙眼炯炯有神、狮头的毛发丝丝分明，展现了工匠的匠心独运。

在表演技巧上，舞龙、舞狮更是讲究形神兼备。舞龙者通过默契的配合，使龙在空中翻腾起舞，时而盘旋上升，时而俯冲而下，仿佛真龙在天，气势磅礴。舞狮者则通过生动的表情和灵活的动作，将狮子的勇猛和威武表现得淋漓尽致。他们时而跳跃，时而翻滚，与观众互动频繁，使整个表演充满了欢乐和喜庆的氛围。

此外，中华服饰文化也是源远流长。郭沫若说："衣裳是文化的表征，衣裳是思想的形象。"中华民族素有"衣冠王国"和"礼仪之邦"的美誉，无论是先秦的冠冕深衣、秦汉的紫绶金章，还是魏晋的褒衣博带、隋唐的幞头胡服，或是两宋的直脚幞头、清代的顶戴花翎等，不同时代的衣装都与礼制有着深刻的联系。正所谓：礼仪之大，故称夏；服章之美，谓之华。

除了历史的变迁，中国传统服饰研究还可从材质、工艺、色彩、类别、制度以及穿着者、不同民族等方面进行区分，是一个浩瀚而复杂的体系。但总体而言，中国传统服饰呈现出强调服饰与人、环境的和谐统一，注重服饰的精神功能并将其道德化、政治化，以及体现民族融合、具有独特的传承性等特征。

我国自改革开放以来，服饰向多元化发展，国人在自由的氛围中充分发挥智慧和创意，打造属于自己的时尚。在新时代，传统服饰文化精髓仍以新的面貌大放异彩。汉服、唐装、旗袍不断掀起流行热潮，体现出人们复兴中华优秀传统文化、追寻古典之美的热情，也说明中国传统服饰具有历久弥新的生命力。

深入了解和把握民俗，可以明晰各种民间文化、弘扬美德、陶冶情操、传承文明、增长知识，让优秀传统文化得到传承和发扬。例如，我国的春节、元宵节、清明节、端午节、中秋节等各类节日，以及各地极具特色的饮食文化、乡土文化等。这些节日和风情蕴含着丰富多彩的民俗文化，凝聚着丰富的教育资源。

第二节 如何敬畏生命

一个人生命的铸成，需要无数生命的支援、补充、滋润和孕育。

一、有温度的医学

医学既是一门博大精深的学科，又是一门伟大的艺术。医学是有温度的，是人学。一个多世纪以来，通过现代技术与医学的结合，人类的寿命得以大大延长，但医者能做的仍然是"有时去治愈，常常去帮助，总是去安慰"。医者要有爱心，懂人情，明事理，要深刻诠释"性命相托"的凝重。要想读懂医学，就要感受医学充盈的人文关怀，它深刻，它真诚，它是对疾病、生命、死亡乃至人生的清醒认识，它不仅是经验的、逻辑的，同时也是哲学的、审美的、人文的。医学文化应该是"求真、求善、求美"，是求真的认识观、求善的价值观、求美的艺术观的有机结合。当代医务人员要学会倾听，融入患者的生命，与患者产生共情和共鸣，将患者的感受转化成自己的表述，并再次转化到患者心中，将医学人文真正融入日常的工作和生活中。

中华传统文化历来主张"以人为本"。早在西周时期出现的"三龙相拥一人"的实物，就是"以人为本"最直接的证据。中医学深植于中华传统文化土壤之中，强调"敬畏生命是天道，治病救人是天职"。唐代医药学家孙思邈认为："人命至重，有贵千金，一方济之，德逾于此。"倡导治人先于治病，关注标本，厘清主次。

"仁爱"是儒家伦理道德体系中的核心思想，"博施于民而能济众"的仁爱思想已深入到仁人志士的血液之中，而"己所不欲，勿施于人"就是维系人与人之间关系的道德利器。受儒家思想的影响，古有"医乃仁术"之说，并提出"医以德为尚"。孙思邈的《大医精诚》中认为，医者首先要有"发大慈恻隐之心，誓愿普救含灵之苦"的情怀。西晋哲学家杨泉指出，"夫医者，非仁爱之士不可托也，非聪明理达不可任也，非廉洁淳良不可信也"。明代医学家裴一中强调，"学不贯今古，识不通天人，才不近仙，心不近佛者，宁耕田织布取衣食耳，断不可作医以误世"。足见古代医家把"仁爱救人，赤诚济世"视为医学的最高境界。美国医生特鲁多的墓志铭中写道："有时是治愈，常常是帮助，总是去安慰。"医者不仅要重视人的生物属性，更要重视人的社会属性及情感需求。医者的职责就是要尽己之力去帮助患者，减轻其痛苦。就像协和医院郎景和院士所说："我们不可能治愈所有的病人，但我们会认真治疗每一位病人。"

现如今，医学科普、医学科幻作品逐渐兴起，它们也被注入了浓厚的医学人文色彩。对"疾病"的关怀、对"健康"的审视再度成为话题，对于生命的思考是医学科普需要关注的问题，而这种思考和反思在一定程度上是超越医学本身的。因此，将这种对医学的思考和反思传播给公众时，我们必须将医学科普的主题深化，将对医学本质的思考纳入其中。人类不应该追求永恒的生命，而应该追求生命的意义和健康的生活，医学更应该追求人类的健康福祉。关于疾病的思考，不仅仅是指个体的生命，还包括群体的生命。

关于医学科普，如何让形式与内容不只是简单地还原医学知识，而是注入人文的关怀和思考，向公众传播"有温度"的医学，是当下亟待思考和解决的问题。医学科普与医学诊断有本质的区别，医学科普更应定位于让公众从更广阔的视域理解生命、健康、疾病的本质，理解医学的发展，在面对健康问题时能够更理性地做出判断。

医学科幻作品中经常探讨当把生命置于更大的人类存亡之际，应该做出怎样的思考和进行怎样的自救过程。例如，关于流行病的作品在欧美一直比较流行，如《生化危机》系列。需要关注的是，在我们传播医学观念的过程中，不能只关注自身而忽略疾病。马丁·海德格尔（Martin Heidegger）认为，"当人不断地逼近死亡时，才能深切体会生的含义"。这句话可以帮助我们理解文学中对流行病的描述。流行病作为一种对生命的威胁，让人们陷入了不安，但也正因有了这种不安，人们对幸福的向往与生活价值的探讨才有了现实的意味。在"流行病文学"这个分类体系下，有些作品能够让受众感受到人与疾病的关系，以及在流行病之下的人性，如阿尔贝·加缪（Albert Camus）的《鼠疫》和威廉·萨摩赛特·毛姆（William Somerset Maugham）的《面纱》等作品。其中，加缪的《鼠疫》不但逼真地描绘了鼠疫时期的那种人与人的割裂，也描写出了疫情之下疾病的随机性和医学的不确定性带给人类的冲击。

在人才培养方面，尤其是医学生的培养，更是要基于生命教育与医学创新教育。2020年7月，国务院办公厅印发了《关于加快医学教育创新发展的指导意见》，明确提出"以新理念谋划医学发展""以新定位推进医学教育发展""以新内涵强化医学生培养""以新医科统领医学教育创新"，进一步推动新医科建设进入提档升级新阶段，在医学生的培养和医学教育的发展上，强化"生命至上"理念，着力培养有"温度"的医学生。良好的医德是当代医学生教育和人才培养的必备元素，这也是当前落实立德树人素养的核心内容。以敬畏生命伦理作为良好医德之铺垫，引导医学生在学校教育阶段形成缄默知识，如"生命至上"的医学人文底蕴，让生命敬畏理念内化于心、外化于行。

二、对自然与人的敬畏

中华优秀传统文化是中华民族的根和魂。习近平总书记在党的二十大报告中强调："把马克思主义基本原理同中国具体实际相结合、同中华优秀传统文化相结合。"[①]中华民族在沧海桑田的历史变迁中，形成和发展了如耀眼星辰般璀璨且多样的传统文化，其中不乏生命观相关的优秀传统文化。深刻领会党的二十大中提到的"两个结合"思想，高校的生命观教育也可以与中华优秀传统文化相结合。在从中华优秀传统文化中汲取营养和智慧的过程中，将中华优秀传统文化与高校生命观教育进行有机融合，对于当今大学生个人及国家民族的发展是极为重要的。

---

① 习近平. 高举中国特色社会主义伟大旗帜 为全面建设社会主义现代化国家而团结奋斗——在中国共产党第二十次全国代表大会上的报告[M]. 北京：人民出版社，2022：17-18.

"三生"思想，即"贵生""共生""生生"，是中华优秀传统文化中敬畏生命观相关思想的核心。"贵生"即认为生命至高无上，提倡敬重、珍爱生命，是中华优秀传统文化中敬畏生命观思想的基础理论；"共生"崇尚和平共处，百花齐放，尊重彼此之间的差异，互相理解包容，是维系社会和谐的精神纽带；"生生"是敬畏生命观的最高追求，内在地包含着"贵生""共生"，追求在传承和创新中实现长远发展。这些生命观在时间的长河里经过大浪淘沙，历久弥新，已深深融入中华民族的基因与血脉中，代代相传，成为中国人特有的文化标志。

对人类来说，没有任何一种关系比人与自然的关系更基础了。从出生起，我们就生活在自然中，最后也回归自然。自然的任何变化都改变着我们的体验，影响着我们的生活。

有时候，人类觉得自己能大规模地填海造地，在地上挖湖，把山头削平，想怎样就怎样。从表面上看，人类是很有力量的，但比起大自然，人类的力量就显得非常渺小。人类破坏大自然，大自然就失去了平衡；而大自然为了找回平衡，就会有"大动作"，像山洪、地震、海啸、龙卷风、强暴雨、极冷、极热等都是大自然对人类无节制开发的报复。当你不了解大自然的时候，你会觉得人类是地球的主宰；当你沉下心来了解大自然后，你就会知道大自然的力量多么强大了。[①]

人与自然是生命共同体，在这个共同体中，起主导作用的其实是自然，自然孕育了人类，并让人类生生不息。自然生命是早期中国人崇拜与敬畏的对象。生殖崇拜是人类早期文化的核心，包含女性生殖崇拜和男性生殖崇拜。在母系社会，人们崇拜女性，或是崇拜女性的生殖器官；而在父系社会，则是对男性生殖器官的崇拜。虽然都是生殖崇拜，但在表现形式上有所差异。

生殖崇拜是人类在生存和发展中本能的释放，是对自然的敬畏。先民用实物资料证明生殖崇拜的可视化，不同的器物成为生殖现象和生育愿望的载体。有意思的是，这些生殖崇拜的遗痕遍布世界各地，是人类共同的原始宗教形式之一。

生殖崇拜的篇章始于女性生殖崇拜，也是对类似女性生殖器官的事物的崇拜。鱼和蛙因多子而被先民视为生殖能力强的代表，因而被绘制于彩陶上，希望人类也能像鱼和蛙一样多多生育子女。人类在蒙昧时代，并不清楚性行为和生育之间的必然联系，认为女性自己就能生育，于是，先民就把繁衍的功绩归功于女性，歌颂女性的生育能力。

原始社会后期，先民的生命意识深化，父权制逐渐确立，人类也逐渐意识到男性在繁衍中的作用，于是，男性生殖崇拜逐渐取代了女性生殖崇拜。同样，男性生殖崇拜也是一种世界性的现象。在印度的许多地方都可以看到男性生殖器官的造像，被称为"林伽"。黑格尔认为，人们应该关注"塔"形建筑的文化内涵。在印度常见的柱状尖塔就是由生殖器状的石坊演化而来的。这类"塔"形建筑在中国也普遍存在。

李泽厚在《美的历程》中提到，仰韶彩陶的特点是动物形象和动物纹样多，其中尤

---

① 李凌. 自然的美育[M]. 北京：清华大学出版社，2021：44.

以鱼纹最普遍，有十余种。闻一多在《说鱼》中提到，鱼在中国语言中具有生殖繁盛的祝福含义。但闻一多最早也只说到《诗经》《周易》，那么，我们是否可以把它进一步追溯到仰韶彩陶呢？像仰韶期半坡彩陶屡见的多种鱼纹和含鱼人面，它们的巫术礼仪含义是否就在对氏族子孙"瓜瓞绵绵"长久不绝的祝福？人类自身的生产和扩大再生产，即种的繁殖，是远古原始社会发展的决定性因素。[①]

新石器时期中国艺术中的动物形象反映出中国人的生存与生殖崇拜。河南汝州市出土一件绘有鹳鱼石斧图的大型彩陶缸，其主体图案为一只鹳和一把石斧。

绘有鹳鱼石斧图的大型彩陶缸

图案中，鹳的嘴里叼着一条鱼。在 6000 多年前的仰韶文化时期，古代先人主要以捕鱼为生，而捕鱼的过程充满了艰险。鹳是一种以鱼为食物的水鸟，它那自然进化而来的捕鱼能力要远远胜过当时缺乏先进捕鱼工具的人类。这图案说明当时的人们非常崇拜这种水鸟。在仰韶文化的彩陶中还可以见到许多蛙纹图案。古代先人之所以崇拜蛙，一方面是因为蛙作为两栖动物不怕洪水，又能在陆地上生存，有着突出的临水生存能力；另一方面是因为蛙的繁衍能力很强。还有一种说法是，"蛙"与"娲"谐音，而女娲是中国上古神话中的人类始祖，她繁衍了人类，因此，蛙在某种意义上象征了女娲，也成为人们的崇拜对象。这种生殖崇拜观念一直传递到晚近时期，例如，民间年画中经常以石榴的形象来寓含对"多子"的期望。

魏晋在中国历史上是一个重大变化时期。李泽厚认为这个时期是"人的觉醒"的重要阶段。《古诗十九首》以及风格与之极为接近的苏李诗，无论从形式到内容，都开一代先声。它们在对日常时世、人事、节候、名利、享乐等咏叹中，直抒胸臆，深发感喟。在这种感叹抒发中，突出的是一种性命短促、人生无常的悲伤……这种对生死存亡的重视、哀伤，对人生短促的感慨、喟叹，从建安直到晋宋，从中下层直到皇家贵族，在相当一段时间和空间内弥漫开来，成为整个时代的典型音调"[②]。

人生只有一次，生命又是人生一切价值的基础和载体，因此，生命对于每个人来说都是最宝贵的。然而换个角度看，生命在大自然中又是那样渺小和脆弱。大自然的一粒尘，落在个人身上便是一座山。生死悠悠尔，一气聚散之。因此，我们对生命，特别是对处于弱势、需要帮助的生命，应该倍加珍惜、尊重和关爱。从某种角度来说，你今天对弱势生命的态度，或许影响到将来当你处于生命弱势时，别人对你的态度。人文，是人类独有、为人而存在的一种精神现象，就像《哈姆雷特》中的台词："人是宇宙的精华、万物的灵长。"这是因为人不仅有生命，还有思想、有灵魂、有尊严。人之存在，不仅凸

---

① 李泽厚. 美的历程[M]. 北京：生活·读书·新知三联书店，2009：16.
② 李泽厚. 美的历程[M]. 北京：生活·读书·新知三联书店，2009：96.

显了大自然的绚丽多姿，而且创造了宏阔悠远、丰富多彩的精神世界。

第三节　人生的意义该如何追寻

我是谁？我从哪里来？我要到哪里去？早在公元前，古希腊哲学家、思想家柏拉图就提出过这个命题。从古至今，随着时代变迁，一代代仁人志士、文人墨客用他们的故事影响着后世的时代风气与价值取向，诠释着人生的意义该如何追寻。当代人该如何追寻自己的精神家园，成为亟待解决的重要问题。

一、旷达与洒脱

魏晋风度，一般理解为当时的名士风度，实际上指的是在中国魏晋时期形成的一种人格精神与生活方式的统一体，包括哲学思辨、人格境界、文学创作、审美追求等方面。从时间上来说，魏晋风度指的是从三国时的魏至两晋时期，再到南朝宋时期，以士族名士为主体的生命体验。它以竹林七贤中的阮籍、嵇康和晋宋时期诗人陶渊明为代表人物，他们的超然风貌为后世文人树立了独具特色的人格风范，影响了一代代文人的精神走向和价值选择。东汉末年，社会陷入了空前的战乱之中，南北分裂，生灵涂炭。老庄"人生无常、企求解脱"的学说走进人们的心灵之中。王瑶先生在《中古文学史论集》中曾指出，感叹人生无常是汉魏以来文学的主旋律。这种时代情绪又因当时文化的主体——士族的崛起，形成了特定的思想体系。当时，对人生苦难的解脱，对逍遥境界的寻求，成了魏晋以来人生哲学的重大课题。围绕着这一主题，各种人生哲学纷纷出现。比较有代表性的，有以下几种：①以阮籍为代表的逍遥论；②以嵇康为代表的养生论；③以《列子·杨朱篇》为代表的纵欲论。此外，还有何晏、王弼的无为论，向秀、郭象的安命论等。魏晋以后逐渐兴盛的佛教，则是从宗教的角度来解释人生问题。

这几种人生哲学虽然旨趣不同，角度各异，但都是探讨如何解脱苦难、实现人生价值的。正如著名学者汤用彤先生在《魏晋玄学与文学理论》一文中所说的那样："魏晋人生观之新型，其期望在超世之理想，其向往为精神之境界，其追求者为玄远之绝对，而遗资生之相对。从哲理上说，所在意欲探求玄远之世界，脱离尘世之苦海，探得生存之奥秘。"这种生命精神在《世说新语》这部记载名士轶事的笔记小品中有着生动的表现。被收入这部笔记中的大多是汉末以来名士冲决礼法、率真自得、狂诞任放的轶事。他们的行动有着明确的追求，这就是抛弃了传统儒家哲学中过于拘执的一些道德说教，而以自己的生命意志来支配行为，通过偶发性的情节来组织行为，形成创作。最典型的则是王羲之的儿子王徽之雪夜访戴的轶事：

王子猷居山阴。夜大雪，眠觉，开室，命酌酒，四望皎然。因起彷徨，咏左思《招隐诗》，忽忆戴安道。时戴在剡，即便夜乘小舟就之。经宿方至，造门不前而返。人问其故，王曰："吾本乘兴而行，兴尽而返，何必见戴？"

—— [南朝宋]·刘义庆《世说新语·任诞》

这一则故事是大家熟悉的魏晋名士的轶事，很能说明魏晋人生与文艺以兴为美的特点。位于江南的山阴之地很少下雪，雪夜皎洁的景色使富于生活情趣的王子猷油然兴感，想起左思的《招隐诗》，不由得想去剡溪造访一位叫戴逵的高士，这种兴致在于本身的偶发性，并不以功利为目的，即见戴逵并非目标，故而兴发而行，兴尽而归。在这里，"兴"就是目的与乐趣，南宋文人曾几在《题访戴图》中说："不因兴尽回船去，那得山阴一段奇。"宗白华先生说："这截然地寄兴趣于生活过程本身的价值而不拘泥于目的，显示了晋人唯美生活的典型。"宗白华先生独具慧眼地发现了这则轶事中蕴含的晋人唯美生活的意义，这也是魏晋风度的表现。

二、出世与入世

王国维在《人间词话》中用"入乎其内""出乎其外"来描写诗词写作的境界，这句话也包含了他关于人生的思考与体会，遂被广为传颂。入乎其内，所以入世体会红尘；出乎其外，所以超脱于世领悟。

在人类文明的长河中，对生命意义的探索与追寻从未停歇。其中，出世与入世自古以来便引领着无数文人墨客在心灵的旷野上寻觅归宿。出世与入世代表了两种截然不同但又相互关联的处世方式和人生追求。出世，通常意味着超脱于世俗、功名利禄，追求一种精神上的解脱、内心的宁静与自在。而入世，则是积极投身于社会生活，参与到世俗的事务、功名利禄的追求中，掌握社会规则，实现个人价值，为社会的发展贡献力量。

胡适在《中国古代哲学史》中提出，尽管庄子"在人世，却与不存在世间一样，他的眼光永远是超凡脱俗的，超越了'形骸之外'"，将道家哲学定义为"出世主义"。马克斯·韦伯在《儒教与道教》一书中对儒家有关入世的特点加以论述，他提出"儒教便是属于凡人运用的理论，适用于人世间"，由此将"入世"界定为"适应世界及其秩序和习俗"。而在对道家思想的"尽可能不干预（无为）"的描述中，将"出世"界定为"神秘主义的与世无争"。

（一）儒家学派的"入世"进取

儒家对"入世"的观念体现得最为明显，"修身、齐家、治国、平天下"就是一种积极入世的提倡。孔子"祖述尧舜，宪章文武"，提倡仁、义、礼、智、信。首先，孔子以仁为思想内核，以仁爱、爱人作为做人的最高标准和处事准则；强调修身学习，要求"吾日三省吾身"；重视礼乐教化，强调礼以修身，"以礼让为国"；推崇仁政，强调德治，倡导"己所不欲，勿施于人"。孔子认为，"礼崩乐坏"之下，从个人角度来说需通过礼乐教化自省修身，从国家的角度需要施行仁政，落实德治，从而恢复西周的礼乐盛世。孟子继承了孔子的仁政思想，主张性善论和以民为本，倡导以仁政为核心的王道思想，认为统治者施行"王道"便可得人心、得天下。儒家"入世"思想表现为：以"道"自任，积极入仕，希望能够匡扶救世，平治天下，亲身践行救世之"道"。孔子55岁开始周游列国，历经卫、宋、楚、郑、陈、蔡等国，希望以其仁爱思想、德治方略和"天下为公"的大同理想游说君主，虽败而不气馁。孟子也曾周游魏、齐、宋、滕、鲁等国，向各国君主推荐其治国理论，希望以"王道"取代"霸道"，可惜也没有得到一展抱负的机会。孔子"出疆必载质"，孟子"士之仕也，犹农夫之耕也"，便是积极"入世"思想的证明。

（二）道家学派的"出世"无为

道家以老子、庄子为代表。老子主张"道法自然"，认为"道"是宇宙万物产生、发展和变化的根本原因，是万物之源，世界之本，"道法自然"可使万物生生不息；主张无为而治，反对斗争，强调自然而然的统治，注重潜移默化、功成事遂、政治和谐稳定；主张"绝圣弃智"，贬低智术和政术，认为奢侈放纵会损害人的身心，助长人的无限欲望，从而伤害和扭曲人纯朴的自然本性；批评积极有为，宣扬消极避世，主张清静无欲，修身养德。庄子继承老子的"不争""尚柔"思想，追求自由，藐视功名利禄，主张"无己"、"无功"、"无名"、"忘我"、清静无为、与道冥合。如果说儒家追求的是积极的入世政治哲学，那么道家思考的则是心灵超脱的生命哲学。道家追求不做帝王师，不为肉食谋，"独与天地精神往来，而不敖倪于万物"。庄子原系楚国公族，学问渊博，游历过很多国家，曾因躲避兵役做过九年的宋国漆园小吏，是梁惠王、齐宣王时期的名人，然而庄子无意仕途。楚威王曾派使者请庄子去做相国，庄子表示宁可"曳尾于涂中"，也不愿去做官。庄子崇尚自由，庄子的思想在那个秩序混乱的时代，是一剂安神的良药，是一片宁静温馨的光辉。

以孔子和孟子为代表的先秦儒家由"仁爱"推衍出"亲亲"，继而产生了以"正名"为用的"忠恕"之道和"推己及人"的"恻隐"之心，要求人们在社会实践中实现人生价值，达成治世之道。作为先秦道家代表的老子和庄子则提出"去智""寡欲"。这一"无为"的方法进一步推衍出反对"人为"和圣人的"心斋""坐忘"的修身方式，引导人们用出世的方式实现自身价值，继而达成治世。由此可以看出，无论是"入世"还是"出世"，人生的目的都存在于现实生活中。因此可以说，"入世"和"出世"在实质上并没有根本对立，仅仅是表现方式上的差别；在本质上，先秦儒家和道家的治世思想是互补的，二者融合发展，与其他优秀的文化一起，共同构成了中华文化的主流思想；其中对人生、世界的关心，对道德价值和自然价值的追求，在当代仍然具有重要的现实意义。

三、当代人的精神家园

时代的发展和科技的进步在丰富了人们精神世界的同时，也在某种程度上使生活在当今社会的人们遭遇精神困惑。我们需要反思和重建人类安身立命的精神家园。

在当代社会里，个体普遍面临着人生意义危机，常常不知道生活目标是什么，不能确定自己生活的价值是什么，常常有一种无聊感和焦虑感。自我认同是个体对自我身份的确立、自我归属感的满足和自我生存意义的肯定。生活在具有不确定性、风险性和全球性等特征的当代社会中的个体，由于其生存环境的复杂性，还存在着自我认同危机，深陷于身份感的不断迷失和归属感的日渐贫乏的困境中，在"我究竟是谁"的追问中反思着生存的价值与意义。自我认同危机已经成为当代社会中的一个突出问题，它描绘了当代人生存的现实状态，凸显了人类对于精神家园困境与重构的话语诉求。

那么，从哪些方面可以重建当代人的精神家园呢？这个问题同时也促使人们培养面对这一困境时进行深层次思考的能力。

（1）反思与确立人的自我存在范式。自我存在范式指的是如何看待自我的问题，以及如何调适自我与自我之外的其他存在物的整体性关系。当代西方社会所倡导的就是理性自我的存在范式，最大限度地追求功利和个性自由，并在全球范围内大肆宣扬，同时也把精神的困惑推向了极致。以儒释道为代表的中华文化以实现精神世界和现实世界的和合为基准，始终持守住一种"合理适应"，这种适应使国人与自然、与社会、与自我不至于严重分裂。因此，审视国人的自我存在范式和中华文化发现，认同伦理自我和生态自我的最高形态的存在范式是重建精神家园的重要策略。伦理自我的观点是：人是社会的一部分，是渺小的，但如因自己的贡献推动社会进步，人就不再渺小，而是伟大和崇高的。孔孟及儒家早期的代表人物就将"仁"和"义"确立为自我的存在范式。孔子的"为仁由己，而由人乎哉"强调了"为仁"的主要目的是"立己"。老庄及后期道家则一直推崇、倡导和践行生态自我的存在范式。老子的"人法地，地法天，天法道，道法自然"这一思想就要求构建一个有序的、良性的、永恒的自然万物和合共生的生命系统。"天人合一"进一步反映了古代国人处理自然界和精神界关系所秉承的价值理念，强调"人与自然和合共生"思想的终极旨归。解决当下社会精神家园危机需要确立的自我的存在范式是伦理自我与生态自我的合理融合，只有这样才能彻底消解现实功利的欲念及外在目的的限制，从而实现精神的终极皈依。反思人的自我范式是为了实现人的心性的需求和寻归精神家园的需要，是寻找安身立命场所的心路历程，最终通达精神家园的生存境界。

（2）树立合理的价值观，引导科学技术发展。科学技术的发展曾经使人们获取了许多关于确定性的知识，满足了人类的精神需求，却也向人们揭示了无数的不确定性和风险，但精神家园和谐重建依然离不开科学技术的发展。社会在前进而不是在倒退，科学发展是能够接受理性批判的，只有这样，科学才能在批判中沿着日趋正确的道路继续前进，才能解决科学技术的发展带给我们的问题。波普尔认为，科学发展同生物界一样，经历着从无序到有序的进化过程。"科学的特殊意义就在于它必然增长，也可以说，它必然进步。"从巴西的库里蒂巴，我们可以论断，随着科学技术的发展，人类可以制造出不伤害大自然的能源，人类也能够减少有害物质的排放，减少资源浪费，更好地利用有限的资源，保护人们赖以生存的自然家园，最终重建和维护好人类的精神家园。

（3）建立以制度和道德维护社会的信任体系。当代社会，人们不得不超越传统的"面对面"的人际关系模式，对非个人化原则和陌生人的信任成为社会的基本要素。但是，这种抽象的信任系统也极易造成个体的信任危机，使整个信任体系遭遇挑战，进而破坏精神家园的和谐。因此，人们需要构建有效的制度来应对传统"特殊化信任"体系的弱化，同时也需要对传统道德的信任，通过对信任的信任来弥补抽象制度"不可触性"的缺陷。在制度和传统之间建立一个合作的桥梁，互相依存和统一，有效制度与传统道德的结合有利于提升个体对"陌生人"和"他者"的认同感，是培养大共同体意识的有效平台，是实现精神家园和谐重建的坚实基础。

本章微课视频

第二章

医　学　之　美

医学之美立足于美学视角研究医学领域中的问题，即医学领域中的审美规律与美的创造规律。医学之美体现在医学人体美、医学美感、医学审美等领域。用美学的视角研究、发现、总结人体解剖学、生理学、病理学、人体运动学、体质人类学、人体测量学等医学领域中美的体现，甚至充分运用美的因素对人的生理、心理影响来解决医疗卫生领域的问题。

第一节　人体解剖学的美学探析

玛格纳在其《生命科学史》一书中说："医学与艺术的发展都需要精确的解剖学知识。"人体解剖学是研究正常人体形态和构造的科学，研究的对象是人体。人体不仅是一个生物体，而且也是一件巧夺天工的艺术品，与美学密切相关，历来都被作为美的对象来研究、认识和表现。人体是人体美的现实基础，其形态结构、生理功能是人体美的基本要素。不论是人体的结构分布、各器官形态、整体体形等宏观表现，还是人体细微结构，如双螺旋的 DNA 结构等，几乎都反映了美的规律。人体聚集了所有形式美的法则，只有在审美行为的指导下才能充分表现，所以人体美既需要人体解剖学作为支架和体形来展示，也需要美学法则和审美行为来表达。

一、人体解剖学中人体美的主要特点

（一）集形式美法则于一身

形式美是指自然、生活、艺术中各种形式因素（色彩、线条、形体、声音等）及其有规律的组合所具有的美。任何美的事物都是首先通过形式美来表现其"美"。人体美是指人体在正常状态下的形体结构、姿势动作、生理功能的协调统一，人体的头、四肢等各部分及其构成符合一定的比例关系，符合人体自身发展的平衡对称、比例协调与和谐、多样统一的形式美的要求和规律。人体美天然地集各种形式美法则于一身，几乎反映了所有美的规律，例如，一般正常人体无论是宏观体型还是微观结构都符合黄金分割比例美，表现为左右对称、比例均衡、线条柔和、体形匀称、动姿协调、眼神炯炯等美态。

（二）美的形式、内容与美感效应的高度统一

任何美的事物之所以美，其灵魂都在于美的特定内容与特定形式的统一。人体美之所以能够高度集中形式美法则于一身，是由它所固有的特定内容决定的。人体美是以鲜活的血、肉、情感、伦理和生命活力为内容的，这些内容的核心则是人的生命活力之美。人体美通过人体有生机的内容来体现力和生命的充实，从而产生美感效应。鉴赏者不仅可以直接通过自己的直觉产生一种富有生命力的美感效应，还可能在社会伦理范围内，促成和增进其生命之美感与快感的综合性效应。这是一种美的内容和形式，乃至美的效应的高层次、特殊的统一。

（三）融审美主体与审美客体于一体

人是生命进化的最高产物，是宇宙之精华，人体美是自然美的最高形态。人体美是一种具有人的全面本质的社会存在物之美，它具有丰富的社会情感和思维能力，具有强大的生命力。就审美活动而言，人既是审美的主体，又是审美的客体。当人体作为一种审美对象，成为审美认识的客观对象时，人本身就是世界上一种多样性统一的完美整体，也是审美的对象，其美能给人们以愉悦。例如，容貌和形体的美能引发人们的联想、满足和快感，是人体审美的主要目标。

二、医学人体美的体现

（一）人体的黄金分割比例美

两千多年前，古希腊哲学家和数学家毕达哥拉斯最早发现了黄金分割比例。这种比例关系后来被古希腊美学家柏拉图誉为黄金分割律（1∶0.618）。黄金分割律有严格的比例性、艺术性和和谐性，蕴含着丰富的美学价值。以这种比例创造出的建筑物和艺术品都被认为是美的表现，并且被应用到绘画、音乐等各个领域，如古埃及金字塔、雅典帕特农神庙、文艺复兴时期达·芬奇的绘画作品《蒙娜丽莎》等都运用了黄金分割律。人类的审美客体是人类本身，是自然界存在的最高形式。黄金分割律可以证明人体各部分之间的比例关系：肚脐是人体的黄金分割点，膝盖是足底至肚脐的黄金分割点，咽喉是头顶至肚脐的黄金分割点，乳头是其垂直线上锁骨至腹股沟的黄金分割点。

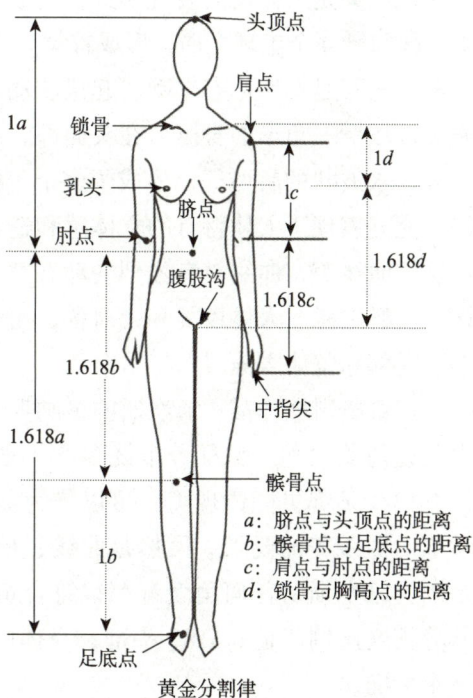

黄金分割律

我国学者孙少宣和彭庆星等通过对人体实际研究指出，健美的人体存在着 12 个黄金分割点、8 个黄金矩形（宽与长的比值等于或近似于 0.618 的长方形，如头部轮廓、外鼻轮廓、口唇轮廓、手部轮廓、躯干轮廓等）和 6 个黄金指数（人体面部、躯干、四肢中的线段存在黄金分割律比例关系，如目面、鼻唇、目唇、四肢等）、4 个黄金三角（等腰三角形的腰底比等于或近似于 0.618，其内角分别是 36°、72°、72°）。评判人体形态美的重要依据是符合 0.618 比值的人体美学参数，接近黄金分割律的因素越多，形体就越美。

（二）人体美感比例

人体美感比例是将美学原理与人体各部分之间或各部分与整体之间的协调比例关系结合起来进行研究，以探索人体美的标准，并用数字来表示标准的人体美。具有标准美感比例的人体应是身体各部位较为匀称、身高与体重比例适当。例如，将双臂向两侧平伸，两手中指尖的距离约与身高相等；以耻骨联合上缘为中点，头顶至中点的长度与脚底至中点的长度大致相等。关于人体比例的标准，最早且最典型的代表是古希腊的波利克里托斯提出的人体比例理论。目前较为通用的人体美感比例是：头高的 8 倍（东方人是 7～7.5 倍）为标准人的身长；脸长的 2 倍等于肩宽；乳头至脐的距离等于脸长；前额发际线至鼻根、鼻根至鼻底、鼻根至颏尖的距离大致相同；等等。

（三）曲线美

大自然中有着千姿百态的曲线美，作为万物之灵的人类，形体上体现着更多的曲线美。曲线美是人体美的表现形式，构成人体的表面轮廓和形象基础。在躯体上，有颈、胸、腰和骶 4 个生理弯曲，形成首尾相连的脊柱双"S"形曲线，奠定了现代人典型的曲线美，尤其是女性体态丰腴、起伏波动、珠圆玉润的曲线特征和男性发达隆起的胸肌、肩胛区、倒三角形的身躯。在头面部，有弧形的眼睑、弯月形的眉毛、线条流畅俊俏的鼻峰、水波状的唇弓等，形成了多个不同走向的"S"形、"W"形和"M"形的优美曲线，充分表现了人体特有的立体感和造型上的曲线美。人的骨骼和肌肉的协调形成一种特殊的曲线美，曲线具有强烈的动态感和修饰、软化其他线条和角形的作用，给人以协调、流畅之感。人体以柔和、对称、生动、和谐的曲线轮廓显示出特有的人类动态和静态、局部和整体之美。

古希腊雕塑作品《米洛斯的维纳斯》是卢浮宫的镇馆之宝之一。维纳斯在希腊神话中是爱与美之神，象征着丰饶多产，被称为完美人体的象征。这尊雕塑的蛇形线比任何其他线条都更能体现美，可以称为美的线条。失去双臂后的维纳斯其实更加符合美学上对曲线美的要求。虽然是曲线，但整个雕像整体上还是非常均衡匀称的，这其实是因为维纳斯从任何角度看都很符合黄金分割比例。其头顶至肚脐和肚脐至脚跟这两部分长度比例值是 0.618，头部和身体的比例是 1∶8。当今世界的选美比赛大多会依据这个标准。

（四）对称、和谐统一美

人体美的主要外形表现即是对称美。对称、均衡、和谐统一作为美的法则在人体中比比皆是。以躯干为中轴划分，人体外形态表现出大部分的对称：头面以鼻背为中线，眼、眉、鼻孔、耳廓等对称；躯干以正中线为准，上肢、下肢、乳房等对称；体腔内器官也有相当部分的对称，如大脑半球、肺、肾、睾丸、卵巢等。结构上的对称使人体显得稳重平衡，但比较呆板，所以人体在对称的基础上出现了能使人体更显均衡、和谐统一的不对称，如头面部眼耳的对称与鼻口的不对称，四肢的对称与躯干的不对称，乳房的对称与脐的不对称，等等。对称与不对称的合理搭配使人体的外形结构和谐统一，更具美感。

三、人体形态轮廓美

（一）体型美

体型美包含骨骼、肌肉的发育情况。人体的外形美以及人的精神气质，是通过人体轮廓形态、姿势、姿态、弯曲度等要素展示的。体型健美的核心是比例恰当，符合人体比例美。由于历史文化、地理位置、生活习惯、宗教信仰以及审美观念的差别，体型美的标准并不完全一致。

1. 世界卫生组织提出的"健康美"标准

体重正常，身体比例恰当，头、肩和臀在直立时位置协调；肌肉发达，皮肤富有弹性，眼睛明亮，反应敏捷，牙齿整齐、洁白，牙龈色泽正常；有一定抵抗力，不易感冒；精力充沛，能有条不紊地处理日常生活和工作；生活态度积极、乐观，勇于承担责任；生活有节，起居规律；勤用脑，应变能力强，能主动适应外界环境的各种变化。

2. 现代女性体型健美的标准

现代女性在追求形体美的热潮中，都很关心健美体型的比例和标准。女性体型健美离不开女性的特征，即丰满而有弹性的乳房、适度的腰围、结实的臀部以及健美的大腿等，这些是体现女性特有曲线美的重要部分。平胸、粗腰、腿短的女子不能体现出女性迷人的风姿和特有的魅力。瘦弱的身材也难给人以美感。一般而言，标准体重是健美体型的重要条件，也是反映体型美的标志之一。体重不足45公斤的女性，其胸部、臀部发育正常者极少，很难具有曲线美的形体。

女性身材的比例也是衡量体型美的重要因素。现代女性体型健美的比例标准：整体比例以脐点为界，头顶到肚脐与肚脐到脚跟的比例应接近3∶5。女性身体的中点应在耻骨联合处。平伸双臂，两中指指尖之间的距离应等于身高。头高应为身高的1/8，颈围约等于小腿围，腰围约等于胸围减20厘米。现代社会，无论是生产、生活还是审美，都要求女性精干、肌肉强健，有区别于男性的曲线美，既不失女性的妩媚，又足以承担生活上的重任。现代女性以"健美匀称"为标准。综合中外专家的观点，公认的现代女性健美标准有以下 12 个方面。

（1）骨骼发育正常，站立时，头、躯干和下肢的纵轴在同一垂直线上。

（2）身体各部分比例匀称，上、下身比例符合"黄金分割律"，胸围、腰围与臀围比例为 3∶2∶3。

（3）肤色红润有光泽，肌肤柔润、嫩滑而富有弹性。

（4）皮下脂肪适度，体态丰满，体重接近女性美学标准体重。

（5）眼部大而有神，五官端正并与脸型协调配合。

（6）双臂骨肉均衡，双手柔软，十指纤长。

（7）双肩对称，浑圆健壮，微显消瘦，无缩脖或垂肩之感。

（8）脊柱正视成直线，侧视具有正常的体型曲线，肩胛骨无翼状隆起和上翻的现象。

（9）胸廓宽厚，胸部圆隆、丰满且不下坠。

（10）腰部细而有力，微呈圆柱形，腹部扁平。

（11）臀部鼓实微上翘，不显下垂。

（12）下肢修长，两腿并拢时正视和侧视均无弯曲感。

3. 现代男性体型健美的标准

由于时代、地域、民族等差异，关于现代男子体型健美的标准观点不尽一致。有人认为，男子汉应该是"身材高大，体格魁梧，虎背熊腰，有阳刚之气"；也有人认为，应是"高矮适中，面貌清秀，体型修长，文质彬彬"。综合考虑各种因素，形成以下现代男子体型健美的标准。

（1）身高：从男性体型健美的角度出发，男性的身高应为中等以上。

（2）肌肉：健美的体型、健壮的体魄与发达的肌肉密切相关。艺术家、人类学家认为，男性发达的肌肉和健壮的体魄是人体美的重要因素。发达的颈肌能使人的颈部挺直，强壮有力；发达的胸肌能使人的胸部显得结实挺拔；发达的肱二头肌、肱三头肌及前臂肌群，可使手臂线条鲜明、粗壮有力；覆盖肩部的三角肌可使肩部增宽，加上发达的背阔肌，就会使躯干呈"V"形；有力的竖脊肌能固定脊柱，使上身挺直，不致弯腰驼背；发达的腹肌能增强腹压，保护内脏，有助于缩小腰围，增强美感；发达的臀部肌肉和有力的下肢肌肉，能固定下肢，支撑全身，给人以坚定有力之感。

男性应该具有适当的身高、发达的肌肉、恰当的人体比例、健壮的体魄、端正的姿态、潇洒的风度，以及发自心灵深处的勇敢无畏、刚毅果断、坚韧顽强的精神气质。

（二）人体姿态美

体姿是人的身体处在某一姿态时，人体各部分在空间的相对位置，又称体态、仪态。人的发型、化妆、服饰是静态美；体姿美则是动态美。体姿美是人体美的重要组成部分。优美的体姿、健美的体魄，不仅能充分表现体姿美，弥补体型上的缺陷，还能反映出一个人的风度气质和精神面貌，是展现人外在美和内在美的窗口。古人认为，典型标准姿势是"站如松、坐如钟、行如风、卧如弓"，女性的婀娜多姿、妩媚动人，男性的潇洒飘逸、矫健敏捷，都体现了人体姿势所具有的流畅、韵律和千姿百态的美。

1. 体姿

（1）静态体姿。静态体姿是指人体各部位在空间处于相对静止状态时所呈现的姿势，如站、坐、卧以及运动中某一瞬间的造型等。

（2）动态体姿。动态体姿是指人体各部位在空间中沿着直线或曲线移动时所呈现的动态姿势，如跑、跳、舞蹈、体育运动等动作，均能充分表现出人体的动态之美。

2. 体姿美的标准

（1）挺拔的站姿。站姿是指人体站立时（立正）的姿势。站姿要做到挺、直、高。正确健美的站姿给人以挺拔笔直、精力充沛、舒展俊美、充满自信的感觉。基本要领是头正，双目平视前方，下颌微收，面带微笑，挺胸，收腹，立腰，双腿挺直，双肩放松，双臂自然下垂；头、颈、躯干和两脚中线在一条垂直线上。避免僵直硬化、肌肉紧张，可适当变换姿态，追求动感美。不论男女，站立时都应做到颈、胸、腰等处保持正常的生理弯曲，身体重心要尽量提高，给人以舒适、挺拔感。尽量避免僵硬、含胸、弯腰、驼背、肩部下垂等不良姿势。切忌塌腰、挺腹、过分将重心偏移至一腿的站姿，防止造成脊柱变形、肩部低垂等疾患。

（2）沉稳的坐姿。坐姿包括入座、坐定、起座时的姿势。基本要求是端庄、大方、自然、舒适。入座时，应以轻盈和缓的步伐，从容自如地走到座位前，然后转身轻而稳地落座，并双脚并拢。坐定后，上身正直舒展，腰部挺直，重心落在臀部，头部保持平稳直立，两眼平视前方，下颌微收，两脚自然落地并稍分开，双手自然地放在膝盖或座椅的扶手上。起座时，宜双脚一前一后，略向前倾，脊柱起到平衡作用。

女士入座时，若穿裙装，应用手将裙摆稍微收拢，就座时不可跷二郎腿，更不可将双腿叉开。就座时，无论男女，双手都不应叉腰或交叉于胸前。切忌出现拉扯衣服、整理头发或抠鼻子、掏耳朵等动作。青少年的正确坐姿可以避免脊柱弯曲、近视、驼背的发生。

（3）优美的卧姿。良好的卧姿可以保证心血管、呼吸系统在安静状态下的正常工作，并有助于消除肌肉疲劳。为保证心脏不受压，一般宜朝右侧卧，胃幽门和小肠回盲瓣都向右侧开放，这还有利于胃和小肠的排空；屈腿侧卧位可表现出安静的曲线美。为防止局部受压发麻甚至出现痉挛现象，仰卧也是一种较好的卧姿，但不要将手放在心前区。

（4）稳健的走姿。行走的步伐、动作可以反映出人体的动态美和韵律美。起步时，上身略向前倾，身体重心落在前脚掌上。行走时，双肩平稳，目光平视，下颌微收，面带微笑。手掌伸直放松，手指自然弯曲。摆动时，以肩关节为轴，上臂带动前臂，前后自然摆动，摆幅以 30°～35° 为宜。步幅适当，跨出的步子应是全脚掌着地，膝和脚踝富于弹性而不僵直。

行走时，避免头部向前伸或低头；不要左顾右盼；避免左右摇摆及甩手幅度过大；不要弯腰驼背、歪肩晃膀、步履蹒跚；不要双腿过于弯曲、走路不成直线，更不要走"内八字"或"外八字"。轻盈自然的步态可以增强下肢肌肉和韧带的张力和弹性，保持膝关节和髋关节的稳定性和灵活性，展现活力和自信的气质。

（三）面型美

面型是指面部轮廓，是容貌美的基础，如果面型不佳，会影响整体容貌。比例协调、轮廓清晰的面型，配上符合标准的五官，就构成了自然的容貌美。面型的构成和美的标准是医学人体美研究的重要内容之一。

1. 面型的解剖结构

面型的构成主要取决于颅面骨骼的形状和面部肌肉的丰满程度。构成面型的骨骼包括额骨、鼻骨、颧骨、上颌骨和下颌骨。

构成面型的骨骼围成的 4 个几何图形如下：①前额连接着头顶骨，形成方形；②对称的颧骨和部分上颌骨形成长方形；③上颌骨形成一个竖立的圆锥形；④下颌骨呈马蹄形。它们彼此穿插、衔接，形成面型的立体关系和结构上的均衡，是我们观察和塑造面型的重要依据。

2. 面部轮廓的特征

面部轮廓的特征可以用 4 个弓形刻画出来：第一弓形在眉处环绕着面部，并随着前额突出来，这是眉弓形；第二弓形从一侧外耳孔到另一侧外耳孔环绕着面部，顺着面侧的颧突移动，滑入面部正面的颧骨上，这是颧弓形；第三弓形是上颌弓形；第四弓形是下颌弓形。根据 4 个弓形的半径（弓形线段的长短），从面型美人群中找出的规律如下：颧弓形>眉弓形>上颌弓形>下颌弓形。如果 4 个弓形结构紊乱，就被视为不美或畸形。因此，个性特征和面型是建立在弓形间相互关系和弓形内部变化基础上的。

额部代表精神和智慧的力量。古今中外，智者的形象都有着舒展宽广的额部。颧部的形态取决于颧骨，颧部大小适中则与鼻部、面颊和谐统一。颊部圆润使面容富有朝气，特别是在微笑时给人以亲切柔和的动态美。

3. 面型美的比例关系

一般认为，高宽比例协调、轮廓线条柔和、五官分布对称为美的面型。当然，面型也存在着个性特征。

（1）正面"三庭五眼"比例。"三庭五眼"源于我国古代画论《写真古诀》。"三庭"指脸型长度，将从发缘点到颏下点的距离分为三等份，即从发缘点到眉间点、从眉间点到鼻下点、从鼻下点到颏下点各为一等份，各称一庭，共三庭。"五眼"指脸型的宽度；双耳间正面投影的宽度为五个眼裂的宽度；除双眼外，内眦间距为一眼裂宽度；两侧外眦角到耳部各一眼裂宽度。

（2）侧面"三庭"以耳屏中点为圆心，从耳屏中点到鼻尖的距离为半径，向前画圆弧。再以耳屏中点分别向发缘点、眉间点、鼻尖点、颏前点作 4 条直线，将脸部侧面划分为 3 个扇形的三角，即侧面"三庭"。此法可以一目了然地观察人的侧貌形态，面型美貌的人，其发缘点、鼻尖点、颏前点均与圆的轨迹吻合；还可观察颏的前伸后退位置，颏最突点恰好落在圆弧上，称为美容颏；又可较精确地判断鼻背线的高低曲直。

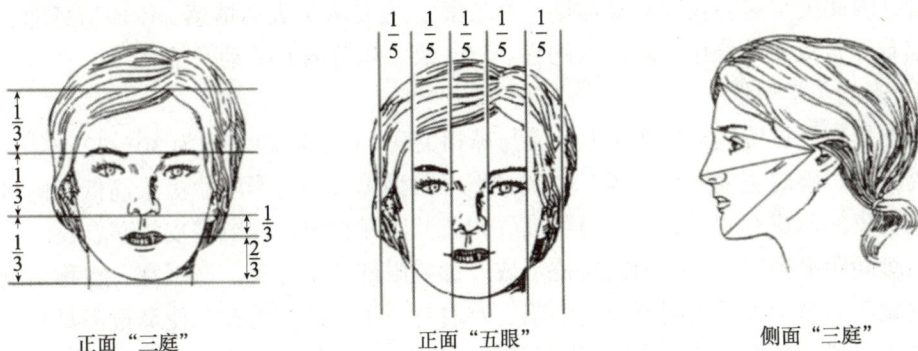

正面"三庭"　　正面"五眼"　　侧面"三庭"

（四）容貌美

容貌美是健康之美，充满生命活力之美。五官的美感与正常的解剖形态及生理功能息息相关。

1. 眉之美

眉是眼睛的框架，是容貌中重要的结构之一，起着重要的协调作用。在人体的五官中，除了最传神的眼睛能表现人的性格和内心以外，就属眉毛了。眉毛与眼睛的关系最能彰显和谐之美。眉的形态基本上与眼睛的弧度呈平行状态，眉毛以线条流畅为美，眉尾稍高于眉头。双眉的位置、形态、长短、色泽相互对称，并与容貌各部位协调契合。

眉横卧于眼眶上缘，自内向外呈弧形生长。其内端称为眉头，起于眶内上角；两眉之间称为眉间；眉的外侧端称为眉梢；眉头与眉梢之间为眉身（眉腰）；弧线的最高点称为眉峰。男性眉毛接近眼眶上缘，女性眉毛大多位于眼眶上缘上方，稍隆起而富有立体感。

标准眉形中，眉头在内眦角上方偏内侧，眉梢位于外眦角与鼻翼外侧连线的延长线上，眉峰在从眉梢起的眉中部至外侧 1/3 交点处。眉的浓淡适宜，富有立体感，其弯度、粗细、长短、稀疏均得体适中，且与脸型、眼型比例和谐，给人以优美、大方、舒展的感觉。除标准眉形之外，还有下斜型眉（双眉似"八"字）、离心型眉、连心型眉、粗短型眉等。

眉之美感主要表现在其线条美。因此，有人将眉形以其相似物来命名，如柳叶眉、新月眉、兰叶眉、剑眉、卧蚕眉、朴刀眉等。一般来说，男性以剑眉、浓眉为美；女性以柳叶眉、蛾眉为美。粗细适中、浓淡相宜、线条优美的双眉对于顾盼神飞的双眸来说，就像绿叶之于牡丹，衬托得双眼更加迷人，使整个面部轮廓显得明晰而和谐，使容貌更具美感。

2. 眼之美

眼睛是容貌的中心，是容貌审美的主要标志，是人体最重要、最精巧的感觉器官之一，承担视觉功能。外界信息的 90% 是通过眼睛获取的。一双明亮的眼睛不仅能增添容貌的美，还能折射出心理活动，传递复杂的情感。眼睛形态、结构的协调是人类容貌美的关键，因此美学家将人的双眼称作"美之窗"。它是人类表达情感、传递信息的表情器官，起着非常重要的作用，反映人的喜、怒、哀、乐等内心活动及情绪。

1）眼的美学位置

眼的形态及位置既与眉相关联，又与鼻相关联。内眦间距平均为 30～32 毫米，与两侧鼻翼宽度、睑裂宽度大致相等。鼻翼过宽对眼型美有一定影响。鼻梁高低对内眦间距及内眦赘皮的形成有明显影响：鼻梁高，内眦间距显得窄，内眦赘皮较多；反之，鼻梁低，内眦间距显得宽，常伴内眦赘皮形成，影响眼部美学外观。鼻眶窝，也称内眦窝，是眼内眦部与鼻梁根部之间形成的凹陷，左右各一个。此窝的存在使鼻根部具有起伏协调的曲线美感，又称"黄金窝"。此窝消失或变平对眼型及容貌影响较大。鼻梁低平者，鼻眶窝多低平或不显，且多有赘皮形成，故临床进行塌鼻矫正或内眦赘皮矫正时需注意此窝的形态。

2）眼的美学观察

（1）角膜、虹膜和瞳孔。角膜为无色透明状，因后面的虹膜和瞳孔而呈深色，通常被称为"黑眼珠"。巩膜呈不透明的瓷白色，表面覆盖有透明的、极薄的球结膜，通常被称为"眼白"。虹膜中央有直径 2.5～4 毫米的圆孔，即瞳孔。虹膜和瞳孔通过透明的角膜、房水清晰可见。虹膜内的环形括约肌和瞳孔开大肌可调节瞳孔的大小。其颜色主要与基质内色素上皮所含黑色素的多少和分布情况有关。白种人虹膜含色素少，由于光的衍射作用，多呈蓝色或碧绿色；黑种人含黑色素较多而呈黑色；黄种人则介于两者之间，表现为棕色。另外，虹膜的颜色、纹理、结构以及瞳孔的形态、大小、位置、缩放情况等，均与眼的审美，尤其与眼神和情感传递有着紧密的联系。

（2）睫毛。排列于眼睑缘前唇，上、下睑缘生有 2～3 行的短毛，具有削弱强光和防止异物进入眼内的功能。一般上睑睫毛较多且长，有 100～150 根，长度平均为 8～12 毫米，稍向上方弯曲生长；下睑睫毛较短且少，有 50～80 根，长度平均为 6～8 毫米，稍向下方弯曲。睫毛的长度和倾斜度因人而异，根据睫毛的倾斜度可以将其分为平直型睫毛、上翘型睫毛和下垂型睫毛。乌黑、浓密、上翘弯曲的睫毛对眼型美及整个容貌美具有重要的修饰作用，使眼部更具立体感。

（3）眼睑。眼睑分为上睑和下睑两部分，上睑宽大，其形态及活动对眼型影响很大。上睑皮肤表面可有两条横弧形沟纹，上方者称为眶睑沟，闭眼时变浅或不明显。黄种人较浅，白种人较深且明显。下方距睑缘 5～6 毫米，称为上睑沟，有此沟者为重睑形态，无此沟者表现为单睑形态，由此可将上睑形态分为单睑型、重睑型（"双眼皮"）、内双型和多皱襞型。

根据东方人的审美观点，标准眼型又称杏眼，眼睛位于标准位置，男性多见，特点是睑裂比例适当，眦角圆钝，黑眼珠和眼白露出较多，显得英俊俏丽。此外还有丹凤眼（属于美眼的一种）、细长眼、圆眼、吊眼、深窝眼等。

3. 鼻之美

鼻突出于面部最前端，具有严格的左右对称性，与凹陷的眼睛相互衬托，增强了颜面部的立体层次感。鼻位于面部的上 1/3，鼻上端的起点是鼻根，鼻上端与眉、眼相连，下端通过人中与口、唇相接，左右与颧颊相邻，鼻翼由鼻唇沟维系，鼻在面部起着承上启下、联系左右的重要作用。鼻的形态结构、对称与否直接影响容貌的美与丑，因此鼻又被称为"颜面之王"。

鼻是呼吸道的门户，吸入空气的同时，具有灵敏的嗅觉，可以完成对气味的感知；具有过滤、清洁、加湿和加热空气的作用，进而参与调节体温；能通过鼻肌和面部表情肌做出耸鼻、皱眉、鼻孔扩张等表情动作。鼻腔是声道的一部分，通过共鸣作用使声音得以修饰。鼻子的位置具有严格的轴对称性，额、鼻形成的垂直线与鼻根至耳孔的水平线相交成直角，是人类鼻子在面部结构中的基本特点。

鼻的美学观察包括鼻根高度、鼻背形态、鼻根凹度、鼻翼突出度、鼻孔形状、鼻尖和鼻基底方向等。鼻型的美感关键在于它与整个面型是否相称协调，是否符合本民族的特征和审美标准。通常情况下，理想的外鼻长度为面部长度的 1/3，理想的外鼻宽度（两个鼻孔外侧缘的距离）为一眼的宽度，也就是画家所谓的"三庭五眼"。以上这些标准用于衡量鼻子长度和宽度。鼻孔呈卵圆形。根据东方人外鼻特点，理想鼻型是鼻梁挺立、鼻尖圆润、鼻翼大小适度，鼻型与脸型、眼型、口型比例协调、和谐。此外，还有鹰钩鼻、蒜头鼻、朝天鼻、鞍鼻等类型。

4. 耳之美

耳朵位于头的两侧，左右对称，具有听觉功能。虽缺乏表情和动感，却是头面部必不可少的器官，具有收集声波的生理功能，其存在与否对容貌具有至关重要的影响。耳的位置和形态如果完美，面部容貌会更趋于和谐、美观。

耳包括外耳、中耳和内耳三部分。外耳包括耳廓、外耳道和鼓膜，影响容貌的结构是耳廓。耳廓位于头部两侧，对称排列。耳廓上缘与眉等高，耳垂附着点与鼻底等高。除了其自身具有的位置感知、接收和传导声波、听力感知的生理功能外，外耳还有美化容貌的重要功能。一般人所说的"五官端正"，就包括外耳的端正、漂亮。人们用佩戴耳饰、装饰性眼镜等方法来衬托外耳的美，并用耳廓来衬托各式短款发型。

耳的美，在于其耳廓外形圆滑，线条流畅，耳尖圆润不明显，耳垂饱满，耳廓厚，柔润有光泽，且与头、面及其他器官大小协调。耳廓位置应处于标准耳部的位置，耳的长度约为 65 毫米，宽度约为 35 毫米，耳廓各组成部分之间比例协调，结构清晰。耳垂长度约占全耳长的 1/5，且以大而饱满、圆润为美。

5. 唇之美

唇在美学中的地位仅次于眼睛，是一个多功能的混合器官（如说话、吞咽、吹吸气、亲吻等）。唇不仅具有线条美、色彩美和动感美，而且非常引人注目，是构成人体容貌美的重要部位。唇为面部器官中活动能力最大的软组织结构，与表情肌密切相连且具有高度特征化的表情功能。该处血运丰富，上唇皮肤与唇缘弓（唇红线）微隆起呈弓形，红唇部较上唇稍厚，突度比上唇稍小。这些特点决定了它是人们情感表达的焦点。

唇的美学观察包括唇高度、唇突度、唇厚度、口裂宽度及唇型等。理想唇型是轮廓线清晰，下唇略厚于上唇，大小与鼻型、眼型、脸型相适宜，唇珠明显，口角微翘，整个口唇有立体感。此外，还有厚型唇、薄型唇、瘪上唇（俗称"地包天"）等。

口唇外形有种族差异，如白种人唇较薄，黄种人唇稍厚，黑种人唇较厚。同种族之间也有群体和个体差异。唇形的美丑不能脱离每个人的具体特征、生活时代、地域风俗。通常，只要是与脸型相配、与五官协调、与性格气质相符的唇形，就能产生动人的美感。

6. 颏之美

颏俗称下巴，位于面下部，上方通过颏唇沟与下唇皮肤相延续，它是颜面的最下端。颏与鼻、唇一起决定面部侧貌突度及轮廓。颏的高度、突度及大小对面下1/3高度、宽度乃至整个面型都有重要影响，被誉为容貌美的"黄金部位"。在一定程度上，颏部的外形轮廓还可反映出人的性格特征和气质。唇、颏结构是面下1/3的重要结构。在关于颅面结构协调和统一的研究中，鼻、唇、颏的关系被美学家、艺术家及医学家所重视，将一个形态大小正常的鼻子和微微突出上翘的颏视为漂亮脸庞的重要标志。解剖学家的研究表明，在人类漫长的演变过程中，随着大脑发达、颌骨咀嚼器官退化后缩，颏的轮廓愈发凸显。西方人甚至将颏的形态与突度同个体特征相联系，将后缩、发育不足的颏视为胆怯、优柔寡断的象征，而发育良好、微微上翘的颏则被视为勇敢、刚毅的象征。

第二节　医学史教学中的审美教育

医学源远流长，在变与不变中，担负着满足不同历史时期人类健康需求的使命。纵观医学史长河，不变的是医学造福民生、满足健康需求的使命；变化的是医学对健康与生命的认识程度与诊疗方式。意大利医学史家卡斯蒂廖尼在其著作《医学史》中概括道："医学史不仅是一部技术成就史，还是一部艺术与精神追求史。"由此可见，在整个医学史的发展历程中，始终体现着美与审美教育。

在医学教育中，医学史不仅是一门重要的课程，更是一个承载着丰富医药知识、人文精神和审美价值的宝库。医学史教学不仅仅是传承和传授日积月累的医学知识与经验，更应培养学生的审美能力，让他们学会在医学发展的历史长河中寻找美、感悟美，进而传承医学精神。

一、医学美学思想的发展历程

（一）中国传统医学美学思想的发展历程

两千多年前的中医经典著作《黄帝内经》，就记载了医学人体美学最基本的研究方法，即人体测量法，包括活体测量和尸体测量。其中不仅有较详细的人体活体测量和尸体测量的论述，还阐述了人体胚胎发生学、解剖生理学、体质人类学的基础和形态特征以及气质要素等医学人体美学思想。东汉时期，张仲景的《伤寒杂病论》为循证医学的发展奠定了医学审美的坚实基础；华佗创造了"五禽戏"的医疗体操，开创了我国保健体操之先河。东晋时期，葛洪的《肘后备急方》第五十六篇被后世称为"最早的美容专篇"。隋唐时期，随着经济、文化的进步，中医美学思想随之向纵深发展。在医学理论、临床医学、药物学、方剂学等方面，都体现了医学美的要求和医学审美思想。此后，医学获得了迅速发展，医学著作大量出版，临床医学、预防医学出现了新的成就，扩展了医学美学思想的范畴。宋朝的全盛时期，随着医学教育的发展，教育方法不断向真实性方面改进，医学绘图在求真、求美方面要求更高。精美的医学图谱开始一幅幅地展现在世人面前。明清时期，中医美学思想表现为曲线发展或持续过程，丰富和发展了中医在防治疾病中的辨证美。历史朝代不断更迭，随着经济、文化的不断进步，极大地丰富了中医美学思想的内容，同时也促进了其发展。

（二）西方医学美学思想的演进过程

公元前 5 世纪前后的古希腊，百家争鸣的学术风气使医学步入了理性的轨道。医学美学思想以古希腊、古罗马的医学和美学为基础，随着自然科学的进步和人们审美意识的不断提升而逐渐形成和发展，经历了"人体美与健康的和谐统一——基础医学的发展促进医学审美认识的提升—医疗实践丰富了美的内涵—医德与医美相得益彰"的演进过程。希波克拉底曾说："医学的艺术乃一切艺术之中最为卓越的艺术。"这一论断深刻地揭示了医学是美的职业，医学所追求的是健康而美好的人生，医学所创造的是健康之美、生命之美、至善之美、仁爱之美。

二、医学史与审美教育的关系

审美教育或情感教育简称美育，是按照美的标准培养人的形象化的情感教育，是运用美的规律，通过审美实践训练，以强化人的感知、想象、情感、理解等审美心理能力，进行各种审美实践活动的教育科学。美育也是一种作用于知、情、意的能力教育，以美启真，以美入善，以美化情；是一个兼容了情感教育、人格教育、艺术教育、自由思维教育、形象思维教育、感化教育、快乐教育的综合教育整体；是一种更高层次的素质教育，是精神世界层次的素质教育。

医学史与审美教育之间存在着密切的联系。医学史中蕴含着众多医学家的智慧与创造，这些智慧和创造本身就是美的体现。通过对医学史的学习，学生可以感受到医学家对美的追求和对人类健康的奉献，从而培养他们的审美情感和审美能力。

三、医学史教学中的审美教育内容

（一）医学人体之美

人体美是大自然无数美好事物中最杰出的典范，人体全身都存在着黄金分割比例这种绝妙的比例。最早且最典型的代表是古希腊波利克里特提出的人体标准比例理论。该理论将美学的原理与人体各部位相互之间或各部位与整体之间的协调比例关系结合起来，并用数字比例来衡量标准的人体美。诸如此类，在中西方医学史书中记载的人体解剖知识及其图片，无不显示出这种美的黄金比例。此外，人体的体型轮廓美、人体的微观结构美等，都是学生认识美和培养审美能力的重要内容。

（二）医学家的创造之美

医学史上涌现出许多杰出的医学家，他们的创造与贡献不仅推动了医学的发展，也展现了人类智慧的魅力。教学中应着重介绍这些医学家的创造之美，如精妙的 DNA 双螺旋结构的揭示、青霉素的发现，以及外科专家华佗创造医疗体操"五禽戏"，开创我国保健体操之先河的案例等。

"生命之谜"被揭开

1953 年，沃森和克里克发现了 DNA 双螺旋结构，开启了分子生物学时代，使遗传的研究深入到分子层次，"生命之谜"被揭开，人们清楚地了解了遗传信息的构成和传递途径。在之后的近 50 年里，分子遗传学、分子免疫学、细胞生物学等新学科如雨后春笋般出现，一个又一个生命的奥秘从分子角度得到了更清晰的阐明，DNA 重组技术更是为利用生物工程手段进行的研究和应用开辟了广阔的前景。

（三）医学实践的伦理之美

医学理论之美，包括医学理论、分析、实验、研究、发明。中医强调"天人合一、阴阳平衡"的有机整体理论就是医学理论美的具体体现。它的客观本体建构是规律、完备、奇异、和谐、对称、统一的，体现了医学创造的本源性、至善性和神圣性。当医学工作者对人体的结构规律有了新的突破性发现时，即发现新的规律性、和谐性时，他们对发现的喜悦就是医学科学研究中的美感。小到一个细胞，大到人体器官，对于一个有医学素养的人来说，都可以从中获得喜悦。

医学实践中的伦理原则与道德规范是医学美学的重要组成部分。在医学史的教学中，应引导学生关注并培养自身在医学实践中的伦理之美，如医生的职业操守、患者的信任与依赖等。

"医者仁心"——华佗

华佗是我国古代医学的奠基人之一。他不仅精通医学知识，还怀着对患者的深厚情感。一天，一位身患重病的患者被送进了华佗的诊所。经过一番细致的检查，华佗发现患者的病情相当严重，随时可能出现病情加重或死亡。但他并没有放弃，而是全力以赴地为患者治疗。这位患者名叫曹操，他是中国历史上著名的政治家和军事家。

不久后，华佗发现曹操的病情恶化，只有通过手术才能延续他的生命。尽管为曹操做手术会让华佗陷入危险，但华佗深知自己是医者，更是仁者，他不能因为个人安危而放弃对患者的救治，于是，他决定进行手术。手术进行得非常顺利，曹操成功脱离了危险。然而，华佗最终还是遭到了曹操的迫害。

华佗的故事传颂千古，他以"医者仁心"的精神成为医学伦理的典范。

（四）医学技术之美

高超的医学技术之美，是历代医家孜孜不倦、不断追求和创造的一种美。比如，在外科手术技术上研究手术切口、缝合创口的美学要求，研究护理过程中患者的审美心理规律。对于人体修复和再塑，将美的成分升华，是实现人体美的重要途径，是善与真相统一的美的创造，从而满足人们在生理和心理上的快乐与愉悦。

此外，将音乐、美术等艺术手段用于心理辅导（如为治疗心理健康问题而开展的音乐疗法、色彩疗法），注重医疗环境的美化（如医疗护理人员着装的改善、得体的谈吐、修养的提升，医疗组织人际关系和医患关系的优化，医疗器械的美观）等，都属于医学与艺术等多个领域的紧密结合。在医学史教学中，可以引入这些领域的案例，让学生感受高超的医学技术之美，感受医学与艺术的融合之美。

第三节 审美教育与医学生人文素质的培养

"医术乃仁术"，医生是"仁爱之士"，古希腊医学家希波克拉底称："医术是一切技术中最美和最高尚的。"医务工作者应具备高尚、无私、谦虚、判断力强、知识丰富等品质，即重视人文素质培养，特别是美育修养，并让医学审美意识牢牢植根于自己的医学实践中。现代医生，除了要有扎实的专业素质和医学技术外，人文修养及哲学理念也是必备的素质。

一、医学人文素质与审美教育

所谓人文素质，是指在知识、道德、审美等方面养成的认知力、意志力和情感倾向力。就其内涵来说，是一种植根于内心的养成，一种无须他人提醒的自觉，一种承认约束的自由，一种设身处地为别人着想的善良。人文素质是一种基础素质。医生的人文素质可以体现在以下几个方面：①较高的人文素质是医生掌握精湛技艺的基础，尤其是在技术创新的年代，更需要医生自觉地用哲学思维把握医学进步的正确航向。②较高的人文素质是医生理解患者的基础。如果医生理解、关注患者的感受，就能给患者增加信心、希望和力量，患者也会更好地配合治疗，最终达到治愈的目的。③较高的人文素质是医生赢得患者信赖的重要前提。因此，人文素质的培养对于医学生综合素质的培养起着重要的作用。

审美教育或情感教育简称美育，是按照美的标准培养人的形象化情感教育，是运用美的规律，通过审美实践训练强化人的感知、想象、情感、理解等审美心理能力，进行各种审美实践活动的教育科学。美育也是一种作用于知、情、意的能力教育，以美启真，以美入善，以美化情。它是一个兼容了情感教育、人格教育、艺术教育、自由思维教育、形象思维教育、感化教育、快乐教育的综合教育整体，是一种更高层次的素质教育，是精神世界层次的素质教育。

医学教育的目的在于培养具有全面综合素质的优秀医学人才。审美教育在培养人的道德修养、审美情趣和创新精神等方面具有十分重要的地位和作用，是实施素质教育的重要途径之一。在医学教育中融入审美教育，不仅能提升医学生的专业技能，还可培养他们的道德情操、人文情怀和创新能力，使医学生在医疗保健服务过程中具有较强的医学审美能力和正确的医学审美观，具有理解医学美感、鉴赏医学美和创造医学美的能力。要不断提高医学生的职业审美素质，并使之贯穿医疗实践的全过程，使他们在未来的医疗实践中能够更好地服务于患者和社会。

二、审美教育对医学生人文素质培养的作用

（一）培养医学生高尚的职业道德情操

美育是一种审美教育和情感教育。要用美学理论指导医疗实践，使医护人员在明确什么是美与丑、善与恶的同时，塑造崇高的敬业精神、渊博的知识内涵、优美的动作姿势、敏锐的观察能力、和蔼可亲的处事态度及医者仁心的职业道德等医护人员形象。在医学教育中渗透美育，有利于培养医学生热爱专业、热爱患者的情感，加强医学生的高尚职业道德情操。职业道德包含敬业精神、责任意识、团队精神。首先要树立全心全意为人民服务的思想；其次要培养良好的医德医风，净化心灵；最后要磨炼坚强的意志品质。审美教育对培养医学人才的高尚品德、健康人格、正确的人生观有着重要的作用，即所谓的"以美育德"。

"索道医生"——邓前堆

一根铁索，一套滑轮，一个药箱，横跨湍急的怒江两岸，守护着一个偏远山村村民的健康。

拉马底是云南怒江流域的一个村寨，这个村子被怒江一分为二。邓前堆就是这个村子的医生。为了给村民看病，他长年溜索横跨怒江两岸，用坚持换来了村民的健康。一条 100 多米长的索道成为他来往两地的桥梁。多年来，邓前堆扎根基层，情系乡村，无私奉献。他不顾生命危险，靠一根铁索、一套滑轮，通过距怒江江面 30 米高、100 多米长的溜索来往于拉马底村，为村民送药，步行总里程约 60 万千米，累计出诊 5000 多次，诊治患者 13 万余人次，以"救死扶伤"为己任，从未出现过一起医疗事故和医患纠纷，被当地群众称为"索道医生"。他以精湛的医术、高尚的情怀，满腔热情地把自己所学的知识倾注到当地村民身上，解除病患的痛苦，以实际行动展现着一位乡村医生的理想和信念，体现了人生的价值。2011 年 9 月 20 日，邓前堆在第三届全国道德模范评选中荣获"全国敬业奉献模范"的光荣称号。2019 年 9 月，他又被授予"最美奋斗者"称号。他在平凡的岗位上谱写了一曲华美的乐章。

（二）开发医学生的智力并培养其创造力

人们认识世界是为了改造世界，人们感受、鉴赏美是为了创造美。对美的创造能力是指在感受、鉴赏的基础上，进一步通过自己的实践活动，按照美的规律创造美的事物的能力。因此，培养医学生审美能力的根本任务是使其掌握创造美的规律、发挥创造美的才能，并自觉地把这种才能运用到临床医疗实践中去。许多优秀的科学家、医学家通常也是出色的艺术家。马克思说："社会的进步就是人类对美的追求的结晶。"所以，培养人们对美的创造能力将直接影响人类社会精神文明进步的进程。在感受美、鉴赏美的基础上，培养医学生按照美的规律去创造美的能力，是一项光荣而艰巨的任务。注重医学生的审美教育，对提高其智力水平、激发其创造力、挖掘其潜能有很大的帮助。培养医学生审美感知能力是医学美育过程的起点；培养医学生审美判断能力是医学美育过程的进一步发展；发展医学生的创造才能，把感受美、鉴赏美的能力用于临床实践是医学美育过程的最终目标，即所谓的"以美启真"。

（三）提高医学生维护和创造人体美的能力

在医学教育中渗透美育，不仅可以提高医学生的审美素质，还可以增强其医学审美能力。在一定的医学科学思想和理论指导下，以美的事物为材料和工具，通过各种审美活动激活和美化医学生的美感体验，提高医学生在医疗实践中感受美、创造美、评价美的能力。通过学习和医学审美等途径，在审美意识、审美能力、审美品质、审美创造等方面进行自我教育、自我改造，以达到全面发展的教育目的。通过美的欣赏和评价，促进人体机能的协调、运转和发挥，调节人们的精神，增进人们的愉快情感。精神上陶醉于美的享受之中，可以使疲劳得到缓解、精神得到鼓舞。通过医学审美评价活动，提高鉴赏医学美、人体美的能力，促进医学生对健美的自觉认识。这样有针对性的审美活动可以让医学生正确把握人体美的尺度和规律，提高个人审美情趣和审美水平，在医疗护理实践中，维护和创造人体健康的美，即所谓的"以美促能"。

（四）提高医学生的人文素养

通过学习历史、哲学、文化等领域的美学知识，医学生能够增强对人类社会、文化和历史的认知和理解，提升人文素养，具备更加全面、均衡的知识结构和人格品质，即所谓的"以美提质"。

（五）培养正确的价值观和责任感

美学教育帮助医学生树立正确的审美观，提高他们对美的认识能力，进而提高他们的生活情趣，在潜移默化中让他们了解美、认识美、理解美，形成正确的价值观和责任感，即所谓的"以美强责"。

综上所述，审美教育在医学生人文素质培养中发挥着不可或缺的作用，通过提高医学生的审美能力和人文素养，有助于培养具备高度人文素养的医学人才，更好地适应现代医学模式对医学人才的要求。

本章微课视频

第三章

造 物 之 美

第一节　中华文化遗产概述

一、文化遗产释义

党的二十大以来，习近平总书记对做好新时代新征程宣传思想文化工作作出一系列新的重要论述，他强调要"着力赓续中华文脉、推动中华优秀传统文化创造性转化和创新性发展"。在新的时代背景下，中华文化遗产肩负着赓续中华文脉这一新的文化使命。

文化遗产是什么？不同的国家和地区由于文化差异的客观存在，对文化遗产的定义也不尽相同。文化是人类在长期社会实践过程中，物质性和精神性创造活动及其成果的综合体现。遗产的本义为祖先遗留下来可继承的财产。从"遗产"的本义出发，"文化遗产"可以延伸为先人遗留下来的具有物质价值和精神价值的财富。因此，我们可以试着这样来理解"文化遗产"：文化遗产是在长期社会实践中，人类创造的具有文化价值的财富遗存，其中包括有形和无形两种形态，也就是物质财富和精神财富。近年来，在联合国教科文组织所主导的"遗产事业"推动下，越来越多的国家和地区开始重新审视"文化遗产"对人类社会的影响，试图找到当代社会和文化遗产之间的契合点，以期创造出新的人类社会发展图景。

二、中华文化遗产概述

中国是"四大文明古国"中唯一的文明从未中断过的国家，中华民族"多元一体"，圣哲先贤层出不穷，能工巧匠如繁星璀璨。他们创造出的有形和无形文化遗产成为中华民族共同的"民族记忆"，影响着民族信仰，关联着日常生活，实践着审美涵育。这片东方土地经历过漫长的人类发展历程，也蕴藏着丰厚的文化遗产。据统计，截至 2023 年 9 月，中国现统计在册有 57 项世界遗产、5058 处全国重点文物保护单位、6000 余家博物馆、76.7 万处不可移动文物、1.08 亿件（套）国有可移动文物；有国家历史文化名城 142 座、省级历史文化名城约 190 座、中国历史文化名镇 312 个、中国历史文化名村 487 个，以及 6819 个传统村落。2015 年以后，全国新划定了历史文化保护街区 970 片，确定了历史保护建筑 4.27 万处。

中华文化遗产的提出在一定程度上受到了西方相关理念的影响。我国将文化遗产分为"物质文化遗产"和"非物质文化遗产"两大类，主要是受到联合国教科文组织的影响。"物质文化遗产"是静态的，包含器物、服饰、艺术品、古迹遗址等，而"非物质文化遗产"则是动态的，包含民间工艺、生活方式、饮食文化、宗教信仰、传统技艺、岁时节俗等。由于生存环境和实践经验的差异，不同地区、国家、民族的人们创造出形式丰富、风格多样、千姿百态的艺术之花，汇成文化遗产之海。长久以来，中华民族"多元一体"以及中华民族特有的"和而不同""兼收并蓄"的价值观念，体现着东方文化之美，决定了中华文化遗产是具有中国文化特色的兼收并蓄、和合共生的人类共同财富。

在世界文化遗产之林中，中国文化遗产具有以下特征。

一是源远流长，四方共赏。中华文化遗产以悠久且连续的中华文明为基础形成、发展，同时注重借鉴、吸收外来文明。虽曾遭受外来侵略，但从未停滞不前。在许多历史时期，中华文明通过丝绸之路、"一带一路"倡议等途径辐射到周边地区和国家。截至今日，中华文化已然突破国界，走向世界。中华文化遗产可谓是源远流长、四方共赏的存在。

二是与时俱进，欣欣向荣。随着社会生产力的不断发展，哲学、思想、艺术、民俗等诸多文化遗产受到时代的影响，有的被赋予新的内涵、新的表现形式，而有的则被历史的洪流冲刷殆尽，不复存在。经过岁月的打磨，依旧生机勃勃的文化遗产大抵是符合"世界和谐""民族精粹"这样的特征的，而诸如"裹小脚""八股文"等粗鄙专断的历史产物则被淘汰。这些得以留存下来的遗址遗迹、作品和思想，得以传承下来的生活方式、习俗和信仰，成为中华民族精神支柱和文化认同的重要组成部分，欣欣向荣。

三是自然和谐，多姿多彩。中国现有的文化遗产不仅包括考古类遗址、村落民居等有形文化遗产，还包括风土人情、科学技术、传统技艺等无形文化遗产，一静一动，体现的是万物和谐、多姿多彩的东方文明。"中国红""青花蓝""秧歌戏""真功夫"，一方水土孕育一方文化，遗产正是运用独特的个性充实着"原真性"（authenticity）的文化内容，展现着"完整性"（integrity）的价值。

三、中华文化遗产之美

不论是衣食住行的物质生活还是言谈举止的精神生活，可以说，我们每个人无时无刻不被自己民族的文化遗产所包围。一个民族的文化遗产已经对整个社会产生了潜移默化的深远影响，穿过历史尘烟，成为一个民族生生不息的物质财富和精神积淀，成为每个人心中永恒的美好。

回顾人类文明发展的历史进程，不难发现，民族文化的发展决不能故步自封，只有博采众长、兼收并蓄、懂得"扬弃"，才能永葆文化活力，屹立于世界文化之林。中华文化遗产的传承充分说明了这一点。

秦统一六国，实现大一统，在此过程中广纳人才，农耕文明和游牧文明相互融合，才有了度量衡的统一，才有了震惊世界的秦始皇陵兵马俑。西汉时期，张骞凿空，一条丝路连接中外，促进中外贸易往来、技术交流，谱写出多元文化交融互鉴的时代画卷。大唐盛世，开放包容的时代风气，让长安成为国际大都会，外来移民带来异域音乐、舞蹈、作物、技术，促进本土瓷器、壁画、音乐、宗教等多方面的文化革新与发展。宋代随着海上丝绸之路的兴起，对外商贸又一次繁荣起来，丝绸与瓷器作为中国的文化符号，被源源不断地输送到印度洋各国，甚至是北非和地中海地区。随着航海技术的进步，明代郑和率领船队七下西洋，不仅把精美的陶瓷等器物带到海外，也把器物中饱含的民族情感、审美思考、工匠精神不断传扬。如今，作为东方文明与世界文明交流互鉴的见证者，分布在世界各地的"唐人街""中国城"正成为中华文化遗产传播发展的纽带，连接着过去与未来、民族与世界。

四、中华文化遗产的当代价值

未来，必将是文化多元化的世界。新时代文化复兴的号角已经吹响，传统文化中的精华延续着中华文化的根脉。中华文化遗产是社会美育的源泉，是思想解放的基石，是经济发展的有效助力。

近年来，社会美育理念受到社会各界的广泛关注。社会美育是针对全社会成员普遍开展的审美涵育活动，旨在提升全民的审美素质、思想道德修养和科学文化素养。审美涵育背后是中华文化遗产对民众的长期文化滋养与影响。社会美育包括"德、智、体、美、劳"等多个方面。而在独树一帜的中华文化遗产中，屈原、孔子这样的智者先贤，瓷器、丝绸这样的美器美物，秧歌、社火这样的艺术结晶，香文化、茶文化这样的特色元素，以及钟南山、张桂梅这样的时代楷模，共同揭示着中华民族优秀的传统文化、民族精神与和谐发展理念。可以说，文化遗产的美育功能不容置疑，全民美育不仅关乎个体的全面发展，更关系到社会主义文化强国的建设，影响着文化自信的建立。

"苟日新，日日新，又日新。"世界时时刻刻都在改变，时代的伟大变革离不开思想解放和创新，而这是以传承下来的文化遗产为基础的。儒家思想作为中国历史上主流的思想流派，在漫长的历史长河中不断地自我革新，从孔子的"仁""礼"思想到荀子的"性恶论""天人论"思想，再到董仲舒的"天人感应"思想，每一次的革新和发展都是站在前人思想成果的基础上的"再创作"。当代，从邓小平理论、"三个代表"重要思想、科学发展观到如今的习近平新时代中国特色社会主义思想，我们党和国家在理论创新和思想解放上从未止步。"马克思主义中国化时代化这个重大命题本身就决定，我们决不能抛弃马克思主义这个魂脉，决不能抛弃中华优秀传统文化这个根脉。坚守好这个魂和根，是理论创新的基础和前提。"这是习近平总书记作出的重要指示。文化遗产不仅蕴含着中华优秀传统文化，更是全面解放思想、践行理论创新的基石。

艺术源于生活。文化遗产作为一个民族的"共有记忆"，不只是巧夺天工的美器珍宝，还包含生活的痕迹、社会的风貌、时代的思考，它是永久传承的艺术宝库。神话传说、民间故事、成语典故、名人事迹、礼仪规范、书法、绘画、雕刻等，为中国的艺术创作提供了丰富多彩的素材，充满东方意趣。唐诗、宋词、元曲、四大名著、传统戏曲、影视作品……这些艺术形式与作品，由中华文化遗产生发，因中华文化遗产而精彩。文化遗产为中华文化艺术复兴提供了现实的可能。

伴随着社会经济的高速发展，文化生活的内容和形式也越来越丰富。在"经济文化一体化"的今天，文化产业欣欣向荣，其经济价值不可同日而语。越来越多的人走进博物馆、历史名城、民俗村落，感受文化的魅力和生活的美好。而文化遗产正是文化产业持续发展的不竭动力。文化遗产具有可学、可观、可赏的特点，彰显着独特的文化魅力。这种魅力兼具知性美和感性美，可以穿越时空，无限延伸、发散，滋养世人的灵魂。比如北京故宫，恢宏的建筑、严谨的布局、动听的故事、庄重的礼仪、跌宕的国家命运……通过文化遗产，我们收获精神食粮，与之相伴的文化产业也创造着可观的物质财富。文化遗产助力经济发展，经济发展助推文化遗产绽放活力，这是一场时代的双向奔赴。

五、中华文化遗产的保护与传承

在构建"人类命运共同体"的今天，只有保护好中华文化遗产，在保护中谋发展、求创新，才能保持中国文化的独特性，推动世界各国的文化交流。文化遗产的保护与传承是我们面临的一个重大课题。

在文化遗产保护与传承方面，中国的文化遗产保护工作特色鲜明，政府在文化遗产价值的阐释和保护传承上发挥着举足轻重的作用。在国家立法层面，关于非物质文化遗产保护的"保护为主、抢救第一、合理利用、加强管理"方针得以明确，文化遗产保护工作得以依法实施，实现了"有法可依"。此外，开展全国范围内的文物普查工作，建立全国重点文物保护单位档案，推动文化遗产项目申报、文化遗产保护、深度宣传推广，文化遗产传承项目等相关工作也在稳步推进。政府的一系列举措，使大批文化遗产得到了妥善保护和宣传，并产生了新的经济、文化和社会效益。

科学技术的进步，同样在不断提升文化遗产保护和传承的水平。地震考古、水下考古、遥感考古等高科技考古手段的应用，以及人工智能、人机交互等数字化技术的应用，不仅使文化遗产保护更具系统性、科学性和可行性，还有效助力文化遗产"活"起来，为其当代价值阐释创造了新的机遇，增强了公众的参与度和体验感。

但我们应当看到，在政府加大文化遗产保护力度、科技助力文化遗产传承创新的同时，仍然存在破坏文化遗产的现象，以及全民文化遗产保护意识淡薄、文化遗产传承创新力度不足等诸多亟待解决的问题。文化遗产是全民族共同创造和书写的共有精神财富，其保护与传承抛开公众参与是行不通的。要"在保护中创新，在发展中扬弃"，有效利用文博场馆，注重培养传承人，提升民族文化认同，创新中华文化遗产传播途径，让全社会参与到文化遗产的保护、传承和发展中来，全面、深刻地认识文化遗产，明确其价值，赓续中华文化根脉，树立文化自信心。

伟大人民孕育伟大文明，中华文化遗产是中华民族赓续中华文脉、实现民族复兴的宝贵财富。多元的文化遗产，需要多元的传承发展；多元的遗产认同，需要多元的方式阐释呈现。正如习近平同志《在文化传承发展座谈会上的讲话》中所强调的，中国文化源远流长，中华文明博大精深。只有全面深入了解中华文明的历史，才能更有效地推动中华优秀传统文化创造性转化、创新性发展，更有力地推进中国特色社会主义文化建设，建设中华民族现代文明。①中华文化遗产书写过辉煌的昨天，也将继续绘就灿烂的明天！

第二节 泥土炼化之美——美器陶瓷

一、陶瓷概述

中国以瓷器闻名于世，瓷器是中国古代文化和艺术的杰出代表，是中华民族对人类历史发展作出的重要贡献之一。在漫长的历史发展过程中，历代工匠创造出众多具有中华民族独特审美情趣的瓷器艺术珍品。中国通过瓷器这一特殊的"文化载体"向世界展示了中华民族伟大的创造能力和中国古代高度发展的科技水平。瓷器在世界的舞台上散发着独特的魅力，以至于英文中"china（瓷器）"一词已成为"中国"的代名词。

直到今天，中国瓷器始终窑业兴盛，而且不断推陈出新，显示出其特有的勃勃生机。作为中国人，我们从瓷器中似乎看到了历史，感悟到了先民的生活气息和审美情趣；而对外国人来说，他们由此看到了中华民族的艺术精神，看到了凝聚于瓷器中的中国人的人生情趣、生活态度以及创造物质和精神文明的智慧。

瓷器源于陶器。陶器以黏土为原料，加水制作成一定形状，待坯体干燥后，用火烧制而成，烧制温度一般在 800～1000℃。陶器按胎体颜色大致可以分为红陶、灰陶、黑陶和白陶。瓷器是以瓷土（石）或高岭土为原料，经配料、练泥、拉坯成型、施釉，高温烧结而成的器物。

二、陶与瓷的区别

瓷器脱胎于陶器，却又美于陶器。陶器与瓷器主要有以下不同。

一是原料不同。陶器一般使用河谷沉积土或普通泥土，三氧化二铁的含量一般为6%～10%。而瓷器用料较为讲究，需采用瓷土或高岭土，三氧化二铁的含量一般在 2%

---

① 任孟山，任泽阳. 从知识生产到话语建构："中国版中国文化故事"的释义与共情[J]. 视听理论与实践，2023（6）.

以下。

二是烧成温度不同。陶器的烧制温度一般为800～1000℃，而瓷器的烧制温度较高，一般为1200～1400℃。

三是胎体烧结程度不同。陶器由于烧制温度不高，胎体烧结度低，断面粗糙疏松，强度较差，气孔率较高，吸水性强，敲击时声音低沉。而瓷器的胎质坚实细密，烧成温度高，胎体烧结度高，断面光洁致密，气孔率较低，基本不吸水，敲击时声音清脆。

四是釉料不同。陶器大都不上釉，少量施低温釉，而瓷器多数施釉。

三、中国陶瓷发展历程

（一）新石器时代：陶器产生

早在距今一万年左右的新石器时代，我国先民就已经开始制造和使用陶器。经过几千年的发展，随着窑炉结构的改进和烧制温度的提高，夏代陶器在胎质和造型工艺上取得了很大进步，质地较为细腻，造型轻巧。

（二）商代：原始青瓷产生

商代制陶工艺更加成熟，胎质纯净，器型规整，纹饰精美，装饰技法多种多样。考古资料表明，大约在公元前16世纪的商代中期，窑工在生产白陶和印纹硬陶器的过程中不断改进原料，提高烧制温度，发现窑中燃料在燃烧后形成的草木灰落在器物上，形成一种玻璃质感的物质，光泽感极强，这就是釉。于是，窑工便在器物表面涂抹草木灰，经高温烧制后，一种新的器物——原始青瓷产生了。釉的发明和使用，为原始青瓷的出现创造了必要条件。商代原始青瓷的釉色呈黄绿色或青灰色。原始青瓷的成型工艺多为泥条盘筑法，少量器物表面也有拍印而成的几何形纹饰，主要有方格纹、圆点纹、锯齿纹、水波纹、云雷纹、网纹、席纹等。器物一般内外壁均施釉，也有仅外壁和内壁上部施釉、内壁下部不施釉的，釉面薄厚不均，有流釉现象。

（三）春秋战国时期：原始瓷器的发展达到鼎盛

这一时期，器物成型方法由原来的泥条盘筑法发展成轮制法，其烧制和使用数量大大增加，器型规整，器壁均匀，装饰纹样更加丰富。今浙江绍兴、萧山一带开始用龙窑来烧造陶瓷，这种窑依山坡而建，窑身修长，故名龙窑，其特点是通风好，升温快，可高温烧造，为汉代成熟瓷器的出现提供了必要的烧制条件。

（四）秦汉时期：成熟瓷器产生

秦汉时期是我国陶瓷发展的重要阶段，考古发现的秦汉时期的陶俑，造型逼真，表情生动，深刻反映了人物的内心世界，表明了我国雕塑艺术现实主义表达的悠久历史，同时也是我国雕塑艺术明快洗练、雄浑大气的民族风格形成的重要体现。

这一时期，社会经济的发展、人口的增加、商业的兴盛和城市的繁荣，为制陶业的快速发展创造了条件。另外，最关键的是瓷石的发现和利用。瓷石富含石英、云母、长石和高岭土等矿物质，是最好的制瓷原料。这种瓷石在高温下与草木灰结合，可以烧制出半透明的钙质釉。这种釉的烧制成功直接促成了成熟瓷器的出现。考古资料表明，至少在距今约 1800 年的东汉晚期，浙江一带已经烧制出成熟的瓷器，从而完成了由原始瓷向瓷器演变的过程。这标志着我国陶瓷生产进入了一个崭新的发展时期，为此后三国两晋南北朝时期瓷业的快速发展奠定了坚实的基础。此时的主要瓷器品种是青瓷，黑釉瓷亦开始出现。

（五）三国两晋南北朝时期：制瓷业飞速发展

这一时期，大江南北，窑炉林立。江浙一带的越州窑、瓯窑、婺州窑普遍以青釉瓷器生产为主，兼烧黑釉和褐釉瓷器。釉层均匀，釉色青雅深邃。南朝时期，由于佛教盛行，佛像、莲花、飞天、忍冬等纹样开始出现。此外，公元 439 年，魏太武帝统一北方，与南朝形成南北对峙的局面，社会趋于稳定。北魏孝文帝在农业上实行均田制，手工业方面允许从业者自行生产经营，从而大大促进了农业和手工业的快速发展。制瓷业也不例外。这一时期，北方瓷业开始兴起，如山东的寨里窑，河南的巩县窑、相州窑，河北的邢窑、贾壁窑，等等。

（六）隋唐五代时期：形成了瓷器历史上"南青北白"的格局

考古资料表明，邢窑早期白瓷是在青瓷基础上发展起来的。邢窑白瓷自北朝初创，到隋代得到长足发展，无论在产量还是质量上都达到了新高度。邢窑白瓷在产量上与青瓷不相上下；在质量方面，胎体较北朝更加坚实细腻，釉色洁白稳定。更有甚者，这一时期还出现了精细白瓷，胎釉浑然一体，最薄处仅为 0.7 毫米，标志着邢窑制瓷技艺日趋成熟。至唐代，邢窑已成为北方烧造白瓷的著名窑场，其产品胎釉结合紧密，胎质坚硬，施釉均匀，釉色白润，光洁如雪，有玉质感，造型凝重大方，高雅不俗，深受百姓喜爱，也深受贵族雅士的推崇，赞誉之声四起。李肇在《国史补》中说："内丘白瓷瓯，端溪紫石砚，天下无贵贱通用之。"唐代诗人皮日休在《茶瓯诗》中写道："邢客与越人，皆能造瓷器，圆似月魂堕，轻如云魄起。"二者均反映了当时社会对邢瓷的厚爱。邢窑是中国最早烧制白瓷的窑址，可谓白瓷的鼻祖。邢窑白瓷不仅打破了自商朝以来青瓷独尊的局面，改变了青瓷的主导方向，与南方的越窑青瓷并重，形成了我国瓷器历史上"南青北白"的局面，更重要的是，它为中国后世的彩瓷生产创造了条件，在我国陶瓷史和世界科技史上都占有重要地位。

五代时期，南方江浙一带社会安定，窑业生产日渐发达，越窑进入鼎盛时期，产品数量大，胎质较前代更加精细，器物造型愈加端庄秀丽，将金银器、织绣、铜镜以及石刻等艺术装饰手法融会贯通到瓷器装饰上，构图洗练，技法精湛，特别是以人物为主题的装饰已达到相当高的水平。这一时期，北方瓷器生产不仅在生活用具方面款式增多，而且工艺水平也相当高。

（七）宋代：瓷业蓬勃发展，开辟了陶瓷美学的新境界

宋代结束了五代十国的分裂割据，人们生活安定，瓷业蓬勃发展，一派繁荣兴盛的景象。宋代崇尚自然之韵，提倡"天人合一"的审美理念，具有高雅、严谨的审美情趣。人们将这种审美特征融入陶瓷生产中，使南北各地名窑林立，珍品迭出，盛况空前。这一时期，"定、汝、官、哥、钧"五大名窑驰名中外，而五大名窑之外的磁州窑的白地黑剔花、耀州窑和龙泉窑的青瓷、景德镇窑的影青，以及建阳窑和吉州窑的黑釉油滴、兔毫、鹧鸪斑、玳瑁斑等瓷器种类繁多，质地优良，达到了较高水平。从此，我国的制瓷业进入了空前发展的历史时期。

1. 玉骨雪肌：定窑瓷器

定窑位于河北省曲阳县，因古属定州，故名"定窑"，创烧于唐代，兴盛于宋金，停烧于元代，是宋代五大名窑中唯一烧制白瓷的窑场。定窑瓷器胎体质坚而薄，釉色洁白莹润，犹如象牙，造型挺拔秀美，纹饰布局严谨，题材丰富，制作工艺精巧，精美绝伦，雅俗共赏。定窑以烧制白釉刻花、印花、划花瓷器享誉中外，兼烧红、紫、黑、绿等颜色瓷器，开创了陶瓷史上胎体装饰制品大量生产的先河。定窑装烧工艺分为正烧和覆烧。正烧又称仰烧，即坯件口向上装入匣钵烧制。覆烧是定窑在北宋中期创烧的一种装烧方法，烧制时把器皿倒过来烧，主要用于烧造碗盘类器皿，流行于北宋后期和金代。覆烧法最大限度地利用空间，既节约燃料，又可防止器具变形，从而降低了成本，大幅度提高了产量。这种装烧方法对促进中国制瓷业的发展起了重要作用。可以说，以白瓷为主的定窑开辟了白瓷的新纪元，代表了陶瓷发展史的进步与科技水平的提高。

2. 雨过天青：汝窑瓷器

汝窑位于今河南临汝、宝丰一带，是北宋后期建立的窑场，主要烧制御用瓷器，其器物多仿青铜器及玉器造型，古朴雅致。由于烧造时间极为短暂，且传世的器物稀少，所以极为珍贵。汝窑以烧制青瓷而闻名，以名贵玛瑙入釉，釉色以天青最为名贵，有"雨过天青云破处"之称。汝窑的特征是胎色呈香灰色，釉色以纯正的天青色为主，亦有虾青、粉青、豆青等多种色阶，虽略有差异但皆含青闪蓝，将汝瓷釉色之美淋漓展现。其中以粉青色最为诱人，色泽纯正，釉汁莹润，抚之如绢，素静典雅。汝窑表面釉层含有稀疏的气泡，在光照下若隐若现，寥若晨星，独具特色。汝窑瓷器釉面因缩釉而产生细小开片，开片深浅叠错，犹如蟹爪，又若蝉翼。另外，汝窑绝大多数产品采用支烧法烧制，裹足满釉，底有芝麻细小支钉，素有"梨皮蟹爪芝麻花"之称。

3. 风雅大观：官窑瓷器

官窑，北宋时期位于今河南开封一带。器皿造型多模仿古代青铜器，做工规整，庄重大方；纹饰精美，规则有致；胎土因含铁量极高，胎质呈灰黑或紫黑色，质地坚细；釉色透润，以天青为正色，以粉青色为上品，此外还有月白、米黄、虾青、油灰等色。

世人常用"晨露未干时，隔纱望晴空"来形容北宋官窑的"粉青"釉色之美。另外，北宋官窑瓷器釉层厚如堆脂，温润如玉，釉层间散布有细小均匀的气泡；釉面有冰裂纹开片。烧制方法和施釉工艺与汝窑相似，但釉色更为温润。有的器物内外施满釉，有的器物底足无釉，露紫黑色胎体，口沿釉料在入窑烧制时自然下流，釉层变薄，露出紫褐色内胎，俗称"紫口铁足"。北宋官窑温柔敦厚，委婉含蓄，可谓独具禀赋，充盈着高贵典雅的艺术神韵，为后世所推崇。

北宋灭亡后，皇室南迁至临安（今杭州）建立南宋政权。南宋在杭州设立"修内司官窑"，亦称"新官"，沿袭北宋汴京风格烧制瓷器，器型规整对称，胎质细腻，釉色莹澈。

4. 碎片魅力：哥窑瓷器

哥窑目前尚未发现其窑址，常见器物有炉、瓶、洗、盘、碗等。器物造型挺拔大气，做工精细。胎质有瓷胎和砂胎两种；胎色有黑灰、深灰、浅灰和土黄等多种色调；其釉均为失透的乳浊釉，釉色主要有米白、奶黄、粉青、灰青、灰绿、油灰等。哥釉瓷的重要特征是釉面开片，俗称"冰裂纹"。这种冰裂纹开片是发生在釉面上的一种自然现象。开片原本是瓷器烧制中由于胎釉膨胀系数不一致而产生的一种缺陷，后来人们掌握了开裂的规律，便有意识地让它产生开片，从而获得一种独特的美感。哥釉瓷器通体釉面被粗深或者细浅的两种冰裂网纹线交织切割，或密匝或疏落，其网纹之色细浅者宛若金丝，粗黑者如铁线，二者互相交织，谓之"金丝铁线"。

5. 梦幻青色：钧窑瓷器

钧窑位于今河南禹州市，金代属钧州，故名"钧窑"，创烧于唐，兴盛于宋。钧窑以烧制乳浊釉青瓷为主，釉色青中带红，灿如晚霞，故有"入窑一色，出窑万彩"的美誉。宋代以前，青瓷一直是我国瓷器生产的主流，钧窑开创性地使用氧化铜作为呈色剂，在还原气氛下成功烧制出铜红釉，是我国高温色釉的新突破，开辟了陶瓷工艺和陶瓷美学的新境界。钧窑还烧制茄皮紫、朱砂红、鸡血红、天蓝、月白等多种窑变色釉，釉色变化多端，灿若晚霞，釉中流纹更是变化莫测，形如流云。此外，钧窑瓷器釉面多有开片现象，纹路纵横交错，屈曲蜿蜒，犹如根须，有"蚯蚓走泥"之称，极富韵味。钧瓷开片在出窑后逐步开裂，有的可持续数百年之久，时常会伴有轻微的声音发出，开片声如铃似琴，宛如天籁。

6. 北方明珠：耀州窑瓷器

耀州窑位于今陕西省铜川市黄堡镇，因古属耀州，故名"耀州窑"。它以盛产独具风格的刻花和印花青瓷，成为北方青瓷的代表。其精美优良产品的出现，是宋代经济和文化繁荣发展的产物，也是宋代工艺水平和社会审美意识的体现。该窑创烧于唐代，五代成熟，宋代最为鼎盛。耀州窑以烧制青瓷为主，兼烧黑釉、酱釉等瓷器。器物造型秀美大气，装饰纹样生动流畅，刀法犀利洒脱。

7. 温若春水：龙泉窑瓷器

龙泉窑是宋代著名的瓷窑之一，因其主要产区在浙江省龙泉市而得名。龙泉窑创烧于北宋早期，南宋中晚期进入鼎盛时期，明代中期以后逐渐衰落。龙泉窑瓷器胎体厚重，以白胎为主，兼有少量黑胎；造型纯朴厚重，制作规整，瓷釉厚润；装饰工艺以刻花为主。釉色青翠娇艳，宛如人间美玉，尤以"粉青""梅子青"为世人所珍，将青瓷釉色之美推至历史的顶峰。

8. 黑白艺术：磁州窑瓷器

磁州窑是我国古代北方著名的民间瓷窑，位于今河北磁县观台镇和峰峰矿区彭城镇一带，因古属磁州，故名"磁州窑"。其烧造历史萌芽于北朝，创烧于五代，兴于隋唐，臻于宋元，并延续至今，熊熊炉火持续达千年之久，是中国烧造时间最长的瓷窑之一。磁州窑工艺风格独特，内容极富北方民情、民风、民俗，被誉为"民俗博物馆"或"民间词典"。其基本特征是以当地"大青土"为原料制作器物的胎体，然后在白度不高的胎体上先施一层白化妆土，再在白化妆土上运用划花、刻花、剔花、印塑、绘画、彩釉等多种多样的技法来装饰瓷器，达到"粗瓷细作"的效果，以白地黑花最具代表性。

磁州窑独特的白地黑花装饰，以自由、奔放、生动的特点来表现民间喜闻乐见的内容，形成了磁州窑质朴雅洁、洒脱豪放的风格，使产品黑白对比强烈，呈现出明快、舒展、生动的装饰效果。磁州窑在白瓷装饰上开创了新的纪元，是我国瓷器由胎釉装饰向彩绘装饰的过渡，为我国青花、五彩、斗彩的形成和发展准备了艺术和物质条件。我国著名古陶瓷专家冯先铭先生就曾说："磁州窑釉下彩绘可以说是青花瓷器的直接祖先。"足见其历史影响之大。

9. 青白世界：景德镇窑

宋代景德镇窑的制瓷业也非常兴盛，器物胎质洁白，细薄透光，釉色淡雅莹润，纹样丰富，线条流畅，构图精美典雅。装饰技法主要有刻花、划花、印花、堆贴、镂雕等。其所产瓷器釉色介于青白二色之间，白中闪青，青中有白，故名青白瓷。青白细腻的釉面好似一泓清碧澄澈的秋水，独具光照见影的效果，堪称釉美纹精，因此常被人们称赞为"影青"。

（八）元代：中国古代瓷器进入彩绘瓷的黄金时代

元代虽然只有90多年，但在我国制瓷史上具有重要地位。这一时期，北方的钧窑、磁州窑、霍州窑和南方的龙泉窑、德化窑等主要窑场逐步形成以景德镇窑为中心、大江南北窑场林立的生产格局。各大窑场在继续生产传统瓷器的基础上，由于外销瓷的增加，生产规模普遍扩大，大型器物开始增多，烧造技术也更加成熟。值得一提的是，景德镇窑在制瓷工艺上有了新的突破。第一，在原料上开始使用瓷石加高岭土的二元配方，增加了瓷胎中氧化铝的含量，提高了瓷胎的致密度和洁白度，使坯体的强度增加，耐火度提高，减少了器物变形率。第二，以氧化钴为着色剂的青花、以氧化铜为着色剂的釉里红以及红釉、蓝釉、卵白釉等高温釉的烧制成功，结束了元代以前瓷器釉色仿银类玉的局面，标志着我国瓷器史上高温颜色釉的烧制成功，为后世制瓷工艺的高度发展奠定了坚实的基础。

青花瓷是用含氧化钴的钴矿为原料，在陶瓷坯体上描绘纹饰，再罩上一层透明釉，在1300℃左右的高温下一次性烧成，呈现蓝色花纹图案的釉下彩瓷器。青花呈色稳定，着色力强，发色艳丽。青花瓷蓝色的花纹在洁白微青坯体的映衬下明净舒朗、庄重雅致。元代青花瓷造型优美，古朴端庄。既有气势恢宏的大型器物，如大罐、大盘等；亦有轻巧灵动的小型器物，如高足杯、匜、盘等。元青花纹饰多样，构图繁密，采用多层装饰，线条苍劲有力，画面饱满，但构图严谨，主次分明，浑然一体，毫无烦琐和堆砌之感，展现了与水墨画相似的艺术效果，显示出元代工匠高超的绘画技艺，给人以清丽秀美、高雅清新的美感。

釉里红是元代景德镇窑的重要发明，它是以铜红料在胎体上绘制纹饰后，施透明釉，在1250℃左右的高温下一次性烧成，呈现红色纹饰的瓷器。由于氧化铜在还原焰中才能呈现红色，且对烧成气氛要求非常严格，所以烧成难度极大。更为难得的是，元代景德镇还将青花和釉里红两种釉下彩结合，创造性地烧制出一个新的品种——"青花釉里红"。由于两种釉色在窑中烧成的气氛并不一致，青花呈色稳定，釉里红极易挥发，所以要使青花和釉里红都呈色鲜艳，烧制工艺难度很大，成品极为珍贵。河北博物院现藏一件1964年出土于保定窖藏的青花釉里红开光贴花盖罐，造型丰满浑厚，通体施青白釉，釉层凝厚，釉面青亮，极为滋润。纹饰丰富，层次清晰，主题突出，全器纹饰有10余层。罐盖上有蹲狮钮，盖面采用变形莲瓣纹和回纹装饰。罐身近口沿处绘青花缠枝花纹、卷草纹各一周，肩部绘有下垂的如意云头纹，云头纹内饰莲池纹，云头之间饰折枝牡丹纹。腹部四面用连珠纹盘出菱花形开光4个，开光内装饰牡丹、石榴、菊花等四季花卉。枝叶用青花渲染，花朵和山石用釉里红涂绘。近底处绘卷草纹及变形莲瓣纹，莲瓣纹内绘倒垂宝相花纹。整件作品红蓝交相辉映，气度雍容而又花团锦簇，具有极强的装饰效果，是极为难得的艺术珍品。

枢府器是元代官府机构（枢密院）在景德镇定烧的瓷器。枢府官窑生产的卵白釉，色白微青，与鹅蛋色泽极为相似，故称"卵白釉"，亦称"枢府釉"。这种釉色的瓷器胎体厚重，釉色呈失透状，洁白润泽，工艺精湛，实为元代瓷器的佼佼者。另外，元代景德镇窑烧制的红釉瓷、蓝釉瓷，霍州窑生产的白瓷，龙泉窑生产的青瓷，以及磁州窑生产的白地黑花瓷器，也都是瓷中精品，各具特色。

（九）明代：中国制瓷业进入兴盛时期

这一时期，中国制瓷业高速发展，创烧出了许多新品种，由单色釉发展到多种彩色釉，装饰纹样繁复多样，呈现出百花争妍、满目琳琅、兴盛辉煌的新局面。各大名窑此消彼长，最终江西景德镇成为全国制瓷业的中心，被誉为"瓷都"。瓷器生产逐步形成以青花瓷为主，五彩、斗彩等各类颜色釉瓷繁花似锦、百花齐放的新局面。

1. 神采幽蓝：明代青花瓷

明代青花瓷由于釉料丰富而风格各异。永乐、宣德时期的青花瓷造型多样，胎釉精细，色泽浓艳，釉层肥润，纹饰优美，可谓是明代青花的巅峰时期。成化、弘治时期的青花瓷胎体细润晶莹，色调淡雅柔和，浓中带灰，绘画风格轻盈幽婉，柔和淡雅的青花与洁白温润的胎釉和纤细的纹饰相衬，分外脱俗。嘉靖、万历时期的青花瓷胎骨厚重，蓝中微泛红紫，色泽浓翠，幽菁可爱。

2. 雅俗共赏：明代彩绘瓷

明代釉上彩瓷、斗彩、素三彩盛行。釉上彩瓷是在低温色釉基础上发展起来的，因彩绘于釉面之上而得名，常见颜色有红、黄、蓝、绿、黑等。洪武时期流行釉上红彩，宣德时盛行青花红彩。成化时开创了将釉下青花与釉上多种彩色相结合的新工艺——斗彩，做法是先用青花在白色瓷胎上勾勒出所绘图案的轮廓线，罩釉高温烧成后，再按图案的不同部位，在釉上根据需要填入不同的彩色，一般是3～5种，最后入炉低温烧制而成，烧成后呈现釉下彩与釉上彩争妍斗艳之态势，故称"斗彩"。素三彩是一种以黄、绿、紫为主要颜色的彩釉瓷，因不用红色，故名"素三彩"。

3. 绝世之美：明代单色釉瓷

明代高温单色釉和低温单色釉瓷高度发展。永乐甜白瓷胎薄如蛋壳，釉色白润，光照见影，给人一种"甜"的感觉。德化白瓷瓷胎致密，造型生动，白如凝脂，有"猪油白""象牙白"之称，传入欧洲后被誉为"鹅绒白"和"中国白"。黄色是皇家宗庙祭祀的重要颜色，弘治黄釉以铅为基础釉，铁为着色剂，在低温下烧制而成。由于在施釉工艺上采用浇釉的方式，所以称为"浇黄"，因其色彩淡而娇艳，又称"娇黄"。这种色调纯正的黄色达到了历史上低温黄釉的最高水平。孔雀绿釉以铜为着色剂，低温烧制而成，釉色碧翠雅丽如孔雀羽毛，鲜明艳丽。

（十）清代：中国制瓷业进入辉煌鼎盛时期

入清之后，中国制瓷业进入辉煌鼎盛时期，尤其是康熙、雍正、乾隆三朝的制瓷工艺更是达到了历史的高峰。景德镇依然是全国的制瓷中心，代表了当时制瓷工艺的最高水平。这一时期，随着烧制技艺的提高，釉色更为丰富，出现了粉彩、珐琅彩、天蓝釉、珊瑚红以及使用黄金作为呈色剂的胭脂红等新品种。

1. 隽雅清丽：清代青花瓷

清代青花瓷器仍然是彩瓷生产的主流产品。康熙时期青花的最大特点，一是釉色纯净，蓝如宝石，比明代更加鲜艳；二是釉色层次分明，善于表现瓷器画面中山头远近和衣褶内外的情致意境，有"青花五彩"的美誉。清雍正青花柔媚、俊秀，与康熙青花挺拔、遒劲的风格迥然不同，而且雍正瓷器在仿古方面达到了空前的水平。乾隆青花纹饰繁密、绘画工整、造型新奇，展现了制瓷工匠高超的技巧。清代釉里红以雍正时最为精进，呈色稳定，分外鲜艳，达到历史最高水平。

2. 异彩纷呈：清代彩绘瓷

清代的釉上彩瓷丰富多彩。珐琅彩瓷器是清代最为精美的宫廷御器之一，是将铜胎画珐琅技法成功地移植到瓷胎上而创烧的彩瓷新品种。其工艺精湛，色彩艳丽，初创于康熙年间，雍正时趋于精致。粉彩是在五彩基础上，受珐琅彩工艺影响出现的釉上彩新品种，始创于康熙年间，雍正时得到空前发展。因其烧制温度相较于五彩低，在烧成后色彩的感觉上比五彩柔和，故又名"软彩"。

3. 美的极致：清代单色釉瓷

清代单色釉瓷器，质精貌美，品种丰富。红釉有铜红、铁红、金红之别，蓝釉有天蓝、雾蓝、洒蓝之异，绿釉更有孔雀绿、瓜皮绿、秋葵绿之分，此外还有茄皮紫、冬青釉等。在所有的单色釉中，高温铜红釉的烧制难度最大，铜红釉分为郎窑红、豇豆红、霁红。康熙时郎窑红釉面透亮，色泽深艳，犹如凝血。豇豆红色调淡雅，柔和悦目，有"桃花片""美人醉"之称，更为奇妙的是豇豆红瓷器红色釉面上带有绿色苔点，红绿相间，相映成趣，古人便以"绿如春水初生日，红似朝霞欲上时"诗句描述这种幽雅清淡、意境深远的美感，可以说是恰如其分。霁红成色均匀，釉面深沉，釉如橘皮。清代青釉以冬青釉最为突出，呈色稳定，釉色恬静，素洁温润，于穆穆之中透出一股尊贵典雅之气。其他釉色中，乌金釉色黑如漆，光可照人，晶莹可爱。胭脂水以金入釉，色如胭脂，瑰丽非凡，是雍正、乾隆时期的名贵品种。洒蓝釉是浅蓝色的釉面上出现水迹般深蓝色的点子，釉面犹如洒落的蓝水滴，故名"洒蓝"。

另外，青花玲珑瓷在乾隆时期也非常盛行。它是在瓷胎上选择与青花纹饰相结合的部位，镂雕花纹，使胎体两面镂空，然后再内外施釉，使镂空部位的纹饰透亮。透明的玲珑和淡雅青翠的青花相互衬托，幽静雅致，给人以清新明快之感，深受人们推崇。

四、中国陶瓷的审美特征

瓷器是泥土与火的艺术，更是人类想象力与创造力的最佳表现形式之一。瓷器的发明和发展，极大地方便了人们的日常生活。同时，瓷器作为一种特殊的文化艺术载体，带来了美的享受，影响了世人的审美观念和生活方式。历代瓷器工匠不断探索创新，兼收并蓄，将中国陶瓷最具代表性的审美特征"质""型""色""艺"之美发挥得淋漓尽致。

（一）质地之美

质地之美是陶瓷的基础。没有质感的陶瓷不是好的陶瓷，造型与装饰也因此失去美的基础。陶瓷的原料大多来自自然界，来源十分广泛。从粗陶到彩陶，从原始青瓷到精细的成熟瓷器，陶瓷器皿的材质逐渐变得细腻、洁白、净润。古代工匠努力将泥土的自然材质之美呈现给世人，给人赏心悦目的艺术感受。"白如雪，明如镜，薄如纸，声如磬"是古人对中国瓷器质地之美的盛赞。光亮的色泽、坚实的质地、温润的触感和悦耳的音色，足以体现中国陶瓷精湛的原料制作工艺和如银似玉的质感之美。

北宋汝窑青瓷无纹水仙盆正是如此，且质地之美（质感）的重要性尤为突出。

（二）器型之美

中国陶瓷的器型种类繁多，承载着丰富的文化内涵与历代工匠的创新智慧。它们以完美的线条诠释了古人崇尚自然和谐、追求平衡质朴的中式之美。器型之美大致可分为以下三点：形态之美、功能之美、自然之美。

1. 形态之美

所谓"韵者，美之极"，任何陶瓷都离不开形态。形态的韵律是决定一件陶瓷作品是否完美的基础条件之一。形态比例的和谐统一是陶瓷作品造型成败的关键；和谐、舒适的比例关系真实反映了古人在器物造型上避免几何形体的呆板，追求质朴与自然的形态韵律之美。这种返璞归真、洗尽铅华的美学观，是古人敬畏自然、崇尚自然的直接体现。

古代陶瓷形态美的经典代表作首推梅瓶。这种器型弧线柔和、匀称，具有和谐的对称性。梅瓶的造型特点是小口、丰肩、短颈、瘦底、圈足，瓶身修长。梅瓶初称经瓶，本是酒具，丰肩圆腹的造型使其盛酒功能得到充分发挥。它体态修长，完美的曲线张弛有度，造型高挑挺拔俊秀，犹如一位谦谦君子，尽显智者风范。在文人墨客的笔下，梅瓶似身姿婀娜的美人亭亭玉立，因此，梅瓶也因其婀娜的体态和优雅的曲线美，被誉为中国古代瓷器第一器型。梅韵千年，瓶若美人，以"梅"命名，梅瓶不仅完成了从普通市井酒器到书斋雅室陈设之器的转变，更表达了古人对谦谦君子、梅花风骨的推崇。这一转变引发了人们对高雅生活的无限向往，插花弄影，傲雪斗霜。

2. 功能之美

形态之美并不意味着瓷器足够完美。绝大部分瓷器是作为容器使用的，在满足审美需求的基础上，功能性是瓷器作为容器最基本的特征之一。历代工匠将实用功能与审美价值紧密结合，创造了大量形态优美且极具实用功能的器型。

如元代景德镇窑青花玉壶春瓶，其基本造型是由左右两个对称的"S"形构成，线条优美柔和，富有韵律感，给人以明快爽朗的感受，是中国瓷器造型中的经典之作。这种既注重审美价值又具备实用功能的创作理念深植于历代制瓷工匠心中，促使他们创造出无数兼具功能美与形态美的瓷器。

3. 自然之美

古人在陶瓷审美取向上崇尚自然，主张"身即山川而取之"，强调艺术创作要扎根于自然。自然界中的山水草木、飞禽走兽都是他们艺术创作的沃土。他们从自然中寻找灵感，经过设计后，将其运用到瓷器的造型中，如大象、老虎、葫芦、寿桃等。

磁州窑黄褐釉芦雁图虎形瓷枕是金代的常见器型之一。其造型为一只趴卧老虎的形象，古朴生动。老虎匍匐于地，低头缩颈，粗短的前肢垫于颏下，双耳平贴于两侧，目光炯炯有神，神情逼真，呼之欲出。其形体设计与人头部曲线相吻合，非常符合人们的生活习惯，极具实用功能。虎为百兽之长，形态魁伟，威猛无比，深得人们的喜爱。它的形象也被运用到生活的各个方面，有辟邪祈福、惩恶扬善的寓意。宋金时期，虎形枕非常流行，具有消暑、怡神、陪嫁、陪葬的实用功能，同时也被赋予了辟邪、祈福、镇宅的文化内涵。

（三）釉色之美

釉色是瓷器的主要装饰形式，是陶瓷美丽的外衣。瓷器的釉色之美源于其丰富的色调和独特的质感。我国陶瓷所用的釉，由于釉中所含氧化金属物的不同以及烧成气氛各异，呈色极其丰富，红、黄、白、绿、蓝等多种多样的釉色，绚丽如雨后彩虹。哥窑的"金丝铁线"，汝窑的"雨过天青"，龙泉窑的"粉青""梅子青"，德化窑的"猪油白""鹅绒白"，景德镇窑的"青花釉里红""娇黄""卵白""洒蓝""桃花片""美人醉""胭脂红"……这些五光十色、绚丽多彩的釉色无不体现了古人的审美品位和对陶瓷釉色自然之美的最高评价。

中国古代颜色釉主要有青、红、黄、白、黑五大色釉体系，以及由此衍生的五彩、斗彩、粉彩等各类颜色釉瓷，尽展中国古代颜色釉瓷的神韵风骨。

1. 青色釉瓷

青釉最早出现在商代，到东汉后期发展成熟，是中国最早出现的釉色品种。青色并不是纯粹的青，古人往往将青、绿、蓝三种颜色统称为"青色"。民国学者许之衡在其所著的《饮流斋说瓷》中称："古瓷尚青，凡绿也、蓝也，皆以青括之。"

青瓷由于原料配方和烧造气氛不同，在不同时期和地域各有特色。唐代诗人陆龟蒙用"九秋风露越窑开，夺得千峰翠色来"的诗句咏叹晚唐五代秘色瓷的青翠之美。宋代厚釉技术的出现将青瓷带入一个新的境界，汝窑的"雨过天青"、官窑的"粉青"、龙泉窑的"梅子青"、景德镇的"影青"和"豆青"，色如春水，清澈如玉，青瓷之美让人陶醉。

蓝釉类釉色包括青花、孔雀蓝、洒蓝、霁蓝、天蓝等，其中最具代表性的非青花莫属。青花瓷以含钴的矿物料在素坯上绘画，白胎为底，一抹青韵，于蓝白交错间流露出的清灵高贵，让人惊艳。青花瓷一经出现，就备受世人珍爱。元青花更是作为中华文明的使者，跨山越海，走向世界。

绿釉是以铜为呈色剂，在氧化气氛中烧制而成。源于汉代，宋代较为多见。明代永宣时期绿釉烧制技术逐步成熟，发色翠碧雅丽，犹如孔雀羽毛般鲜艳青翠，一改明代以前绿釉呈色深暗的状态。清代绿釉烧制技术更加娴熟，品类众多，如郎窑绿、瓜皮绿等。

2. 红色釉瓷

红釉是中国古代颜色釉中最为醒目的颜色，根据其呈色剂和烧制温度的不同，大致有高温铜红釉、低温矾红釉和金红釉等。红釉象征着温暖、庄严、喜庆和吉祥，是中华美学中的瑞祥之色。

铜红釉以铜为呈色剂，在高温还原气氛中烧成。最早见于唐代长沙窑，但呈色极不稳定。元代虽然开始烧制通体红色的高温红釉，但色泽不够鲜亮，多偏晦暗，呈赭红色。直到明代永乐时期才烧制出色调纯正的鲜红釉。清代是高温铜红釉发展的黄金时期，品类更加丰富。郎窑红、霁红、豇豆红等呈色各异的红釉，釉色莹润透亮，犹如凝血，灿烂夺目，为历代所珍视。

矾红釉以青矾为呈色剂，因其主要成分是氧化铁，故称"矾红"或"铁红"，属低温釉，没有铜红釉纯正鲜艳，但呈色比较稳定。明代嘉靖时期的矾红釉釉面极薄，康熙矾红釉色泽暗红，雍正矾红釉红中闪黄，因与珊瑚颜色相似而得名"珊瑚红"。

金红釉是以黄金为呈色剂的低温红釉，呈色鲜丽，娇艳悦目，清代较为流行。根据呈色的浓淡，又有胭脂红、胭脂水等多个品种。

3. 黄色釉瓷

黄釉以铁或锑为呈色剂，在氧化气氛中烧制而成。在中华美学中，黄色象征着尊贵、高尚、丰收和兴旺。黄釉源于唐代，当时的寿州窑、邢窑等窑口均有烧制，属高温釉，但发色不稳定，呈色深浅不一。

明清黄釉属低温黄釉。明代黄釉瓷器以弘治的"娇黄"最为名贵，其釉色纯正，釉面匀净，恬淡娇嫩，为史上低温黄釉之最。

清代康熙年间，随着珐琅彩颜料的引入，出现了以锑为主要呈色剂的黄釉，色泽比铁黄釉更加娇艳，釉面柔丽恬雅，并有深浅浓淡的变化，有姜黄和蛋黄之分。

4. 白色釉瓷

白釉瓷是采用尽可能去除氧化铁等杂质的瓷土原料作胎体，同时将不含呈色元素的釉料施于白色或较为纯净的浅色胎体之上，入窑经高温烧造而成的透明釉或乳浊白釉瓷器。釉色因白润瓷胎的映衬而显出白色，是瓷器的传统釉色之一。白釉瓷素朴而不染纤尘，有圣洁、优雅、善良、美好之意。古人更是用琼、雪、霜、银、素等词语来描述白釉瓷的釉色之美。

白釉瓷器源于北朝。隋唐时期，邢窑白瓷日益兴盛，与南方的越窑比肩并立，形成了中国陶瓷史上"南青北白"的瓷业格局。宋代定窑白瓷胎质细腻，釉色洁白莹润，犹如象牙，亦称"牙白"。这一时期，景德镇青白瓷胎骨洁白细腻，釉色白中显青，俗称"影青"。

元代景德镇窑场烧制的卵白釉瓷器常带有"枢府"铭文，又称"枢府"瓷。永乐时期，景德镇御窑厂生产的白瓷，胎质洁白细腻，釉层滋润肥腴，白中微闪青黄，给人一种甜腻的感觉，故称之为"甜白"。另外，明代德化窑生产的白瓷如玉似脂，有"猪油白"之称。

5. 黑色釉瓷

黑釉是以铁为呈色剂,在高温氧化气氛中烧制而成的。在中华美学中,黑色象征着包容、庄重、正直与神秘。黑釉瓷始于汉代,东晋德清窑黑釉乌黑如漆,釉光闪烁。唐代黄堡窑的黑釉剔花填白技法生产的瓷器黑白分明,花纹清晰夺目。

宋代斗茶之风盛行,因此黑釉盏特别流行,其中以建窑出产的兔毫、油滴、鹧鸪斑最为有名。兔毫釉是指黑色釉面上分布的黄棕色或铁锈色流纹,宛如兔子毫毛,闪闪发亮,极为珍贵。宋徽宗赵佶撰写的《大观茶论》记载:"盏色贵青黑,玉毫条达者为上。"鹧鸪斑因好似鹧鸪胸前闪闪发亮的白斑而得名。油滴釉在黑色釉面上布满金属色圆点,如夜空繁星,珠光闪耀。除釉色自身的变化外,匠人还对黑釉瓷加以装饰,从而赋予其别致的艺术美。磁州窑的白地黑花、吉州窑的木叶天目、剪纸贴花等,同样生动自然,富有天然意趣。在漫长的岁月长河中,黑釉瓷器以其独特的姿态,静静诉说着古人的审美与匠心。

(四)纹饰之美

纹饰即纹样,是瓷器装饰花纹的总称。中国陶瓷历史长达几千年,其纹饰样式繁缛磅礴,是一个独具特色的艺术领域。精美的陶瓷纹饰,不仅在视觉上给人以美的享受,而且具有耐人寻味的美好寓意,具有深刻的文化内涵。可谓"图必有意,意必吉祥"。

瓷器的纹饰包括人物纹、动物纹、植物纹、器物纹、文字纹等。

(1)新石器时期的陶器,纹样庄重大方、实用美观,反映了古人崇尚自然、敬畏自然的审美心态。主要纹样包括鱼纹、人面纹、花卉纹、网纹、水纹、火焰纹、几何纹等,其中以几何纹样最为多见。这些装饰风格迥异、画面生机盎然、线条流畅自如的纹饰,创造了新石器时代绚丽多姿的陶器纹饰文化。

(2)商周时期青铜器发达,这一时期的陶瓷纹饰与青铜器纹饰相似,具有图腾意味,抽象怪异,极具神秘感。主要纹样有饕餮纹、云雷纹、涡纹等。

(3)战国、汉代时期,随着手工业的日益兴盛,陶瓷装饰纹样愈发精细,题材也更加丰富。特别是这一时期人物纹样空前增多,直接反映了人们生产、生活以及狩猎征战的场面。笔简意繁,为后世陶瓷装饰开辟了新的途径。

(4)魏晋南北朝时期,佛教兴盛。这一时期的纹饰题材多与佛教有关。常用的纹样包括忍冬草、莲花纹等,人物图案中开始出现"飞天仙人"形象。

(5)隋唐时期,社会经济繁荣,对外文化交流日益增多,陶瓷装饰工艺得到空前发展。唐代纹样丰满大气、富丽华贵。常用纹样包括鸾凤、鹦鹉、鸳鸯、双鱼、狮子、龙纹、牡丹、莲花、卷草、人物纹等。其中花卉纹以荷花和牡丹花居多,装饰手法虚实相间,构图巧妙,线条流畅,气韵生动,绚丽多彩。

(6)宋辽时期,陶瓷纹样清秀雅致、精巧灵动,极具生活情趣和典雅之气。另外,宋代人物故事画及表现民俗风情的风俗画盛行,这一时期人物纹饰发展进入成熟阶段,出现了"情节纹饰"，其中以孩童嬉戏的图案最为多见，如孩儿垂钓、孩儿蹴鞠等。人物形象生动活泼，画法简练，神态各异，充满生活情趣。同时，这一时期还出现了长命富贵、福寿康宁、金玉满堂等吉祥语，充分表达了古人对美好生活的向往和追求。

（7）元代陶瓷随着原料配方的改进，大型器物逐渐增多，装饰纹饰开始出现主、辅之分。主纹通常装饰在器物腹部或盘心，纹样主要有竹石、梅花、松树、牡丹、莲花、海棠、瓜果、龙凤、鹤鹿等。器物口沿、底部及主纹饰之间多装饰卷草、蕉叶、莲瓣、锦地、回纹、线纹等辅助纹饰。另外，元代历史题材的图案增多，如萧何月下追韩信、鬼谷子下山等，注重表现画面的情境和气韵，人物形象生动逼真、情感丰富。

（8）明代是中国陶瓷发展的重要时期。这一时期，随着青花、釉里红以及五彩、斗彩等彩釉的普遍运用，装饰纹饰日益繁多，装饰效果更加绚丽多彩。纹饰设计注重细节，力求表现细腻逼真、生动有趣。花卉鸟兽线条流畅、色彩明快；山水纹饰线条精细、意境深远。特别是这一时期仕女图案开始增多，如簪花仕女、牡丹仕女、秋风纨扇、携琴赏月等。人物图案常与文化历史和故事传说相结合，展现出当时的社会风貌和审美取向。另外，随着中西方文化交流的兴盛，阿拉伯文、波斯文、梵文作为装饰性图案开始出现在瓷器画面上。

（9）清代是中国陶瓷发展的巅峰时期，以"康雍乾"三朝为代表的"清三代"瓷器，技艺精湛，精品迭出，代表了中国数千年瓷器制造的顶峰水平。装饰纹样繁多，山水人物、亭台楼阁、花卉草木、飞禽走兽、昆虫游鱼、戏曲诗文等皆能入画。粉彩、珐琅彩等彩瓷异彩纷呈、斑斓亮丽。这一时期，制瓷工匠在青花用料上采用"分水法"，通过科学的钴料配比，使之产生不同的色阶，世人称为"墨分五色"。这一技法使画面的空间感和层次感充分呈现，将青花图案的浓淡深浅、阴阳向背表现得淋漓尽致。

毋庸置疑，瓷器是古代中国人民的伟大发明，是中华民族对人类文明的杰出贡献。在一定意义上，其影响不亚于四大发明，体现了中国古代文明的卓越成就，成为中华民族优秀文化的遗产，是中华民族的智慧之作，是人类物质文明的光辉典范。它不仅在物质方面起到改善人类生活条件的作用，而且以其绚丽多姿的造型、精美的纹饰和缤纷的色彩唤起人们对精神世界无限美好的追求。

第三节　天赐琼脂之美

一、引言：香之魅，韵之深

香文化宛如一条穿越千年的历史长河，沉香以其独特的韵味和深厚的文化内涵，成为香文化中最为璀璨的明珠。古往今来，沉香一直被认为是"香中之王"，不仅是名贵香料，更是极为珍稀的药材，具有很高的药用价值。明代医药学家李时珍所著《本草纲目》中记载："沉香气味辛，微温无毒，有降气、纳肾、温中、清肝之功效。"

二、香文化的源起：悠悠香史，漫漫旅途

最初，香被应用于祭祀之中。古人认为天宇之上有神灵，而升腾的青烟飘浮游移、幻化万千，不由得让人萌生敬畏之感。由此，这缕青烟便成了人们与天上神灵沟通的媒介。

春秋战国时期是风起云涌的时期，香品悄然走出了祭祀的范畴，走进了人们的生活之中。诗人屈原在《离骚》中留下了诗句："扈江离与辟芷兮，纫秋兰以为佩。"其中，江离、辟芷、秋兰都是散发着馥郁芬芳的香草的名称。古人还将"秋兰"精心地缝制在香囊里，佩戴在身上。这一举动足以说明，在战国时期，人们已然有了佩戴香囊的习惯，而香囊的出现是一个伟大且充满智慧的发明。

然而，无论是"江离""辟芷"，还是"秋兰"等香品，都以单方香的形式出现。这也透露出，彼时的香料资源匮乏，基本上是源自我国出产的香草。这既是一种遗憾，也是那个时代的真实写照。

宏伟壮阔的大汉王朝着实可称为丝绸之路上的一场弥漫着馥郁芬芳的香气盛宴。香料被视为无比珍贵的宝物，它们大多从异域传来，穿越茫茫沙漠，历经漫长跋涉，最终得以抵达中原大地。香料的种类也变得丰富多样，而这一切要感谢一个人，他就是张骞。司马迁在《史记》中用"凿空西域"这一震撼人心的词汇生动描绘了他的伟大壮举。

张骞用整整十三年的漫长时光，历经了无数蹉跎与坎坷，虽然未能完成求援的任务，但他在西域的广博见闻让汉武帝的视野更加开阔起来。征服的雄心壮志愈发坚定，丝绸之路也应运而生。这条神奇的道路不仅将茶叶、丝绸、瓷器等中国特产源源不断地输出，同时，也将青木香、苏合香、鸡舌香等来自域外的香料陆续传入中原，极大地充实和丰富了中国香文化的内涵与外延。

此时的熏香习俗因与道家、儒家、医家所倡导的养生、养性理念紧密融合，在王室贵胄之间也如春风般渐渐吹拂开来，成为他们生活中不可或缺的一部分。

汉代应劭《汉官仪》有关于尚书郎奏事对答须"口含鸡舌香"的记载："尚书郎奏事明光殿，省中皆胡粉涂壁，其边以丹漆地，故曰'丹墀'。尚书郎含鸡舌香，伏其下奏事。"

用香薰烤衣被是汉代宫中的定制，曝衣楼是专门用来薰烤衣被的。衣服被薰过，穿在身上，香韵犹存，香随人行。古宫词云："西风太液月如钩，不住添香折翠裘。烧尽两行红蜡烛，一宵人在曝衣楼。"

香料和制作精美的香炉，是汉代贵族尤为喜爱且用以相互馈赠的至上之物。此时博山炉绚丽夺目，美不胜收。河北满城汉墓中出土的西汉错金银博山炉通体错金银，底座透雕三条腾空出水的蛟龙，炉身之上金丝银线铸成山峦重叠的模样，猎人、小动物穿梭其间，人与自然和谐一体，可谓巧夺天工。

香文化在汉代的发展，如同一首悠扬的歌，回荡在那个时代的每一个角落，成为中国历史上一段永不褪色的记忆。

隋唐时期，香文化如同一朵盛开的花，成为那个时代文化繁荣的象征。香不仅是一

种物质，更是一种精神的寄托、一种生活的艺术。

《香乘》第一卷沉香篇里记载了一个故事，题为《沉香火山》："隋炀帝每至除夜，殿前诸院设火山数十车，沉水香，每一山焚沉香数车，以甲煎沃之，焰起数丈，香闻数十里。一夜之中用沉香二百余乘，甲煎二百余石，房中不燃膏火，悬宝珠一百二十以照之，光比白日。"

这段描述，似一幅绚烂绮丽的画卷，展现了隋代宫廷里香文化的奢靡与辉煌。在除夕夜，宫殿前用数十座由沉香木根垒砌而成的火山，熊熊燃烧着数车的沉香，其烈焰腾空而起，高达数丈，香烟袅袅，氤氲数十里开外，将人间繁华与天上仙境紧密相连。这一夜，隋炀帝所耗用的沉香数量庞大，达二百余乘（古代称四马一车的兵车为一乘），甲煎亦有二百余石，如此数量在当时无疑是令人震惊的。而宫殿之内，不燃烧篝火照明，而将一百二十颗夜明珠高高悬挂，其光芒璀璨夺目，犹如白日般照亮整个宫殿。这一晚，宝珠的光芒与沉香的香气相互交融。隋炀帝的此种行为，虽有奢侈之嫌，但从侧面凸显了当时社会对香料的重视，以及香料在人们生活中占据的重要地位。

在《明皇杂录》里有这样的记载："明皇时，宫内有沉香亭，明皇与贵妃在亭上赏木芍药。"展现了唐明皇与杨贵妃在沉香亭中共同欣赏牡丹花的雅致场景。这一画面不仅体现了香在唐代宫廷中的渗透，更是对那个时代审美情趣和文化品位的深刻反映。沉香亭，以其珍贵的建筑材料——沉香而得名，使用沉香作为建筑材料，这着实是皇家的一次豪举。我们现今难以想象这究竟需要多么庞大、多么完整的沉香才能够完成。沉香很少有较大的材料，大多是以碎小者居多，由此可以看出玄宗当政时期大唐的国力是何等强盛。同时也说明，在唐代沉香的使用已经非常普遍，尤其在宫廷之中，成为彰显皇家气派和文化品位的重要标志。

此时香具的制作达到了前所未有的精致与华丽。金银打造的香炉、香盒，无不展现出那个时代的工艺水平和审美情趣。这些香具，不仅是实用的器物，更是艺术品。此外，香文化的普及也体现在日常生活中。无论是在书房中静思，还是在庭院里闲谈，香总是伴随着人们，为生活增添了一份宁静与和谐。香的分类与用途也变得更加细致，从会客的礼仪用香到卧室的温馨香品，每一种香都有其独特的意义和作用。此时的香文化是一种对美好生活的追求和向往。

宋代，一个香气四溢的时代。张择端的《清明上河图》真实地描绘了北宋汴梁的城市面貌，繁华市集里有大大小小的香铺，琳琅满目的香料散发着阵阵芬芳。沉香、檀香、龙涎香等珍稀香料带来了异域的神秘与诱惑。北宋的航海技术高度发达，朝廷在沿海的各大港口设立了市舶司，对进出口的香料、香药征收税费。香药贸易一度成为宋政府主要的税收来源之一，香料行业也成为大宋的支柱型产业。

在宋代的宴会上，香更是不可或缺的一部分。宴会厅内，香炉轻烟袅袅，琴瑟和鸣，诗酒交融，不仅增添了宴会的氛围，更成为宾主间情感交流的媒介。文人雅士在书房中点燃一炉香，袅袅升起的烟雾似乎能将他们的思绪带向遥远的地方，激发出无限的灵感与遐想。宋代的香文化不仅在宫廷和贵族中流行，在民间也得到了广泛传播。那些被称为"香婆"的老妪在酒楼中提供焚香服务，让普通百姓也能享受到品香的乐趣，使香文化更加深入人心，成为他们日常生活的一种方式。

《翻香令》是宋代文学家苏轼创作的一首词。这首词以其深沉的情感和细腻的笔触展现了词人对逝去亲人的深切怀念和对往昔美好时光的追忆。

《翻香令》　苏轼

金炉犹暖麝煤残。惜香更把宝钗翻。重闻处，余熏在，这一番、气味胜从前。

背人偷盖小蓬山。更将沈水暗同然。且图得，氤氲久，为情深、嫌怕断头烟。

上阕回忆往昔，香炉还是温暖的，炉中的香料已然所剩无几。苏轼的妻子爱香，也非常珍惜香料，依旧取下头上的宝钗，将残余的香料反复翻动，满心期盼香料能够更充分地燃烧，好使那香气愈发绵长久远。

下阕回到当下，苏轼以无比珍贵的沉香香气深沉地缅怀他的妻子王弗，只因那香气承载着记忆，也承载着思念。让人记住曾经的过往，记住曾经的场景，记住一个人。

元明清时期，随着沉香文化的深入人心，更多有关沉香的佳话和诗篇相继涌现。明代周嘉胄的《香乘》是一部香学专著，汇集了与香有关的多种史料，广泛涉及香药、香具、香方、香文、轶事典故等内容。

三、沉香登场：沉香香韵，举世无双

沉香，作为香中的瑰宝，香韵浓郁而持久。沉香的珍贵之处不仅在于其香，还在于其生成的偶然性与获取的艰难。它往往生长在人迹罕至的地方，需要经过漫长的时间才能结香。沉香是由瑞香科、大戟科、樟科、橄榄科四大科树种经历如雷劈、斧砍、虫蛀、动物攀爬碰撞、泥石流等伤害后，在树体自我愈合的过程中形成的。真菌的入侵和感染是沉香形成的关键，当然还需要土壤、纬度、气候、漫长的时间等适宜条件，最终才能形成沉香。

沉香不仅是一种香料，还有很高的药用价值，如镇静安神、温中止呕、纳气平喘、行气止痛等功效。

（一）沉香产地分布

沉香仅生长于东南亚以及中国的岭南地区，涵盖越南、柬埔寨、马来西亚、老挝、文莱、印度尼西亚群岛、巴布亚新几内亚，以及中国海南省、广东省、广西壮族自治区、云南省等地。

东南亚产香记载如下：

三国时期吴国万震在《南州异物志》中记载："木香，出日南……其心至坚者，置水则沉，名曰'沉香'。"日南即今越南中部。

《诸蕃志》记载："沉香所出非一，真腊为上，占城次之，三佛齐、阇婆等为下。俗分诸国为上下岸，以真腊、占城为上岸，大食、三佛齐、阇婆为下岸。"真腊即当今的柬埔寨，占城便是越南，三佛齐和阇婆为位于苏门答腊及爪哇岛的古王国。

北宋《本草图经》也有关于中国沉香产地的记载："沉香、青桂香等香，出海南诸国及交广崖州。"其中交州、广州、崖州在今天广东、广西、海南一带。不同产区的沉香，因树种、土壤、空气、雨水等差异导致沉香香气各不相同。

根据其产地分布，我们大致将沉香分为星洲系、惠安系和国产沉香三大系列。

星洲系沉香：地理位置以新加坡为中心，包括印度尼西亚群岛、马来西亚半岛及其周边岛屿，如加里曼丹、达拉干、文莱、巴布亚新几内亚、菲律宾等。因新加坡地理位置很重要，扼守着马六甲海峡，控制着东方通往西方最关键的一处航道，堪称"咽喉之地"。香农们把采集到的沉香都送到新加坡这个港口，使这里成为沉香的一个集散地，称为星洲。得益于赤道地区的充足阳光和稳定气候，星洲系沉香质地紧实，有漂亮的花纹，大块形态居多，香气醇厚、内敛，持久悠长，常被用来制作精美的艺术品。

惠安系沉香：越南的会安古镇曾是重要的香料贸易港口，承载着东西方文化交流的重任，是另一个沉香的集散地。其主要产区为越南、柬埔寨、泰国、老挝、缅甸等。其香气清雅，带有果香或花香的甜凉，穿透力强，香气持久，宁静舒心。惠安系沉香体积较小，大多质地疏松，多用于熏香。上乘惠安系沉香油脂丰富，纤维含量少，香气更为纯正优雅，是暖香的首选。

国产沉香：又称莞香，因以前集中在东莞交易而得名。野生的国产沉香主要生长在海南尖峰岭一带的热带雨林和云南西双版纳热带雨林，但是由于大量盗伐，现在市场上大量的国产沉香由来自海南、云南、福建一带人工种植的沉香树苗结香而产出。这类沉香油脂含量极低，通常2～3年成材后便打孔注入真菌，往往一年不到就被割取沉香，用于熏香或提炼沉香精油。其实从严格意义上讲，早在20世纪70年代初，海南的沉香资源就已枯竭。由于沉香是稀有资源，而海南的地理位置在中国最南端，靠近太平洋诸岛国，气候非常适宜沉香生长。因此，人们开始大量种植白木香树。人工使白木香树受伤，在生长期很短时就开始人工迫使其结油，然后隔几个月或者几年便采集下来，现在海南的沉香多为此类结香，其结油程度可想而知。

三大派系的沉香各有千秋，其独特的香气和用途在世界香料贸易中占有重要地位。它们的存在不仅丰富了香料的种类，也为人们提供了一种与自然连接的方式，让人们能够通过香气体验到大自然的奇妙和深邃。

（二）沉香的形态

沉香的形成其实是各种伤病与腐朽的过程，其形成过程确实非常独特，并且涉及多种自然因素和不确定性。沉香因结香过程不同，其形态可以分为以下几种。

（1）生结：香树存活时被采集的沉香称为"生结"。因产地不同，生结沉香（以下简称"生香"）气韵也有所不同。越南芽庄产的生香有蜜瓜的甜凉，穿透力强而持久，是制作线香的上等材料；越南顺化产的生香香气浓烈，微甜，渗透力强；老挝产的生香气韵温暖甜蜜；柬埔寨有名的菩萨沉香，其生香有特殊的花果香；印度尼西亚群岛大多数岛屿都生产沉香，其生结沉香外表深褐色，味辛辣，蕴含乳香味。

（2）熟结：沉香树因结香部分枯死，养料无法输送至该部位，最终导致树木死亡。这些香落入土中，经过数年土壤中的醇化和微生物的分解作用，木质部分被风化，留下的主要是油脂成分，这种沉香被称为"熟结"。熟结沉香油脂线丰满，香气不张扬，醇厚持久。

熟结沉香包括土沉，其种类丰富，有黄土沉香、红土沉香、黑土沉香等。

黄土沉香色泽土黄，是熟结中香气的至臻之选，气韵清冽而清甜，仿若奇楠的香韵，只是在煨香时，香韵稳定。越南的芽庄、顺化、岘港等地都有黄土沉香出产，尤以芽庄黄土沉香品质为最佳。

红土沉香是熟化程度较高的沉香。经过土中漫长的醇化历程及土壤微生物的影响，其表面呈红褐色。香韵浓郁，饱满醇和，令人心醉神迷。越南中部的富森、广平、广南等地都出产沉香，而富森红土沉香品质绝佳。

黑土沉香生长于阴冷潮湿的沼泽之中，其香韵于清凉中蕴含着淡淡的西瓜甜意，以越南富森黑土沉香品质最优。黑土沉香适宜清闻，不宜煨香。

（3）虫漏：由于虫子啃咬而形成的沉香。这类沉香大部分是生香，但也有部分会落入土中，经过一段时间后转变为熟结沉香。虫漏香气较甘甜温暖，香韵富有张力，绵长悠扬，令人回味无穷。

（4）脱落：在树皮与树心之间结出的香，由于油脂较多，可能会自然脱落，这种沉香称为"脱落"。

（5）倒架：结香的树干折断，落于地面或被浅土层覆盖，根据其状态，可以是生结也可以是熟结，通常称为"倒架"。倒架结香时间长，醇化时间久，香气厚重且极具穿透力。

在《香乘》和《诸蕃志》等古籍中，对沉香的品质评价有所不同。《香乘》认为："沉香入水即沉，其品凡四：一曰熟结，乃膏凝结自朽出者；二曰生结，乃刀斧伐仆膏结聚者；三曰脱落，乃因木朽而结者；四曰虫漏，乃因蠹隙而结者。生结为上品，熟脱次之。"后又说："香木初种也，膏贯溢则沉实，此为沉水香。有曰熟结，气自然凝实者；脱落因木朽而自解者曰生结，人以刀斧伤之而复膏聚焉；虫漏因虫伤蠹而后膏亦聚焉。自然脱落为上，以其气和；生结、虫漏则气烈，斯为下矣。"而宋《诸蕃志》则认为生结为上品，熟脱者次之。所以，无论沉香的形态如何，每种沉香都有其独特的优点和特性，这也反映了大自然的多样性和复杂性，每一块沉香都是独一无二的，拥有独特的香韵和外形，而沉香的价值在于其形成过程中所蕴含的自然和时间的力量。

四、奇楠香：馥郁芬芳，香韵悠长

沉香是诸香之王，奇楠又是最上等的沉香。

　　奇楠即伽南香，古代也称琼脂，比沉香质软。"奇楠"是从梵语翻译的词，唐代的佛经中常写为"多伽罗"，后来又有"伽楠""棋楠"等名称。《本草衍义》中记载："有削之自卷，咀之柔韧者，谓之黄蜡沉，尤难得也。然经中只言疗风水毒肿，去恶气，余更无治疗。今医家用以保和卫气，为上品药，须极细为佳。"精妙地描绘了奇楠的独特之处。

　　陈让《海外逸说》有对奇楠的等级描述："伽楠与沉香并生，沉香质坚，雕剔之如刀刮竹；伽楠质软，指刻之如锥画沙，味辣有脂，嚼之黏牙。上者曰莺歌绿，色如莺毛，最为难得；次曰兰花结，色嫩绿而黑；又次曰金丝结，色微黄；再次曰糖结，黄色是也；下曰铁结，色黑而微坚，皆各有膏腻。"

　　《本草乘雅半偈》记载："沉香所重在质，故通体作香，入水便沉，奇楠虽结同四品，不唯味极辛辣，着舌便木。顾四结之中，每必抱木，曰油、曰糖、曰蜜、曰绿、曰金丝，色相生成，亦迥别也。"

　　综上可知，奇楠香质地绵软、柔韧，可咀嚼，如蜜、如糖、如油、如金丝，这是奇楠香的共同特点。

　　熏香的极品应属奇楠香。普通沉香仅含有单一的香气，而奇楠香在各个阶段都具有不同的香气，并且持续时间长久。如取 0.1 克奇楠香，置于电子熏香炉中，在 60～80℃低温下，即可散发出馥郁香气。每隔几分钟品闻，都会有显著不同，时而清冽凉爽，时而散发奶香，香韵层次分明，富于变化。

　　奇楠香的软质结构赋予了它独特的价值和魅力。在触感和口感上给人带来非凡的体验。顶级奇楠所泌出的油脂，可用指甲轻松刮起或刻出痕迹。若将一小块奇楠削成片状置于舌尖，以门牙轻咬有黏牙感，且咀嚼后融化于口中，毫无残留，即为上品。不同种类的奇楠香，口感各不相同，主要为麻、苦、辣，但香气各有不同，有清凉，有奶香……但都有一个共同点，穿透力很强。奇楠的香韵极其悠远，将奇楠放于手心，将之焐热，整个掌心一整天都会充盈奇楠香气。即使洗净双手，也难以消散它的奇妙气息。

　　综上所述，奇楠香有如下特质：

　　质地：大多质地柔软，切割时相对软黏，如同切割蜡烛的手感。如果切成薄片，往往会自然卷曲。放置较长时间的香材，表皮会被氧化变硬。

　　口感：除芬芳外，口感软糯。因奇楠品类不同，呈现出辛、麻、甘、苦、酸等诸般滋味，且有气流上涌的感觉。

　　香气：清闻凉意明显，暖香时扩散速度快，香气馥郁，变化丰富。品香的过程中，可感知初香持续时间较长，本香、尾香又丰富多变。很像是青春少年，精力旺盛，充满灵气，又沉静圆润，高雅深沉。

　　奇楠按照香腺颜色的不同，可分为绿奇楠、黄奇楠、紫奇楠、白奇楠、黑奇楠。然而无论是哪种颜色的奇楠香，但凡质地柔软、香韵上乘、油脂丰富、水分少、杂质少的，都是高品质的奇楠香。在各种标准之下，香韵永远是首位的。不过，香学界对于奇楠的界定至今依旧存在争议。一般来讲，奇楠香被当作一种高质量的沉香，因香气美好、油脂充盈、香韵独具，被称为沉香中的至上之品。

五、沉香品闻：品闻沉香的方式探究

品香是认识香品的一个好方法。用香之法，贵在随心而不随便，在一般日常生活中较为轻松随意地使用。至于品香，则需要静心品闻，方得其美。品闻香品的方式很多，主要有：有烟的香品（线香、盘香、香篆等）；较低温的暖香，以及常温下的清闻。

（一）有烟的香品

当我们点燃线香、盘香等有烟的香品时，只需轻轻晃动手中的香，切勿将其凑近鼻子。因为在香刚点燃时，烟火气浓郁，即使是上等好香，也难免受烟火气影响。所以，我们需要耐心等待，让香气自然地弥漫开来。

当香气逐渐散发时，我们可以将香在距离鼻端约 20 厘米的位置来回晃动，让香烟缓缓钻入鼻中。这一过程需要我们保持专注和宁静，用心去感受香气的每一个细微变化。这种品香的方式，不仅是对香的尊重，更是一种对生活的品味和领悟。

篆香：
宋代 李清照《满庭芳》词："篆香烧尽，日影下帘钩。"
宋代 秦观《减字木兰花·天涯旧恨》："欲见回肠，断尽金炉小篆香。"

唐宋时期，香料被巧妙地制作成篆字形状。人们只需点燃它的一端，根据篆形印记，便可精准计时，这种独特的香品被称为篆香。

据宣州石刻记载："（宋代）熙宁癸丑岁，时待次梅溪始作百刻香印以准昏晓，又增置午夜香刻。"梅溪首创了百刻香印以准确区分晨昏，还增设了午夜香刻。因此，香篆又有了"百刻香"的别名。它将一昼夜精细地划分为一百个刻度，充当了计时器的角色。百刻香中也可添加驱蚊虫的香药，这样它便有了驱蚊的功效，深受民众喜爱，流传甚广。

制作篆香的过程，宛如一场细腻的艺术创作。首先，在香炉中铺陈香灰，然后以顺时针方向用香针轻轻疏松香灰，为香篆的成型营造出一片柔软的基础。接下来，用香押缓缓压平香灰，需顺时针进行，使其平滑如镜，但又不过于紧实，保留一丝蓬松。随后，用香扫细心地清理炉沿，使其整洁。将香篆模具轻盈地放置在压好的香灰上，用香勺将香粉填入模具中，少量多次。再用香铲顺时针方向轻轻将香粉均匀填平篆香模具。然后，垂直而轻柔地提起模具，动作需轻盈，以保持篆香的完整无缺。最后，用线香点燃篆香的一端，静待香烟燃起，让宁静的香气弥漫四周。

篆香所用的香粉只需要均衡与稳定，无须追求过高的品质。这恰如生活中的点滴美好，无须奢华，只需用心品味。

（二）暖香

暖香，又称隔火熏香，是一种别具深意的低温品香方式。它通过控制香灰的深度来调节香炭的温度，让香料在缓慢而均匀的加热中，充分释放出其独特的韵味。以下是暖香的部分步骤。

（1）暖灰：这一步犹如净化心灵，去除香灰中的杂味，使其恢复纯净与松散，为后续的香韵铺垫。此步骤一般需要提前一天做准备。

（2）燃香炭：待香炭完全燃烧，直至表面呈现出暗红色且无明火，此过程如同磨炼意志，需耐心等待，以确保在使用时不受炭味干扰。炭与灰，各具其味，而暖灰则是让它们回归本真。

（3）备香：精选天然优质的香料，如奇楠香、越南芽庄沉香、红土沉香等，将其分割成块状或粉末状，犹如挑选人生的精华，只取最纯粹、最美好的部分。

（4）置入香灰：在香炉中放入适量的香灰，约占炉子的九成空间。用香针轻轻疏松香灰，留出一个深邃的孔洞作为炭孔，如同在生活中为自己创造一片宁静的空间。

（5）掩炭：用炭夹将烧透的香炭小心地夹入炭孔，再用香针将香灰轻轻覆盖，然后用香铲将香灰压制成隆起的小山形状，这恰似在平静的湖面上投下一颗石子，激起层层涟漪。

（6）置香：将香品放置在香承上，这一刻，仿佛将心灵的寄托安放于此，期待着香气的绽放。

（7）放置香承：香承宛如守护香料的卫士，隔绝高温，保护香料免受直接燃烧。适合做香承的材质很多，如云母片、银叶或陶土片等都各有特点，而陶土片则以其独特的属性，成为最佳选择。宋朝《陈氏香谱》记载香承材质为纯银或云母；其中纯银导热快，发香没有层次，容易使香品发焦发黑；而云母片太薄，导热也非常快。明代的朱权改良云母片，使用的是建阳茶盏的土："建安所造者绀黑，其坯微厚，焙之久热难冷，最为要用。"陶土的久热难冷特性，可以使香料更充分地释放，香韵层次分明，且高温下无异味。

（8）品香：手持香炉，动作轻柔、平稳，始终保持香炉水平向上，手不可抖动或倾斜。品香时，用右手依炉型轻罩香炉，如呵护一朵盛开的鲜花，使其香气不散。将炉口移至近鼻而不触鼻处，缓而深吸，感受那香气的萦绕；后将香炉移离鼻口，头侧一旁缓缓将香气吐出，重复品闻两至二次，如在时光的长河中悠然泛舟，缓缓吸气，感受香气的美妙。切不可对着香炉呼气，以免香料散逸。

（三）清闻（精油、香囊、清闻瓶）

沉香若要清闻，首要之务是精选品质卓越的香品。奇楠与越南的土沉香无疑是首选。清闻之法非常简易，将沉香悉心清洗，择其洁净且香气馥郁之处，近鼻而不触鼻，缓息而深吸，感受其表层的香韵。而后移开沉香，徐徐将香气呼出。切不可将气息吐于沉香表面，以免日久天长，沉香沾染人气杂味。如此循环往复，可感受沉香清闻之妙。

轻闻沉香益处诸多。其一，无须顾虑用火的安全与用炭的不便，使品香更为自在随心。其二，无烟气的打扰，无损香气本真，更能彰显香气的纯净自然。其三，香气持久，用量较少，却能久存不散，让人尽享其韵味悠长。其四，沉香之香，源于天然，回归自然，与自然相融共生，更加环保。

以上是几种品闻沉香的方式，更是一种生活态度，我们从中学会了等待、专注和感悟。我们常常为纷繁琐事所烦扰，忽略了生活中的美好。而品香，就像是给自己的一场心灵洗礼，让我们暂时停下匆忙的脚步，去感受那细微而美妙的芬芳。

六、药香之系：沉香在古代药典中的体系与论述

沉香在我国的药用历史非常悠久，是中医学的重要药材。在药物记载中，沉香最早见于梁代陶弘景的《名医别录》，被列为"上品"。

沉香在古代药典中的论述：

【性味】辛、甘、苦，微温不燥。

《名医别录》：微温。

《本草备要》：辛、苦，性温。

《雷公炮制药性解》：味辛、苦，性温，无毒。

《海药本草》：味苦，温，无毒。

《日华子本草》：味辛，热，无毒。

《本草纲目》：咀嚼香甜者性平，辛辣者性热。

《本草求原》：禀受南方纯阳之气以生，兼得雨露之阴液。酝酿于朽木以结，故辛、甘、苦，微温而不燥，行而不泄，体重沉木。

《医学入门》：辛温能暖中。

【归经】脾、胃、肾。

《雷公炮制药性解》：入肾、命门二经。主祛恶气，定霍乱，补五脏，益精气，壮元阳，除冷气，破症癖，治皮肤瘙痒，骨节不仁。

《本草便读》：畅达和中，脾胃喜芳香之味；辛温入肾，下焦建补火之功。肾虚气逆痰升，赖其降纳；脾困寒凝湿滞，用以宣行。

《本草经疏》：入足阳明、太阴、少阴，兼入手少阴、足厥阴经。

《药品化义》：入肺、肾二经。

《本草经解》：足少阳胆经，足厥阴肝经，手太阴肺经。

【功效】行气止痛，降逆止呕，纳气平喘，温肾养精，壮阳除痹。

《名医别录》：疗风水毒肿，祛恶气。

《海药本草》：主心腹痛，霍乱，中恶，清神，并宜酒煮服之；诸疮肿宜入膏用。

《日华子本草》：调中，补五脏，益精壮阳，暖腰膝，祛邪气。止转筋、吐泻、冷气、破症癖，冷风麻痹，骨节不任，湿风皮肤痒，心腹痛，气痢。

《珍珠囊》：补肾，又能祛恶气，调中。

《本草纲目》：治上热下寒，气逆喘息，大肠虚闭，小便气淋，男子精冷。

《本草乘雅半偈》：主风水毒肿，祛恶气。

《医林纂要》：坚肾，补命门，温中、燥脾湿，泻心、降逆气，凡一切不调之气皆能调之。

《本草求原》：能降真气，坠痰涎，怒则气上，能平肝气。气香扶脾，故理诸气，调中气，开郁气，大肠虚秘、气痢、气淋、冷气、恶气皆治。

《本草备要》：入右肾命门，暖精助阳。行气不伤气，温中不助火。

七、香文化的兴盛：繁荣时代，香满人间

在古代，沉香是皇室贵族和文人雅士追捧的对象。古人以沉香为题材，创作出许多优美的诗词。他们用细腻的笔触描绘沉香的美妙，抒发对沉香的喜爱之情。这些诗词不仅展现了沉香的魅力，也为后人留下了宝贵的文化遗产。

《沉香山子赋》

[北宋]　苏轼

古者以芸为香，以兰为芬，以郁鬯为裸，以脂萧为焚，以椒为涂，以蕙为薰。杜衡带屈，菖蒲荐文。麝多忌而本膻，苏合若芗而实荤。嗟吾知之几何，为六入之所分。方根尘之起灭，常颠倒其天君。每求似于仿佛，或鼻劳而妄闻。独沉水为近正，可以配蓍卜而并云。矧儋崖之异产，实超然而不群。既金坚而玉润，亦鹤骨而龙筋。惟膏液之内足，故把握而兼斤。顾占城之枯朽，宜爨釜而燎蚊。宛彼小山，巉然可欣。如太华之倚天，象小孤之插云。往寿子之生朝，以写我之老勤。子方面壁以终日，岂亦归田而自耘。幸置此于几席，养幽芳于帨帉。无一往之发烈，有无穷之氤氲。盖非独以饮东坡之寿，亦所以食黎人之芹也。

苏轼一生遍历众香，唯独对沉香情有独钟。《沉香山子赋》向我们展示了沉香的非凡之处："独沉水为近正""既金坚而玉润，亦鹤骨而龙筋。惟膏液之内足，故把握而兼斤。"这不仅是对沉香的描绘，更是对君子德行的比喻。苏轼凭借着赞美沉香，来鞭策自己的弟弟，做一位品行坚贞的君子士大夫。

《香》

[唐]　罗隐

沈水良材食柏珍，博山烟暖玉楼春。

怜君亦是无端物，贪作馨香忘却身。

诗人描写沉香的珍贵和香气的美好，沉香被人们贪婪地使用，却忘记了它本身的价值。诗人以此来讽刺那些只注重表面而忽略内在价值的人。

《诉衷情·御纱新制石榴裙》

[北宋]　晏几道

御纱新制石榴裙，沉香慢火熏。越罗双带宫样，飞鹭碧波纹。

随锦字，叠香痕，寄文君。系来花下，解向尊前，谁伴朝云。

这首词不仅表达了词人对爱情的向往和思念之情，而且还提及宋代使用沉香来熏衣服：将御纱新制的精致石榴裙，用沉香慢火熏染。以细腻的笔触描绘了爱情的美好和深沉，情感真挚，给人以美感和遐思。

《苏幕遮·燎沉香》
[北宋] 周邦彦
燎沉香，消溽暑。鸟雀呼晴，侵晓窥檐语。
叶上初阳干宿雨，水面清圆，一一风荷举。
故乡遥，何日去。家住吴门，久作长安旅。
五月渔郎相忆否？小楫轻舟，梦入芙蓉浦。

这首词以细腻的笔触描绘了燎沉香以消暑的情景和对故乡的思念之情，情感真挚，给人美感和遐思。

《清平调·名花倾国两相欢》
[唐] 李白
名花倾国两相欢，常得君王带笑看。
解释春风无限恨，沉香亭北倚阑干。

通过对牡丹花和倾国美人的描写，表达了诗人对爱情的向往和赞美之情。

《焚香诗》
[南宋] 杨万里
琢瓷作鼎碧于水，削银为叶轻似纸；
不文不武火力匀，闭阁下帘风不起。
诗人自炷古龙涎，但今有香不见烟；
素馨欲开茉莉折，底处龙涎示旃檀。
平生饱食山林味，不奈此香殊妩媚；
呼儿急取蒸木犀，却作书生真富贵。

诗人杨廷秀的《焚香诗》详尽地刻画了用香的整个过程：

第一句描述香炉：以青瓷香炉为上佳的选择。色泽温润，形态雅致，与香的清馨彼此增色。

第二句描述香具：需将银片削得极其轻薄，当作暖香的隔片。这样才能让香的气息愈发纯净。

第三句描述火候：适度均匀。火候太旺则香料被烧焦，太弱则香气太淡，只有恰如其分，才可尽显香的韵味。

第四句描述香室的要求：通透但不能有风。只有这样才能将香的气息婉转连绵，萦绕不息。

第五句描述香品：诗人用龙涎调制的私藏香品。香气独特，清幽素雅，令人心醉神迷。

第六句描述用香之法：必须留心使香只出香气而不出烟，只有香气缓缓释放时，才是最优雅、好闻的。

第七句描绘香味的特点：茉莉花香最先飘出，清新宜人，中调至后调则呈现出龙涎和旃檀的香韵，醇厚而深沉，不妖不艳，给人无穷的遐想。赶忙呼唤小儿去庭院采摘木犀花，放置在香品上一同蒸熏，花香与木香交相融合，萦绕于居室之内。即使向来以清贫自处的书生，也不禁慨叹：如此享受，何等奢靡！

八、结论：香韵悠长，永流传

中国传统香文化承载着千年的智慧与情感，是人类与自然、与心灵的交融对话。香文化的价值不仅体现在物质层面，更凸显于精神层面。它是一种沉淀，一种积累，一种对时间和自然的敬畏。它能够帮助人们舒缓压力、放松心情，提升内心的宁静与愉悦。

综上所述，中国传统香文化对人们的生活和精神世界都产生着积极的影响。它让我们在繁忙的生活中觅得片刻的宁静，在浮躁的世界里保持一份淡定。让我们一同走进香文化的广阔天地，亲身感受它的独特魅力，让香文化成为我们生活中的一部分。

本章微课视频

第四章

文 学 之 美

第一节　语 言 之 美

　　语言美，亦称"言语美"，指语言在具体运用过程中所展现的美，是心灵美外化的信息形态。它包含内容和形式两方面。前者以伦理美为中心，体现道德原则，如和气、文雅、谦逊、礼貌等；后者体现规范美和艺术美，如用词妥帖、语句规范、结构平稳、逻辑严谨等。它们共同构成语言结构形式的整体美，体现并强化语言的内容美。

一、形式美

　　语言的信息传递功能是客观存在的。功能既是语言的属性，也是我们认识语言的一个视角。语言的功能是多方面的，如果从宽泛的意义上讲，其大致都可归入语言的社会功能和思维功能两个方面。语言是一种社会现象，与人类社会有紧密的联系。所谓社会，就是指生活在一个共同的地域中、说同一种语言、有共同的风俗习惯和文化传统的人类共同体。每一个社会都必须有自己的语言，因为语言是组成社会的一个不可或缺的因素。人与人之间的联系得靠语言来维持，没有语言，人与人之间的联系就会中断，社会就会解体。在语言的社会功能中，最基本的是信息传递功能。这一功能体现在语言上就是内容的表达。信息传递的基本方式是社会中人与人的交流。通过交流，人们可以在社会中分享各自的经验和感知，更好地分工协作。与其他具有一定社会性的动物群体相比较，人类语言的信息传递功能极其卓越。语言所能传递的信息无穷无尽，信息内容亦可跨越时空。无论多么丰富的信息，其都可借助语言的形式传递给他人。从古至今，人类知识的积累和社会文明的进步，首先得益于信息的可传递性。人类社会能够建立起如此辉煌的文明，是以语言的信息传递功能为基础的。在信息传递的过程中，人类也可以借助语言之外的其他形式，如文字、旗语、信号灯、电报代码、数学符号、化学公式等，这些都是传递信息的形式。这里，文字打破了语言交流中时间和空间的限制，在社会生活中起着重大作用，中小学语文教学基本上都是关于文字使用和阅读写作的教学。但是，语言是第一性的，文字是第二性的，文字是对语言的再编码系统，只有几千年的历史。在文字产生之前，语言早已存在，估计至少有几万年。今天世界上没有文字的语言仍然比有文字的语言多很多。旗语、电报代码等信息传递的形式，大多是对语言或文字的再编码，离开语言与文字，它们就不能独立存在，而且使用的范围也有很大的局限性，而语言的使用是全社会范围内的。人们在使用语言传递信息时，面部表情、手势以及躯体姿态常常也会参与进来，它们也在帮助语言传递某种信息。有些时候，离开这些特定的伴随动作，说话者要传递的信息还可能被错误地理解。《红楼梦》第四十四回有这样一段描写：贾琏、凤姐听说鲍二媳妇上吊自杀，她娘家的人要打官司，"都吃了一惊"。可是凤姐"忙收了怯色，反喝道：'死了罢了！有什么大惊小怪的！'"从说的话来看，气壮如牛，从实际神态来看，却是"吃了一惊""忙收了怯色"。林之孝家的后进来，没有看到她这种神态，自然也就听不懂凤姐下面一段话："我没一个钱。有钱也不给他！只管叫他告去。也不许劝他，也不用镇唬他，只管叫他告！他告不成，我还问他个'以尸讹诈'呢！"多厉害的言辞！实际的含义却是想吓唬人家，给点钱，早一点了结，以免把事情闹大。林之孝家的没有联系凤姐当时的一些特定神态，不知就里，因而感到为难，等到贾琏和她使眼色，她才明白过来。生活中类似的例子不少。有些所谓的反话只有联系神态、动作等才能领会真意。在这种情况下，身势、神态等伴随动作往往更接近事情的真相。在一定的条件下，伴随动作还可以脱离语言独立传递信息。例如，鼓掌欢迎，举手为礼，挥手送别，伸舌头表示惊讶等，这些都是常用的身势。中国人用手指刮着脸皮羞人；外国人摊手耸肩，表示不知道，据说源于法国。这些伴随动作传递的信息，在各民族中各有自己的特点。汉族人点头表示同意，摇头表示不同意；而佤族人则用摇头表示同意。马来半岛的塞芒人（Semang）头往前冲表示同意。西南非安哥拉的奥文本杜人（Ovimbundu）伸出食指在脸前晃动表示不同意。不过，总体上，这些伴随动作所能传递的信息还是非常有限的。

总而言之，在各种信息传递形式中，身势等非语言形式传递的信息有限，多半是辅助语言来传递信息；文字是建立在语言基础之上的再编码形式；旗语之类则是建立在语言或文字基础之上的再编码形式。语言是人类社会信息传递中最重要的、最基本的手段。

语言的人际互动功能是语言社会功能的另一个重要方面，它用于建立或保持某种社会关联。人际互动包括两个方面：一方面，说话者在话语中表达自己的情感、态度和意图；另一方面，这些表达对受话者产生影响，并产生相应的语言或行动反馈，从而达到某种实际效果。当说话者将经验信息组织成话语传递给受话者时，就不可避免地会具有一定的主观性。说话者在传递客观经验信息的同时，也在表达主观的情感、态度和意图，并寻求受话者的反馈。而受话者在接收说话者传递的客观经验信息时也了解了说话者的主观情感和态度，从而作出回应。这样，语言就成为说话者和受话者之间交际互动的工具。例如，甲和乙在等一个朋友，有这样一段对话。甲："快到时间了，小王肯定不会来了。"乙："还有五分钟，他一定会来的。"在这一段对话中，甲首先传递的是他对时间的判断，然后表达了他认为小王来的可能性非常小，并且他确信这一判断。乙接收到了甲话语中的信息，同时也了解了甲的主观态度，并对此作出了回应。乙虽然首先传递的也是时间信息，但重点已不在客观时间上，因为甲对于此刻的时间事实是清楚的。"还有五分钟"是乙针对甲强调的"时间不多了"所作出的主观态度回应。接着，乙进一步传递了他认为小王到来的可能性很大的信息，并表达了肯定的态度。这是对甲话语中表达的态度的反馈。交际双方在主观情态表达上是互动的。这一功能在语言的日常使用中尤其明显。在人们每天的交往言谈中，甚至有相当一部分话语的主要目的并不是传递客观信息，而是为了人际互动。例如，两个住在同一个公寓的熟人碰巧都要出门，在电梯里可能有这样的对话。甲："出去啊？"乙："出去。"很难说他们彼此间传递了什么实质性的信息，因为事实是显而易见的，这时语言就主要起到了人际互动的作用。说话者通过对话感到彼此的人际关系正常友好，并且这种对话使这种关系得到了保持。如果什么也不说，两个人可能会感到发窘，或者感到对方有敌意。日常见面时的寒暄问候，其主要目的不是传递客观信息，而是为了人际关系的互动。书籍、报刊上的话语似乎只有说话者，而看不到受话者。但是，每一个阅读者都是话语的接收者。写作者在用语言传递经验信息的同时，也以说话人的身份向阅读者表达情感态度，使阅读者产生情感态度的回应和共鸣。在诸如感谢信、情书之类的书面形式表达中，人际互动的功能表现得更加明显。然而，口头话语在某些情况下可能只有说话者一人。例如，一个人走在路上，突然被一块石头绊倒了，他爬起来，粗鲁地对着石头咒骂了一句。这种情况是否也表现出了语言的社会功能呢？从话语环境来看，虽然只有说话者，没有受话者，但说话者在说话时是把石头假想为受话者；一个人自言自语时是把自己当作受话者；呼天抢地时，是把天地作为受话者；语言在表达说话者的主观情感和态度时，是以接收者的存在为前提的，即使是独自一人，语言的社会功能仍然存在。

二、内容美

高尔基说："语言是文学的第一要素。"语言是人类交流思想、表达情感的工具，而文学则是通过语言创作的艺术形式。语言和文学的关系相辅相成，互为表里。在审美教育中，应通过对作品语言的剖析，把读者带入特定的语言环境中，从而细细品味，感受语言之美。古往今来，人们用语言塑造出了美的多重境界，有绘形传神之美，有空灵清旷之美，最终抵达言有尽而意无穷的未尽之美。

（一）语言之形象美

用语言描绘的形象有写实、有写意，有写人、有状物。

回头看这日色时，渐渐地坠下去了……只见发起一阵狂风来。看那风时，但见：原来但凡世上云生从龙，风生从虎。那一阵风过处，只听得乱树背后扑的一声响，跳出一只吊睛白额大虫来。

[明]施耐庵、罗贯中《水浒传》

作者十分传神地勾勒了猛虎出现前的画面，既写出了老虎活动的时间，又描绘了老虎出没的环境；既生动描写了恐怖惊险的气氛和心情，又将草丛深处跃跃欲出的猛兽形象凸显出来。

此外，还有语言直接指向"人"的描写，从外貌到神态，从"有"到"无"，从"写实"到"写意"，生动且传神。此人似有似无，似真似幻，从而达到了形象美的最高境界。

手如柔荑，肤如凝脂，领如蝤蛴，齿如瓠犀，螓首蛾眉，巧笑倩兮，美目盼兮。

《诗经·卫风·硕人》

作为中国古代第一部诗歌总集的《诗经》，其中《卫风·硕人》着重描写了齐女庄姜出嫁卫庄公时美丽而优雅的形象。这是中国古代文学中刻画女性容貌美、情态美的优美篇章。

两弯似蹙非蹙罥烟眉，一双似泣非泣含露目。态生两靥之愁，娇袭一身之病。泪光点点，娇喘微微。闲静时如姣花照水，行动处似弱柳扶风。心较比干多一窍，病如西子胜三分。

[清]曹雪芹《红楼梦》

作者用"似蹙非蹙""似泣非泣"刻画出林黛玉眉眼间的柔和美，"泪光点点""娇喘微微"又写出林黛玉的虚弱美，"姣花照水""弱柳扶风"显示出林黛玉举止仪态的轻柔之美。读者在语言描绘中能清晰地构想出自己心中的"黛玉"形象，因为黛玉之美不仅在于外貌，更在于精神气质，文字中闪烁着林黛玉独特的性灵之光，可谓浑然大成。

宝髻松松挽就，铅华淡淡妆成。
青烟翠雾罩轻盈，飞絮游丝无定。

[北宋]司马光《西江月·宝髻松松挽就》

这是一首夸赞宴席上舞女的词，它不从正面描写姑娘多么美，只是从发髻、妆容上略加点染，勾勒出一个淡雅绝俗的美人形象，性灵流露，雅而不俗，余味深长。

余告之曰：其形也，翩若惊鸿，婉若游龙。荣曜秋菊，华茂春松。髣髴（仿佛）兮若轻云之蔽月，飘飖（摇）兮若流风之回雪。远而望之，皎若太阳升朝霞；迫而察之，灼若芙蕖出渌波。秾纤得衷，修短合度。肩若削成，腰如约素。延颈秀项，皓质呈露。芳泽无加，铅华弗御。云髻峨峨，修眉联娟。丹唇外朗，皓齿内鲜。明眸善睐，靥辅承权。瓌（瑰）姿艳逸，仪静体闲。柔情绰态，媚于语言。奇服旷世，骨像应图。披罗衣之璀粲兮，珥瑶碧之华琚。戴金翠之首饰，缀明珠以耀躯。践远游之文履，曳雾绡之轻裾。微幽兰之芳蔼兮，步踟蹰于山隅。

[三国]曹植《洛神赋》

作品首先以一连串生动奇异的比喻对洛神初临时的情况做了精彩纷呈的描绘。在虚实之间的描述中，洛神之美皎洁如太阳在朝霞中升起，璀璨如荷花在绿波中绽放，展现了其由远及近、从上而下、从里到外、从形至神的美丽形象，从具体的"有"延伸至诗意的"无"。

通过文字表情达意，并不在于文字本身，语言的形象之美有意将语言后撤，用世间万物象形运墨，丰富内涵，调动受众感官的能动性，使其沉浸于多维体验。我国自古即有"美人芳草"的诗学传统。纵观中国文学史，历代歌颂女性美的诗文多不胜数，美人形象各具特色。纵览这些风神气韵各异的女性，无不风姿绰约，婀娜多姿，晶莹剔透，冰清玉洁。这正是语言艺术的魅力。

我看见他戴着黑布小帽，穿着黑布大马褂，深青布棉袍，蹒跚地走到铁道边，慢慢探身下去，尚不大难。可是他穿过铁道，要爬上那边月台，就不容易了。他用两手攀着上面，两脚再向上缩；他肥胖的身子向左微倾，显出努力的样子。这时我看见他的背影，我的泪很快地流下来了。

朱自清《背影》

语言的形象美不只局限于描写美人，还在于刻画有温度的人。在这篇我们熟悉的《背影》中，通过作者语言的描绘，"父亲"的形象可谓生动真实。透过作者的视角，我们也对亲情、对父爱感同身受，这也是语言形象美的一种诠释。

（二）语言之意境美

牛渚西江夜，青天无片云。

登舟望秋月，空忆谢将军。

余亦能高咏，斯人不可闻。

明朝挂帆席，枫叶落纷纷。

[唐]李白《夜泊牛渚怀古》

作者乘舟行经牛渚。牛渚是安徽当涂附近的一个地方，这里有一条江，叫作西江。在他乘船经过牛渚西江的一个晚上，他站在船头，向天上一望，"牛渚西江夜，青天无片云"，一片湛蓝的天空，一轮圆圆的明月，连一丝白云都没有。作者在其中借用了"谢将军"谢尚的典故，来寄托自己空有才华却无人赏识的苦闷。此情此景不免令人伤怀，明天就要离开此地了，江水两岸美丽的枫叶纷纷飘落，而作者也已至中年。全诗意境悲郁，风格雄浑，寓情于景，以景结情，自有一种令人神往的韵味。

凌波不过横塘路，但目送、芳尘去。锦瑟华年谁与度？月桥花院，琐窗朱户，只有春知处。

飞云冉冉蘅皋暮，彩笔新题断肠句。试问闲情都几许？一川烟草，满城风絮，梅子黄时雨。

[北宋]贺铸《青玉案·凌波不过横塘路》

上片写出词人想象女子生活的情景：大概她是在桥上踏月，深院赏花，或者生活在有着雕花窗子的朱阁里吧。"月桥花院，琐窗朱户"八个字写的是虚景，但璀璨绚烂，给人恬适惬意的感觉。但接着以"只有春知处"显出了词人的思念和落寞。晨花夜月，良辰美景更反衬出词人的凄凉寂寞。"试问闲情都几许？一川烟草，满城风絮，梅子黄时雨"，词人变无形为有形，写出了自己心中无限的感伤和愁苦。"一川烟草""满城风絮"及"梅子黄时雨"，极言闲情之多，无法排遣。这种用比喻来抒情的写法，以实写虚，化无形为有形，比直抒胸臆更形象，所以更富感染力。

人生若只如初见，何事秋风悲画扇。
等闲变却故人心，却道故人心易变。
骊山语罢清宵半，泪雨霖铃终不怨。
何如薄幸锦衣郎，比翼连枝当日愿。

[清]纳兰性德《木兰花·拟古决绝词柬友》

韵味是指意境中蕴含的"言有尽而意无穷"的审美因素和效果。这是一首拟古之作，全词以一个女子的口吻，抒写了被丈夫抛弃的幽怨之情。词情哀怨凄婉，曲折缠绵，韵味无尽。作者以此词来说明与朋友也应该始终如一，生死不渝。

"意境"这个词是一个极具中华文化特色的词语。意境的主要特点在于情景交融、虚实相生和韵味无穷（见前文三处实例）。单从"意境"这两个字的字面意思来看，"意"就是主观的情感和思想，而"境"则是客观存在的事物。"意境"就是主观情思和客观事物的结合。在这里又涉及两层意思：第一层意思，"意"和"境"是并列关系，情绪与景物的碰撞便产生出意境；第二层意思，"意"和"境"互为生发关系，因为主观情绪生出"心中之境"或者因客观的景触发"心中之情"。两层意思综合起来，意境就是情景交融、虚实结合、情由境生、景由心生等意思。

王国维在《人间词话》中写道："有有我之境，有无我之境……有我之境，以我观物，故物皆著我之色彩。无我之境，以物观物，故不知何者为我，何者为物。""境非独谓景物也，喜怒哀乐，亦人心之一境界。故能写真景物、真感情者，谓之有境界。"语言艺术借助语言塑造典型的艺术形象和意境，深刻反映生活和丰富的情感，使读者在阅读的过程中感受其意境之美，触发心中之情。

（三）语言之情感美

我在朦胧中，眼前展开一片海边碧绿的沙地来，上面深蓝的天空中挂着一轮金黄的圆月。

鲁迅《故乡》

秋天的后半夜，月亮下去了，太阳还没有出，只剩下一片乌蓝的天；除了夜游的东西，什么都睡着。

鲁迅《药》

"一切景语皆情语。"鲁迅先生在《故乡》中描写了朦胧之中海边沙地的景象，不仅是怀念和少年闰土在一起的时光，也是对美好生活的向往。《药》中同样描写了月亮，却是阴郁和昏沉的，"除了夜游的东西，什么都睡着"表达了作者深深的悲痛和无奈，让人感受到一种深刻的情感之美。

是的，我又看见月牙儿了，带着点寒气的一钩儿浅金。多少次了，我看见跟现在这个月牙儿一样的月牙儿；多少次了。它带着种种不同的感情，种种不同的景物，当我坐定了看它，它一次一次的在我记忆中的碧云上斜挂着。它唤醒了我的记忆，像一阵晚风吹破一朵欲睡的花。

老舍《月牙儿》

选文摘自老舍的中篇小说《月牙儿》，讲述了旧社会母女二人先后被迫沦为娼妓的故事。文中多次出现"月牙儿"的意象，"月牙儿"跟随第一人称讲述者的情感变化而变化，作为主人公经历和情感的外化，着力渲染冷清、孤苦的气氛，暗示了主人公的悲惨命运。

汉语的美丽还在于它的情感之美。汉语中的很多词语都能够准确地表达人们内心的情感，让人产生一种真挚而深刻的情感共鸣。

（四）语言之音韵美

刘勰在《文心雕龙·声律》中提到："夫音律所始，本于人声者也。"文章的音韵美源于朗诵，朗诵在古代又称为吟、诵、咏、赋。朗诵的音韵美源于汉字声韵调的合理运用。汉语的音韵系统非常复杂，每一个字都有自己独特的音调和韵律。如平仄的相邻相间，韵脚的逐行隔行互押，双声叠韵的运用均可使诗歌散文的朗诵达到和谐、回环、抑扬顿挫的审美效果。

大弦嘈嘈如急雨，小弦切切如私语。嘈嘈切切错杂弹，大珠小珠落玉盘。

[唐]白居易《琵琶行》

这种音韵之美在古代诗词中表现得尤为突出。白居易把抽象无形的、难以捉摸的乐声化作一组组生动的画面，把抽象的音乐变成了读者易于感受的具体形象。他将琵琶的乐声比作急雨、私语，以及大小珍珠坠落玉盘的声响，这琵琶演奏的音乐是何等美妙啊！

又如王之涣的《登鹳雀楼》："白日依山尽，黄河入海流。欲穷千里目，更上一层楼。"这首诗节奏明快，音调优美，读起来有一种抑扬顿挫的美感。再如李清照《如梦令》中的词句："常记溪亭日暮，沉醉不知归路。兴尽晚回舟，误入藕花深处。"这句词音韵和谐，令人陶醉。

在现代散文中，从声韵学的角度来看，优秀散文具有诗一般的语言特点。

曲曲折折的荷塘上面，弥望的是田田的叶子，叶子出水很高，像亭亭的舞女的裙。

朱自清《荷塘月色》

叠词的运用以及词语重复和断句使散文读起来轻快、流畅，听起来悦耳，情感随着字音的韵律流淌出来。朗诵时的重音、节拍也形成一种节奏感。

红的像火，粉的像霞，白的像雪。

朱自清《春》

这三句均为四字句，句式相同，音节匀称，读来整齐悦耳，蕴含着诗情画意。

从峰顶俯视，它们如苔藓，披覆住岩石；从山腰仰视，它们如天女，亭亭玉立。

徐迟《黄山记》

作者不仅生动地、多角度地描绘出黄山松的风姿，而且句式连贯，富于旋律，读来朗朗上口，增强了气势和效果。

狂风吹不倒它，洪水淹不没它，严寒冻不死它，干旱旱不坏它。

陶铸《松树的风格》

松树在狂风、洪水、严寒、干旱面前坚毅求生的姿态跃然纸上，作者的赞美之情也如怒涛一泻千里。

声韵锤炼与句式选用若能很好地结合，便能使散文的语言抑扬顿挫，语调波澜起伏，富有极强的音韵美，读起来顺口，听起来悦耳，记起来容易，给读者强烈的美感。

语言多重维度的美可谓你中有我，我中有你，情感与意境，形象与音韵，或人或景，如诗如画，共同构成了我们心中那些经久不衰、永恒不朽的文学形象。

第二节 爱情与世界文学

党的二十大报告指出："坚持以人民为中心的创作导向，推出更多增强人民精神力量的优秀作品，培育造就大批德艺双馨的文学艺术家和规模宏大的文化文艺人才队伍。"这一鲜明的价值立场赋予了新时代文学应有的使命担当，不仅阐释了文学的人民性属性，还强化了文学的价值诉求及其在新时代坚定文化自信自强、铸就社会主义文化新辉煌中的基础性地位与中坚力量。

一、文学有什么用

自文学产生的那天起，文学表达就有着非常强烈的愿望：希望人们积极向上；希望生命被尊重；希望一些人不是生来高贵，而大多数人不是生而卑贱；希望被少数人垄断的知识、财富与政治权利能被普通民众所享有。从事文学生产的工作者们，怀揣着自己的天真，想以自己在文学中表达的强烈祈愿使人受到感染，即便是进行剖析、批判与质疑，内心深挚的本意也是希望社会正常与健康，在这个社会中人的心灵可能丰满，可能独立，对所有事物作出自己的判断。文学中的真、善、美三者在本质上是一致的，是一个相互联系、渗透的整体。文学价值的追求，从根本上说源自人对自由自觉活动价值的追求。文学活动和其他历史性活动一样，其自由追求必定体现出真、善、美的一致。

从表现内容来看，文学既可以表达具象的东西，也可以表达抽象的元素。比如，李白曾写过许多歌颂祖国大好河山的诗篇，如长江、庐山、峨眉山、秦岭、天门山、敬亭山、黄鹤楼、桃花潭等，这些名山大川本身是大自然塑造出来的杰作，经过李白的渲染，它们变得更加可人，更加富于生命活力，能让人产生游览它们的强烈愿望。再如，李清照写过许多表现女性心理的词作，把女性那种优柔、哀愁、细腻、缠绵的情感世界刻画得惟妙惟肖，读她的词，读者心里自然而然会想象出一个古典女性形象。

（一）认知世界

文学历来是展现社会和人性的窗口，一部优秀的文学作品是一个时代的缩影。作家创作时，通常从现实生活里筛选出一些典型人物和典型事件，然后将其加工成故事来反映一个时代广阔的社会背景以及人们的思想观念，最终引导读者去认识和了解一个时代。《红楼梦》之所以被誉为我国古典小说的巅峰之作，在文学史上占有崇高地位，根本原因是《红楼梦》为读者打开了了解我国封建社会的大门，帮助我们看清封建社会的世态百相。

又如当代小说《平凡的世界》，这是一部表现我国20世纪七八十年代城乡社会生活的长篇小说。作者高度浓缩了中国西北农村的变迁过程，用朴实的语言描写了一个农民家族的发展史，劳动与感情、挫折与执着、痛苦与欢乐纷繁交织，深刻展示了普通人在改革大潮的裹挟下所走过的艰难曲折的道路，特别是主人公面对困境不屈不挠、艰苦奋斗的精神，对今天的青年具有巨大的激励作用，对理解人生与奋斗的价值也具有重要意义。

（二）与美同行

什么是美呢？美是一种能给人带来美感、愉悦感、满足感的本质属性，在这个世界上美无处不在，如鲜花、美景、美味的食物等，都能给人带来美的享受。这些美都属于生活美或自然美。中国周朝时期的六艺，即礼、乐、射、御、书、数，是当时社会的审美教育。"乐"是指赏析诗歌，陶冶情操。"礼"推崇语言美，重视表达的美感。魏晋南北朝时期的清谈、两汉时期的赋、元明清时期的戏曲小说，都是极力推崇文学的证明，可见，文学在社会中占有重要的地位。文学是从生活美和自然美里收集素材，创造出来的艺术美的典型，人们在阅读文学作品时会进入一个感同身受的审美境界，潜移默化地受到作品内容的熏陶感染，最终达到提升个人文化修养和思想境界的目的，成为精神上富足的人，这些好处是物质生活无法带来的。

与此同时，文学要给人提供有益的精神食粮，让人欣赏到一种美。文学的美既体现在内容上，又体现在形式上，即遣词用句要得体，讲究韵律和节奏，有表现力。但文学必须反映现实，而现实中有些事物并不美，甚至是丑陋的，这些能否写进作品？如何写进作品？这的确是一个不易回答的问题。倘若一概回避，作品固然变得纯洁无瑕了，但也缺少了人间烟火气，显得单薄和贫乏。站在巨人的肩膀上，我们已经深知文学之于审美的重要性。

（三）润物无声

优秀作家往往具有正义感和责任感，骨子里具有强烈的悲悯意识和博爱情怀，在人格精神上堪称道德的楷模。因此，在创作中，优秀作家往往会借助文字，传达出具有正能量的思想情怀，以此引导人们的言行，增强社会凝聚力，传播文化。读者通过耳濡目染，自然会树立正确的价值观和思想观，肩负起自己的社会责任，推进社会文明发展。

由此可见，阅读经典文学作品会对大学生的人生情感产生积极影响，可帮助大学生的情感得到丰富和升华，感受到人间无处不在的温暖和美好，增强民族自信心和自豪感，进而有助于他们树立正确的世界观、人生观和价值观。

（四）寓教于乐

文学的娱乐作用古来有之，并且一直表现得很突出。比如《诗经》里的《国风》，实际上是各地的民间歌谣，是以传唱的形式流传下来的。再如宋词，其实就是为乐谱创作的歌词，通过歌女的传唱，极大地丰富了人们的娱乐生活。明清时期发展成熟的评书，通过说书人在酒馆、茶馆等地方声情并茂地讲述，成为当时人们很重要的一种娱乐方式。戏剧剧本、电影剧本、网络小说，都是文学娱乐作用的直接体现，人们在这些通俗文学里享受了欢娱，精神得到了放松，何乐而不为？

古罗马诗人贺拉斯说，文学的特点是寓教于乐。文学当然能够给人教益、给人好处，但是它能让你感到愉悦，让你在愉快的阅读中自然而然地受到启发。所以，文学应该是美的，让读者愿意读，从而在潜移默化中对读者的心灵起作用。

二、文学与爱情

文学与爱情究竟有没有关系？文学究竟能不能描写爱情？古今中外，有数不胜数的作品都在书写爱情，可见文学与爱情的关系是密切的。爱情是文学最重要的意象与主题之一，也是文学的永恒魅力所在。文学在塑造人性、创造人们对可能生活的想象方面具有独特的价值和功能。中国古代文学作品表现爱情以《诗经》为先导，三百篇之首的《周南·关雎》中"窈窕淑女，君子好逑"的歌咏曾感动了后世无数的痴男怨女；战国时期楚国诗人屈原的《离骚》中的美人香草之思不乏男女之情的因子；屈原的《九歌·少司命》则受楚国民间祭祀风俗的影响；"满堂兮美人，忽独与余兮目成"的人神之恋也闪烁着理想爱情的光辉。汉代乐府民歌《孔雀东南飞》中男女主人公的双双殉情、民间传说《梁祝》中的双双化蝶无不昭示美好理想易于幻灭的无奈。

（一）爱情在文学中的地位

爱情是文学中最重要的意象和主题之一，从《诗经》中的《关雎》、古希腊文学《荷马史诗》，到薄伽丘的《十日谈》、曹雪芹的《红楼梦》，再到列夫·托尔斯泰的《安娜·卡列尼娜》、曹禺的《雷雨》等，古今中外有数不胜数的描写爱情的文学作品。爱情是一种情感依赖，人们在对爱情的追求中确立一种责任感，建立起对真善美的渴望和对假丑恶的鄙弃，从而树立远大的理想和抱负。无论是西方的罗密欧与朱丽叶，还是东方的梁山伯与祝英台，其真正的艺术魅力也就在于此。

爱情在文学中的重要地位是与爱情在人生中的重要地位相关联的。马克思认为，男女两性关系的演进是人类文明演进的标尺，"人和人之间的直接的、自然的、必然的关系是男女之间的关系。在这种自然的、类的关系中，人同自然界的关系直接就是人和人之间的关系，而人和人之间的关系直接就是人同自然界的关系，就是他自己的自然的规定。因此，这种关系通过感性的形式，作为一种显而易见的事实，表现出人的本质在何种程度上对人来说成了自然界，或者自然界在何种程度上成了人具有的人的本质。因而，从这种关系就可以判断人的整个教养程度"[①]。

[①] 马克思：《1844 年经济学哲学手稿》，见《马克思恩格斯全集》第 42 卷，北京：人民出版社，1979 年，第 119 页。

爱情在文学的创作和阅读中也起着重要作用。爱情的意义在于走出狭小的自我，去拥抱更宽广的世界，同时也是在向既有偏见说"不"。爱情是人与人之间产生的依恋、亲近、向往的情感，受经济、政治、文化、民族、性格等因素的影响，中西方的爱情观是有差异的。那么什么是爱情观呢？爱情观就是人们对待爱情问题的根本看法和态度，即什么是爱情、爱情的本质、爱情在社会生活和个人生活中的位置、择偶标准、如何面对失恋等。中国当代美学家朱光潜说过："文学来源于生活，生活创造了主题，爱情则是文学永恒的主题。它给诗人以丰富的想象力和无限的创作灵感。"

爱情看起来是个人的，其实是被时代塑造的，每个时代的青年都会有自己时代的爱情观。从中国现代文学的角度来看，五四时期，对于很多年轻人而言，爱情是神圣的和崇高的，与金钱、阶级、年龄都没有关系，只有拥有这种爱情，年轻人才能确认"自我"。1926 年，睿智如鲁迅，在青年人离家寻找恋爱自由的狂热中写下《伤逝》："盲目的爱，——而将别的人生的要义全盘疏忽了。第一，便是生活。人必生活着，爱才有所附丽。"多年来，我们一直将经济视为涓生与子君爱情的最大阻力。可是，那并非全部真相，油鸡与阿随、日复一日的平庸生活、涓生对子君身体的"读遍"与厌倦，共同导致了爱情死灭。《伤逝》里包含着爱情小说后来必然生长的多个主题：性、金钱、日常生活对激情的磨灭等。在当时，爱情和现代生活是一种同构关系，因此，爱情的主题在文学中的地位至关重要，文学帮助我们理解世界的复杂与残酷，但不会给出答案，而是刺激我们思考。

（二）爱情、婚姻、社会的纠葛

在传统意义上，性、爱情、婚姻常常是一体的。弗洛伊德说过："在一般情况下，凡健康正常的爱情，需依靠两种感情的结合：一是温柔而执着的情，另一种是肉感的欲。"[①]审美化的爱情与性欲常常是分离的，比如忘年恋就属于动人的情爱，而不是性爱。张洁的《爱是不能忘记的》中的母亲对老干部的单恋让我们体会到爱情的执着和纯美。马尔克斯的《霍乱时期的爱情》是一部关于灵与肉、性与爱的小说，刻画了形而上的灵魂追求爱而不得，形而下的肉身于众爱中沉湎而不能自拔。艾米的《山楂树之恋》中老三对静秋的爱也属于特定的禁欲主义背景下发生的"纯爱"，即促使被爱的人一切愿望成真，而不求性的回报。同样，处于性无知状态下的静秋对老三的爱也只有纯情，缺少对性的渴望。

在爱情与婚姻方面，老舍的《离婚》对男人陷身"世俗"家庭的苦恼描写更细致，渲染更充分。小说所写的两个家庭中，老张的家庭已经最充分地世俗化了，口腹之欲成了全家人最高的生存目标，加之家庭成员精神世界同样"俗"透了，所以他们没有因为世俗而苦恼。但是，这个家庭是作者调侃的对象。老李的家庭则冲突不断，老李也总是陷入苦恼的泥沼。老李有一段表白，自述苦恼之源："我要追求的是一点——诗意。家庭、

---

① 弗洛伊德. 爱情心理学[M]. 滕守尧，译. 合肥：安徽文艺出版社，1996：203，217.

社会、国家、世界，都是脚踏实地的，都没有诗意。大多数的妇女——已婚的和未婚的都算在内——是平凡的，或者比男人们更平凡一些；我要——哪怕是看看呢，一个还未被实际给教坏了的女子，情热像一首诗，愉快像一些乐音，贞纯像个天使。"

《伤逝》中，虽然是涓生在忏悔，但说到家庭破裂的责任似乎不是悔而是"责"：子君不仅完全陷入"重复而烦琐"的物质生活里——"管了家务便连谈天的工夫也没有，何况读书和散步"；而且精神上也随之急剧降落——"子君的功业，仿佛就完全建立在这吃饭中"，"她似乎将先前所知道的全都忘掉了"，"她总是不改变，仍然毫无感触似的大嚼起来"。透过涓生的眼睛，那个美丽的恋人的形体也急剧变得粗俗难看，手变得粗糙，人变胖了，整天汗流满面，目光变得冰冷。显然，男人在极力维持这个家庭，在留恋当日的圣洁而浪漫的爱情，而女人则变成了世俗的俘虏，进而变为世俗的同谋，来联手毁弃掉男人珍爱的一切。

事实上，不少文学作品正是通过描写性、爱情和婚姻之间的冲突获得了叙事的张力和人性的深度。无论是《雷雨》中的繁漪，还是《安娜·卡列尼娜》中的安娜，都处在情性、妻性和母性的巨大冲突中。当她们情性的一面萌动时，她们为人妻、为人母的责任担当就要与之发生龃龉，而她们动人的魅力恰恰就体现在冲破罗网的困兽犹斗般的挣扎中。《包法利夫人》中的爱玛也是如此。爱玛身为乡间地主的女儿，自小在修道院接受贵族式教育，读过不少浪漫的情感小说，耽于幻想，聪慧而机敏，而平庸、愚钝的丈夫查理·包法利"见解庸俗，如同往来行人一般，衣着平常，激不起情绪，也激不起笑或者梦想"。中国古典小说《红楼梦》《金瓶梅》也描写了性与爱、情与欲的分离状况。《红楼梦》中，贾宝玉在梦中与秦可卿初试云雨情，现实中和袭人有肉体的交欢，却没有爱。贾宝玉、林黛玉是一对心心相印、相知相爱的人儿，但是他们的情感尚且停留于互相试探的情的层次，没有性或欲的成分。在很大程度上，宝玉对黛玉的恋情是一种童心未泯、冷暖相知的共享之情。这是汉文化传统中试图将肉体欲望和精神相隔绝而形成的病态的"意淫"现象。与其对立的是《金瓶梅》，西门庆对众多妻妾只有动物式的性，而没有情。

三、文学与世界

文学是看世界的窗口，可以延展生命的厚度和宽度，带我们的思想走得更深更远。"文学和时代的关系、生活和创作的关系，是每个写作者都必须面对和处理的问题。"莫言谈道，作家必须对当下热火朝天、日新月异的生活有深入的了解，即便是创作一部看起来与当下无关的历史题材作品，也要对现实给予高度关注。"文学创作最核心的追求是通过艺术来表现人性，塑造具有独特价值和个性的人物形象，刻画人的情感、描写人的命运，如此才能通过当下和过去人物的对比观照，了解不同时代的感情特征和思维特性，进而了解时代、了解民族、了解历史、了解自己。"

在全球化与逆全球化并行发展的时代，民族（或国家）文化之间的张力日益凸显：

一方面交流越发频繁、联系越发紧密，人类命运共同体的理念得以提出和实践；另一方面退群毁约、唯我独尊，霸权主义和民粹主义依然存在。在全球化时代，文学与世界的关系更加密切。如何界定世界文学，如何理解民族文学（或国别文学）之间及民族文学与世界文学之间的关系，是我们需要不断思考的重要问题。

（一）文学与社会变革、社会进程的发展密切结合

文学作为审美意识形态，以形象的方式表达着作家对周围世界与现实历史的情感体验与理性认知，是感性与理性的融合。"文章合为时而著，歌诗合为事而作。"五四时期，鲁迅先生以如椽巨笔揭批封建痼疾，郭沫若以豪迈壮志呼唤民族新生；抗日战争期间，老舍积极投身抗战文艺事业，颂扬在隐忍屈辱中顽强生长的抗争精神；艾青走入民间，感受时代脉动，探寻民族命运变迁中的精神力量；社会主义建设高潮中，郭小川北上小兴安岭，南下厦门海防前线，体会火热的劳动场面，写就《祝酒歌》《厦门风姿》等饱含时代激情的诗篇。

近百年来，沿袭鲁迅开辟的文学传统，无数中国作家以鲁迅提出的"将旧社会的病根暴露出来，催人留心，设法加以疗治"为文学使命，不遗余力地创造出了许多反映中国在现代化进程中的复杂现实、表达对国民性思考的文学作品。诺贝尔文学奖得主莫言的《酒国》《生死疲劳》《蛙》，陈忠实的《白鹿原》，余华的《活着》，等等，都是这样的作品，都是鲁迅这棵传统的树上结下的果实。

文学带给社会的，不是患病身体的施救、战争中的弹药、饥饿年代里的粮食、外贸中的外汇收入、现代都市里的高楼大厦，而是民族心灵的塑造、国民心智的启迪。文学，给孱弱者以力量，给邪恶者以警示，给愚昧者开智慧，给心恸者以疗治，让绝望者有希望。文学从构建个体精神开始，然后逐渐引领更多的人。文学引发人们关于人性和现实的思考，从而影响人的精神方向和文化意识。

（二）文学的地方性与世界性

世界是一个空洞的概念，只有填充进地方性知识或者地域文化的细节，才会具备肉身和人格，才会有灵魂，变得真实可靠、触手可及，人生才有温度、有情感，有衣食住行的奔忙和生老病死的轮转，有旷世的诗歌和令人神往的伟大小说。文学是具体的、特殊的、充满细节的，世界的所有地区都由不同的地域文化构成，拥有各自不同的生活细节，也就是各自不同的地方性知识。这些地方性知识的内容被作家成功地写成作品，文学就显出非凡的力量。这些内容被长年累月地书写太多，经过几十年、上百年、一两个世纪的反复讲述，经过一代又一代作家的重复表达，它们从特殊的地方性变成了具有普遍意义的世界性。这些文学作品无论写得多么成熟，都会因为缺少特殊的地方性知识，变得公共化，显得简单乏力。

世界的价值之一就是差异性，文学更是如此，没有差异性的文学，也就失去了意义。差异性表现最充分的文学，就是地方性文学。一部文学史，就是从差异性走向同一性的

历史。当具有强烈差异性的优秀作品出现时，文坛为之欢呼；当这种差异性被竞相模仿，最后成为主流，表现为同一性时，文学就失去了活力，等待着新的差异性杰作出现。

作家要把作品写好，必须拥有独特思想，这个思想不可能凭空产生，必须有生长的土壤，这片土壤位于某个区域，由地域文化构成。如果作家不重视地域文化，对地域文化中隐藏的人生观研究不足，尽管这个作家可能拥有关于世界的某种观点，他的思想同样可能是公共的、人所共知的。经典是文学之源。经典是经历了岁月考验的作品，凝聚了作家的心血和经验；滋养了一代又一代读者，哺育了一代又一代作家。作家在其中寻找灵感，设立自己追随的榜样、赶超的目标、创作的标尺。经典滋养我们的胃口，提高我们的品位。经典赋予一种眼光、眼界、见识、经验和品位。所以，读书要读好书，写作要临摹优秀的作品，无论读与写，一切均从经典开始。

比如，诺贝尔文学奖获得者莫言，出生于山东省高密市大栏乡平安村，一直长到二十岁才离开故乡。故乡既是他创作的源泉，也是动力。故乡的土地与河流、庄稼与树木、飞禽与走兽、神话与传说、妖魔与鬼怪、恩人与仇人，都是莫言小说中的内容。

此外，"东北作家"作为一个群体出现，是以左翼文艺界在 1936 年"九·一八"五周年推出的作品集为历史契机的，传达了以"国防文学"为口号的革命文艺转向信号。但这个群体的出现并非"国防文学"单纯建构的结果，而是因其"土地与人"的草根关怀和对"东北"的多样表达而被选中的。"东北作家"并不始于有意识的集结，但是继 1936 年 9 月的亮相之后，东北作家就在文坛获得了一席之地，开始自发群集来为故乡呐喊。1937 年 3 月，萧红、萧军、舒群、罗烽、白朗等人决定捐出个人稿费的百分之五编辑出版《夜哨》小丛书。抗战全面爆发后，东北作家流亡于武汉、临汾等地，到 1938 年武汉陷落，东北作家基本以重庆、桂林和延安为主要落脚地。

同样以马尔克斯、卡夫卡和帕慕克为例，我们就可以看出，马尔克斯关于世界神奇难解的思想就是从马孔多的地方性知识中产生的，吃泥土的少女、迷信炼金术的男子等，是地方性知识的人物样本，他们的固执和古怪塑造了不可思议的生活，暗指人生的狭窄与荒诞。不管怎么说，地域文化在作家的写作中都是重要的，它能为作家的作品提供特殊细节，保证其陌生化和独树一帜；还能使作家从地域文化出发，获得重要的思想启示，发现人生真理，赢得更大的成功。

（三）中国文学的世界之路

在几千年间，我们的文学是在一个独立的空间发生发展的。进入 19 世纪末，随着鸦片战争、门户开放、外来文化的涌入，对于中国的文学发展产生了相当大的作用，改变了中国文学发展的方向。中国文学开始面对世界文学、世界文化，中国文学也开始与世界文学、世界文化对话，开始成为世界文学的重要组成部分。从"五四"运动新文学开始，就不断有中国文学作品传播至海外，包括鲁迅的作品。中国的左翼文学和世界的左翼文学之间的关系非常密切，在世界的左翼文学中，中国的左翼文学占有重要地位。当代文学中，除了莫言、余华的作品在海外被翻译最多、影响最大，近年来，一个是阎连科，一个是麦家，引起了世界文坛的关注，还有网络上的武侠小说也被大量翻译至海外，这也是一种文学交流对话的方式。目前，阎连科的作品被译成 30 多种语言，在海外拥有广泛的读者群体与影响力。1993 年，《瑶沟的日头》被译成英语，发表在《中国文学》（*Chinese Literature*）第一期，译者是牛津大学文学博士生鲍伯·里格尔（Bob Riggle）。2007 年，《小村与乌鸦》由美国学者葛凯伦（Karen Gernant）和中国学者陈泽平合作翻译，刊载于文学杂志《马诺阿》（*Manoa*）。2008 年，葛浩文（Howard Goldblatt）翻译的《黑猪毛，白猪毛》收录于邓腾克（K. A. Denton）主编的世界旅行文学系列丛书中国分册（*China: A Traveler's Literary Companion*）。阎连科在《从本土创作到海外译介——作家阎连科文学与翻译访谈录》中提到："为什么我们认为托尔斯泰的作品好？多数人不懂原文，很少有人说他的语言有多好，那是翻译的原因还是他的语言原本如此？作品有好的内核，无论怎么翻译都不会流失。所以作家应该把作品写好，能写八分的，努力写到九分，甚至十分，供翻译减两分，还有八分，还是很好的作品。"

中国文学在其他区域与文化中的传播与影响，同样有着悠久的历史。如果以文化差异性的程度和地理位置的远近作为参照，大致可以从中华文化圈内与文化圈外两个部分来概括中国文化与文学的对外传播及其影响。"文化圈"是指某一地区以特定民族的文化为母体文化，不断创新发展而形成的文化区域。这一地区的各民族文化虽各具特色，但最初的文化源是相同的。中华文化圈经历了长期的发展演变过程，从公元前 3 世纪战国时期开始，到 7 世纪隋唐时期基本形成，包括日本列岛、朝鲜半岛和东南亚的广大地区，是东方文化最大的一个文化圈，也称东亚文化圈，它对世界文化格局产生了较大的影响。这个文化圈的特点是：把以儒学为核心的中国文化作为基础，形成一种独特的文化取向和思维方式，努力接受和传播中国式的佛教文化；以中国的政治制度和社会模型为社会运行的基本机制，接受或吸收汉语的文字范式而创造出本国或本地区的语言文字。

近十多年来，莫言获得了诺贝尔文学奖，刘慈欣获得了科幻文学雨果奖，曹文轩获得了国际安徒生奖，阎连科获得了卡夫卡文学奖，刘震云获得了阿拉伯世界的文学奖项……中国文学成为世界文学的重要组成部分，而且也在世界各国逐渐得到承认、受到肯定。中国文学走向世界、中国文化走向世界是漫长但也是逐渐明朗的，而文学和世界的对话也一直进行着。

第三节　文学与医学的深度探析

医者医病，文者医心。文学与医学既有各自独特的学科归属与研究范式，又存在深刻的相通之处，即对"人"的疗愈。从本质上看，两者都是"人学"，一个寻找病因，一个探查人情。俄国作家高尔基曾说："文学是人学，其实医学也是人学，都是为人服务的。"古往今来，文学与医学一直保持密切联系，许多医学大家同时具备"医者"和"作家"两种身份，造就了一部部皇皇巨著。流传至今的中国古代医学著作《黄帝内经》《伤寒论》《本草纲目》等对现代医学发展有着极为重要的促进作用。现代作家中，中国现代文学奠基人之一鲁迅先生弃医从文，拿起文艺的武器，唤醒国民，疗治国民精神上的创伤，还有郭沫若和郁达夫等都曾学医，而后投身文坛。外国作家中有契诃夫、柯南·道尔、毛姆等。契诃夫曾说："医生是我的职业，写作只是我的业余爱好。"日本著名作家渡边淳一35岁弃医从文，开启职业作家之路。当代作家中，有余华、池莉、毕淑敏等人，有的人甚至还当过几年医生。因此，对于医学发展和医学生培养来说，文学的价值不容小觑。界定文学在医学中的位置首先必须承认查尔斯·罗森伯格所说的"医学历史的每个方面都是'社会的'，无论医疗行为发生在实验室、图书馆或是床边"。医学所描述的生物现象一旦进入语言领域，就被框定为文化范畴，并以文学作为媒介。2001年，丽塔·卡伦提出叙事医学的概念，目前，中国的医学院校仍在推广这一理念，在医学教育和临床实践中尚未深入展开。作为一种新型医学形态，叙事医学在医学教育和临床诊疗中具有不可估量的作用，是医学教育与医疗领域的一场新革命。所以，文学教育对于叙事医学的进一步推广、提升医学生医学人文精神、践行人文关怀有着不可忽视的作用。

2016年实施的《"健康中国2030"规划纲要》要求提升医疗服务水平和质量，其中提到，增强患者就医获得感，加强医疗服务的人文关怀，构建和谐医患关系，促进医学人文精神回归。截至目前，我国的医学人文课程得到了空前的关注。

医学是一门实践学科。陈晨曾指出，我国医学教育历来注重对学生医学知识和专业技能的培养，但大部分医学院校忽视了医学生与患者沟通能力的培养，对学生叙事能力的训练重视不足。这间接导致了患者就医体验不佳、医生职业倦怠感增强以及医患关系的紧张。医学教授、医学人文先驱佩利格里诺（Pellegrino，1979）说道："医学是最人文的科学，最经验的艺术，最科学的人文。"另一位医学人文的奠基人弗莱彻（Fletcher，1854）也曾呼吁："医学所关注的应该是照护患者，而不是治疗疾病。"

一、文学教育在高等教育阶段的重要性

文学反映社会现实，表现人类心灵，始终代表着一个时代的精神价值。随着素质教育的进一步深入，我国各高校越来越重视对学生实施文学教育，同时注重培养学生的人文精神。这对于促进大学生的综合发展有着不容小觑的作用。就文学教育本身而言，它具备人文性、教育性、艺术性等突出特点，对培养学生的文学阅读兴趣，以及提升他们的综合素质都具有重要意义。然而，从当前的情况来看，大多数学生对文学的兴趣不高，部分高校对文学教育的重视程度也不够，文学课程较少或未开设，这使得为学生提供系统全面的文学教育变得紧迫且必要。

近年来，越来越多的高校开设公共课"大学语文"课程，作为通识类学科，也作为文学教育的重要载体课程，旨在提升学生素质、构建完善的知识体系、提升思维创新水平及营造文化氛围等方面的效能。此外，大学语文课程的开设也从根源上大大消解了目前高等教育的功利性，让学生真正以知识学习为终极目的，更好地激发学生探索知识的

原动力，进而逐渐恢复人文学科在民族文化传承及文化创新层面的深层功用。诸多历史经验昭示，人类社会的发展如果忽视了人的内在精神的想象和构建，这种发展只能是畸形的。人文学科所承载的启迪民众、关注社会道德建构的使命是不容忽视的，它提醒人们要从非物质化的角度来衡量教育的超然目的。

（一）文学教育可以提升大学生的思想道德水平

文学在高等教育中的作用不仅体现在提高大学生的文学素养上，而且体现在提高大学生的思想道德水平上。文学本身具有一种坚实的精神力量，通过经久不衰的经典文学作品不断指引人们找到正确的方向，同时给人们的自身行为以道德的标尺，这些作用正是文学的独特之处。比如，中国最早的诗歌总集《诗经》，被孔子一言以蔽之："思无邪"；鲁迅先生的《呐喊》《彷徨》《野草》等诸多经典作品，始终有着顽强的生命力，作为现代文学的先锋，他呼唤民主，唤醒被困于囹圄之中的民众，他的精神深刻影响着他的读者、研究者，乃至一代又一代的现代知识分子，他的作品传递出的品质、精神和价值观，已经融入民族文化，刻进国民精神。我们之所以要阅读经典文学作品，关键不在于它记述了过去，而在于它启迪了未来。在高等教育教学过程中，经典文学能够帮助大学生更好地前进，它所给予的思想力量能够照亮生活、温暖人心、净化灵魂。

（二）文学教育可以提升大学生对"美"的认知

李泽厚在《美的历程》中提到："美作为感性与理性，形式与内容，真与善，合规律性与合目的性的统一，与人性一样，是人类历史的伟大成果。"懂得"认识美、欣赏美、创造美"是大学生的必修课。作为美育重要组成部分的文学教育，要在浮躁的风气中去除世俗化和功利化，把受教育者的情感从资本和欲望的冰水中打捞出来。黑格尔说"审美带有令人解放的性质"，即审美可以把人从各种世俗束缚中解脱出来，获得情感和精神上的自由。文学教育要让大学生认识到外在美和形式美，但更应侧重于对内在美的揭示和培育。

当前，无论是大学语文还是文学选修类课程等文学教育课程，都是帮助大学生构建丰富人文精神必不可少的渠道。必须充分发挥文学教育对大学生人文精神构建的推动作用，将文学课程上好，向学生传递更多美好、高尚的真理，进一步丰富当代大学生的精神世界，从而促进学生全面发展。

二、文学教育对提升医学生人文素养的重要性

《"健康中国2030"规划纲要》中提到，要全面建成优质高效的整合型医疗卫生服务体系。其中，优质医疗服务不仅包括提供高质量的疾病诊疗，更强调给予患者情感上的陪伴与支持、社会适应方面的援助，以及心理上的关爱与照护，达成医患"共情"。共情是医患沟通的关键因素。人文素养是人类精神构成及内在文化修养的综合表现。由于人

的思想意识不只是对客观世界的映射，也在不同程度上创造、改变世界，因而需要作为实践主体的广大人类将思想中想象的客体落实到感性的客观实践中。在医学院校开展文学教育，要求文学教学着重培育学生关怀人、关心人的情感倾向，养成他们以人为本的价值情怀，这与"文学是人学"的思想相符。

（一）通过阅读增强同理心

阅读文学作品有助于培养医学生的同理心。文学作品激起的情感将储存在医学生的记忆中，在恰当的时间和合适的场景帮助他们更好地与患者建立联结。此外，许多文学作品对患者的心理感受以及生理病痛有生动的描写。阅读这些作品可以让医学生了解患者在身体和心理上的双重感受，从而为患者提供更好的照护。加缪在《鼠疫》中写道："小小的躯体已经全部被瘟神的魔爪攫住，变得毫无反应。几个范围很小的腹股沟肿块才出现，但折磨着孩子，使他那瘦弱的四肢关节不能活动。"《白鹿原》中写道："鹿惠氏再也吐不出泄不下什么来，肚腹里完全空秕；她用手按压自己的肚皮，手指能清晰地触摸到脊梁骨上蒜头似的骨节。她的嘴里不断流出一种绿色的黏液，不断地朝地上吐着，直吐到脸颊麻木嘴唇失禁，一任绿色的黏液从嘴角浸流下来渗湿胸襟。到发病的第七天，鹿惠氏呀地叫了一声，就说她什么也看不见了。"文学作品中对于疾病和病痛的描写牵动着读者的心，每一个个体在疾病面前都极其渺小和无助。在阅读的过程中，我们产生共情和同情，有助于更深入地思考医学在解除病痛、救死扶伤过程中的意义和价值。

（二）有效缓解医患关系

医生在救治患者的同时，也是疾病的受害者、时代的见证者。文学教育可以通过陶冶医学生的心灵，进而帮助他们不断提高心理素质。在实际工作中，通过合理的语言和方法解决问题，不仅能够促使学生在日后工作中更加关心、爱护、理解患者，同时还能在医患冲突发生时，凭借自身良好的素养及心态，有效地解决问题，沉着冷静地处理突发事件，避免医患关系的激化。优秀的人文素养能够增强医学生的道德品质，树立其正确的价值观念，提升其沟通能力，为医学生将来更好地适应工作环境、减少医患间的矛盾冲突奠定稳固的基础。

三、叙事医学的发展与文学教育的关系与意义

文学教育不仅是人文素养教育的重要组成部分，还具有培养医学生品质及促进其全面发展的重要作用。文学教育在医学教育中的运用能提升伦理和道德的认知，促进医患沟通，探索叙事疗法的价值，提供多元化的思维角度。随着时间的推移，文学在医学教育中的作用逐渐凸显。进入 21 世纪，起源于文学与医学的叙事医学得到蓬勃发展。自2011 年中国"叙事医学元年"以来，叙事医学在国内迅速发展，越来越多的医务工作者熟悉了这个概念，并且认同叙事能力对于临床能力的效用。

进入 21 世纪以来，许多研究领域的学者意识到，叙事关系是人类社会最基本的关系。实际上，类似于作家与读者，医生与患者之间也是一种叙事关系。作为医生，要与患者进行有效的沟通，实现诊疗效果的最大化，就必须具备叙事知识和叙事能力。在现代医学中，技术不断更新和变革，医生如果离开了患者，看病就会成为简单的程序化和机械化过程，医学人文呈现衰落趋势，致使医患关系日益紧张。因此，自 20 世纪后期开始，很多教育家呼吁回归叙事人文精神。

（一）叙事医学具有医学和文学的双重属性

叙事医学意味着提高倾听患者疾病叙事的能力、洞察疾病隐喻的能力、感知患者探索疾病意义的能力等。叙事医学具有医学和文学的双重属性，在临床运用上，它不同于以往的绝对医疗权威，而是指导医务工作者以全新的框架和模式为患者提供更为细致、贴心与全方位的医疗照顾。与此同时，叙事医学强调贴近患者，真实地感受患者的心理状况，在对患者进行深层次沟通和同理心的基础上，改进服务方式，帮助患者创造和培养希望、意义、个人责任、乐观精神和承诺，并因此促进了药物治疗的整体积极反应。因此，叙事医学兼具科学技术方面的客观与严谨，同时也充满了人与人之间的情感联结与关怀备至，是有温度的叙事。文学与医学提供了审视医学中人性的工具，培养了医学生的想象力和多角度看待问题的能力，整合了当代医学的关切。它所着重培养的叙事能力就是医学人文素质的最佳体现。

（二）叙事医学对于现代医学的重要性

从叙事学的角度来看，叙事知识就是关于如何讲故事、听故事和写故事的相关知识，也是培养叙事能力的基础知识。作为临床医生和医学生，要广泛阅读经典的文学作品，如《疾病叙事》《人物叙事》等，学习叙事技巧和语言表达方式，并有意识地运用叙事学基本理论。医患交流是一个需要深层次理解字句、语言和文化的交际过程，医生需要具备在情感上与患者交流的能力，提高对从不同角度叙述故事的理解能力。这样既能有效地达到交流目的，促进对患者的理解和对疾病故事的合理阐释，又可大大提升临床医生和医学生的人文素养。叙事医学通过将焦点转移到患者的叙述上，从根本上改变了医生对患者的立场，使医生的关注点变为"专心倾听"和"需要理解"，而不是单纯的"需要解决问题"。与此同时，患者也能通过医生的表达和共情能力，拉近与医生之间的心理距离，从而感受到医生的真诚。因此，掌握叙事的基本知识不仅能够更加深刻地思考生命伦理和医学道德，更能体现出医生的职业道德素养，建立和谐的医患关系。

当下，临床医生面临较大的工作强度和工作压力，阅读和积累的时间相比医学院校中的在读医学生要少得多，将文学教育作为叙事医学学习的基础和积累迫在眉睫。国内高校陆续展开此类课程的学习，比如，兰州大学外国语学院自 2015 年至今为医学本科生开设的大学英语文学课程，包括叙事医学、医学人文英语、文学与医学。这种通过阅读文学作品将人文素质和人文精神渗透到教学中的方式，既能引发医学生的学习兴趣，也能激发学生的人文情怀。从"治疗人"到"了解人"，最终实现"关怀人"的跨越，真正关注人类的价值和处于苦难中的人。医学拓宽着生命的长度，文学延伸着生命的深度。两者在跨界的过程中，共同谱写了关于命运的交响，吟唱着求真向善的歌谣。我们通过文学传达医者的"深渊凝视"——总结过去与预言未来，这是医者的智性之思；也透过医学感受文学的温度，文字不再是冰冷的符号，而是暖人心脾的茶，在混沌中给人以指导。有时治愈，常常帮助，总是安慰，医学的人文关怀与文学的人性书写一样，无比趋近新世纪的人文精神。而两者孕育出的双生花，必将十分绚烂！

本章微课视频

第五章

礼 仪 之 美

第一节　走近中国传统的礼仪之美

中国素有"礼仪之邦"的美誉。礼仪文化对整个中国社会历史的影响广泛而深远，已积淀为中国传统文化的重要组成部分。古人有言："中国有礼仪之大，故称夏；有服章之美，故称华。""礼仪"的规范与修养是人立身处世、谋生求存的重要基石。

一、什么是礼

通过查阅古代典籍可以发现，古人对礼的概念往往因不同语境而产生不同的层次含义。

第一，礼是人类区别于禽兽的标志。《礼记·曲礼》写道："鹦鹉能言，不离飞鸟；猩猩能言，不离禽兽。今人而无礼，虽能言，不亦禽兽之心乎？夫唯禽兽无礼，故父子聚麀。是故圣人作，为礼以教人，使人以有礼，知自别于禽兽。"作者认为，人如果不受礼的规范，虽然能说话，但和动物没什么分别。动物没有婚礼，所以"父子聚麀"，即父子共用同一个性配偶，所以永远是禽兽。而人制定了婚丧嫁娶之礼，所以人类能够不断进化。人类最初的进食习惯也与动物基本一样，而在儒家制定的食礼中，有部分抑制人类动物性进食的规范。《礼记·曲礼》记载："毋抟饭，毋放饭，毋流歠，毋咤食，毋啮骨，毋反鱼肉，毋投与狗骨，毋固获，毋扬饭。饭黍毋以箸，毋嚃羹，毋絮羹，毋刺齿，毋歠醢。"取饭时不要把饭团成团，不要把多取的饭放回食器，喝汤时不要倾流不止，进食时不要发出声响，不要把骨头啃得有响声，不要把咬过的鱼肉放回食器，不要把肉骨扔给狗，不要专挑最好的食物吃，不要用手扬去饭的热气，吃黍米饭时不要用筷子，吃羹时不要不嚼菜就吞下去，不要重调主人已调好味的羹，不要当别人面剔牙，不要大口地喝肉酱。如此种种，可谓详尽至极。即使是吃饭，人也应该在举手投足之间显示出自己的修养，"知自别于禽兽"，这正是食礼中所隐含的礼义。

第二，礼是文明与野蛮的区别。作为更高层次的区别，它可以指族群与族群、国家与国家、人与人之间的区别等。《春秋》作为孔子儒学思想的"元典"，承载着儒家倡导的伦理思想和政治原则，深刻影响了中国传统社会的礼俗文化。后人对于孔子为什么要作《春秋》有很多讨论。韩愈在他的名著《原道》中说："孔子之作《春秋》也，诸侯用夷礼则夷之，进于中国则中国之。"他认为，一部《春秋》，讲的无非是严夷夏之别。而夷夏之别无非是一个"礼"字。当时王纲解纽，周边文化相对落后的民族乘机进攻中原。在此过程中，有些诸侯国不能保持既有的先进文化，反而被蛮风陋俗所化。对于这样的诸侯国，只配把它当夷狄看待，因为它已经失去享有中原先进文明的资格。相反，有些夷狄之邦仰慕中原文明，为之所化，则不妨将它们与中原的诸侯同等对待。韩愈认为，春秋乱世，本质上是文明与野蛮的斗争，即"礼"者与"非礼"者、谁统治谁的斗争。而历史的进步往往是在文明战胜野蛮之后。

第三，礼是自然法则在人类社会的体现。自然笼罩大地，哺育万物，是人类的生命之源。它昼夜交替，寒来暑往，具有不可逆转的力量。儒家看到了天地永不衰竭的生命力和创造力，形成了孔子的天道观。宇宙永存，自然法则不可改变，是天然合理的。人类社会要与天地同在，就必须"因阴阳之大顺"，顺应自然规律，仿效自然法则。治国、修身之道只有与天道一致，才是万世之道。所谓"天不变，道亦不变"，说的就是这个道理。儒家认为礼就是天道在人类社会的运用。儒家在礼的设计上处处依仿自然，使之处处与天道相符，由此取得形而上的根据。《礼记·礼运》有云："夫礼必本于天，动而之地，列而之事，变而从时，协于分艺。"《左传·昭公二十五年》记载了赵简子与子大叔的大段对话。子大叔说："夫礼，天之经也，地之义也，民之行也。"他详细阐述了礼如何"则天之明，因地之性""以象天明，以从四时"，因为礼是依照自然法则制定的，"故能协于天地之性"，所以是"上下之纪，天地之经纬"。

第四，礼是统治秩序。古代中国关于中央与地方、上级与下级以及并列关系的处理原则都用"礼"的形式来体现。例如，天子对于各诸侯国要定期视察，以便了解下情，称为"巡守礼"。《礼记·王制》记载："天子五年一巡守，岁二月，东巡守至于岱宗，柴而望祀山川。……五月，南巡守至于南岳，如东巡守之礼。八月，西巡守至于西岳，如南巡守之礼。十有一月，北巡守至于北岳，如西巡守之礼。"诸侯朝于天子曰述职，一次不朝则贬其爵位，两次不朝则削其封地，三次不朝则出兵征讨。所以说，朝觐礼是为了明确君臣之义。至于诸侯之间，则要定期互访，以联络感情。这些礼制对于维系一个幅员辽阔的王国是必不可少的。

第五，礼是国家典制。国家典礼都是按照以人法天的原则制定的。《周礼》设计出一套理想官制，设天、地、春、夏、秋、冬六官，象征天地四方六合。六官各辖六十职，共计三百六十职，象征天地三百六十度。隋唐以后这套制度成为历朝的官制模式，称职官制度为职官礼，称军政制度为军礼，甚至连营造法式也因品阶官爵高下而异，处处体现等级制度，所以也是处处为礼。

第六，礼是社会一切活动的准则。儒家认为人的活动应该符合于"德"，要体现仁、义、礼、智、忠、信的要求，为此根据德的行为要求制定了一套规范，也称为礼。例如，如何举行婚礼，如何穿着丧服，如何侍奉父母，如何称呼尊长，等等。《礼记·曲礼》说：

"道德仁义，非礼不成；教训正俗，非礼不备；分争辨讼，非礼不决；君臣、上下、父子、兄弟，非礼不定；宦学事师，非礼不亲；班朝治军，莅官行法，非礼威严不行；祷祠、祭祀、供给鬼神，非礼不诚不庄。"道德仁义，没有礼就不能成就；端正风俗，没有礼就不能完善；分辨矛盾是非，没有礼就不能决断；君臣、上下、父子、兄弟等的上下、先后之位，也必须根据礼才能确定；从师学习仕官与六艺之事，没有礼就不能亲近；班朝治军，莅官行法，只有用礼才有威严可行；祷祠祭祀，供给鬼神，也只有依礼而行才能诚敬。

第七，礼是人际交往的方式。人与人交往，如何称呼对方，彼此如何站立，如何迎送，如何宴饮等，都有礼的规定。行为合于礼，是有教养的表现，反之则难登大雅之堂。甚至在双方并未见面用书信交流时，也有特殊的礼貌用语。

尽管中国是礼仪之邦，但仍没有人可以给"礼"下一个明确的定义。钱穆先生曾指出："中国的核心思想就是礼。"可以说，礼是认识和理解中国传统文化的基础，礼学就是文化史之学。

二、中国传统礼仪分类

在古代中国，礼深入社会的每一个层面，因而礼的名目极为繁复。《中庸》有"礼仪三百，威仪三千"之说。在春秋战国时期，人们逐渐将礼仪进行分类。《周礼·春官·大宗伯》将礼按照吉礼、凶礼、军礼、宾礼、嘉礼分类。由于《周礼》在汉代已经取得权威地位，所以其五礼分类法为社会所普遍接受，形成了通常所讲的"五礼"。

吉礼。吉礼指祭祀之礼。古人祭祀为求吉祥，吉礼便是对天神、地祇、人鬼的祭祀典礼。广义上来讲，就是祭天、祭地、祭祖以及祭圣贤。祭天是黄帝思想的延续，古人向来信奉鬼神之说，其中以天为尊。古人认为天乃万物之主，有主宰一切的力量。故而几千年来，无论是王侯将相还是普通百姓，无不信天、敬天和拜天。他们用所能想到的种种方式举行祭祀仪式，祈求获得天神的保佑。自古以来，帝王对于祭天仪式就极为看重，因为祭天可以作为一种政治手段来巩固皇权，所以祭天仪式一般只有皇家有权举行，故而历代帝王都有"天子"之称。今天北京的天坛、地坛就是明清时期皇帝举行祭天地仪式的场所。

如果将天比作父，那么地便是母，所以自古便有父天母地的说法。大地生长着五谷，养育着万物，故而祭地便是祈求五谷丰登、家宅平安、六畜兴旺等。祭祀对象包括社神、山神、水神、火神等。祭地仪式较祭天仪式低一档，平民百姓也可以参与祭祀，但仪式也较为烦琐。仪式当天，祭坛的各方位要摆放各方神位，然后进行迎神、燔柴、奠玉帛、进俎、行献礼、望燎、献牺牲和玉帛等相关程序。因为"社"即为地，与农民的生产以及生活息息相关，众地神中社神的香火最为旺盛。

人们信奉天神自然也就相信鬼神的存在。经过长时间的流传，祖先被人们视为拥有一种神秘的力量，其灵魂不仅可以保佑子孙世代繁荣，也可以起到监视子孙、施以惩戒的作用。因此，人们常常举行祭祖仪式，祈求得到祖先的庇护。除夕、清明、重阳以及中元就是我国四大传统祭祖节日。

在古代，人们除了祭祀天地和祖先外，还有一种针对圣贤的祭祀仪式，如对关公、孔子、黄帝等的祭祀。

凶礼。"凶礼"其实包括丧礼、荒礼、吊礼、禬（音同"桂"）礼、恤礼五种。生老病死乃自然规律，在旧社会，统治者为了维护自己的利益，设立了丧礼的各种规章制度。如《礼记·曲礼下》记载："天子死曰崩，诸侯死曰薨，大夫曰卒，士曰不禄，庶人曰死。"仅仅从去世的称谓上就能够看出阶级差异。荒礼指的是国内发生自然灾害，诸如饥荒、瘟疫等变故时国家采取的救灾行动。这与今天所谓的"礼仪"相去甚远，但在当年被称为凶礼的一种。吊礼指的是在遭受水灾、旱灾、日食、月食等变故时，国家一方面采取救灾措施，另一方面举行的祈禳仪式，以此祈求庇佑、祛除祸患。禬礼指的是会合财物，当盟国因为动乱或者侵略遭受重大损失的时候，国家应筹集财物前去救助盟友。恤礼指的是对遭遇不幸的国家进行慰问或抚恤的礼仪。

"凶礼"所囊括的五种礼仪当中，丧礼、荒礼、吊礼不仅可由统治者施行，各级贵族也可以举行；禬礼及恤礼乃国家大事，只有国王和宰臣才可施行。

军礼。《周礼·春官·大宗伯》中说："以军礼同邦国。"《蒐苗的检阅》中也提到，我国的周代一年四季都有军事操练，春天的叫作"振旅"，夏天的叫作"拔舍"，秋天的叫作"治兵"，冬天的叫作"大阅"，这些都被称为"军礼"。经过历史演变，军礼主要包括鼓舞斗志和树立必胜信念的出征之礼、大军得胜班师回朝的凯旋之礼、献俘之礼和田猎之礼等。出征前祭地称为"宜社"。战争的起因大多是领土纠纷，发起战争也是为了保卫领土安全，因此出征之事也必须告知代表国土的社神，以求取社神保佑。出征大军得胜班师则要行凯旋之礼。军乐队一路吹打，高奏凯乐，众将士齐声高唱凯旋之歌。军中受降之仪，先于营外筑受降台，台旁建"奉诏纳降"大旗。受降之日，投降者立于旗下，鼓吹鸣炮之后，主将登台就座。降者膝行至台下，俯伏乞命，请求允其降顺。主将宣读皇帝旨意，同意受降，并赦免降者，给予一定赏赐。降者叩头谢恩，仪式结束。战争胜利结束后，天子要论功行赏，古代称此为"饮至"。顾名思义，庆功要设宴饮酒，可见"庆功酒"说法由来已久。宴席过后再对立功将士论功行赏，有的升官授爵，有的赐予财物等。《礼记·月令》记载："以征不义，诘诛暴慢，以明好恶，顺彼远方。"礼乐与征伐犹如车之两轮，不可偏废，古代军队的组建、管理离不开礼的原则，军队必须按照礼的原则训练和管理。

宾礼。《周礼·春官·大宗伯》："以宾礼亲邦国。"是指诸侯与天子、各诸侯国之间相互交往的礼节。宾礼包括朝、聘、盟、会、遇、觐、问、视、誓、同、锡命等一系列礼仪制度。在宗法社会中，天子与诸侯大多有亲戚关系。古代也称他国使臣为宾客，所以宾礼实际上是主人与客人、东道国与他国交往的礼仪。使用范围广泛，属于经常性的礼节仪式。

为了联络感情，彼此亲附，需要有定期的礼节性会见。据《周礼》，宾礼就是天子、诸侯接待宾客的礼仪，其名目有 8 种："春见曰朝，夏见曰宗，秋见曰觐，冬见曰遇，时见曰会，殷见曰同，时聘曰问，殷覜曰视。"六服之内的诸侯按照季节顺序轮流进京朝见天子；"时见曰会"，指王将要征伐不顺服的诸侯时，其他诸侯觐见天子；"殷见曰同"，是天子十二年未巡守，四方诸侯齐往京师朝见。此外，诸侯之间也要定期相聘问。

嘉礼。《周礼·春官·大宗伯》："以嘉礼亲万民。"嘉礼是古代礼仪制度中内容最为丰富的一种礼仪，它涉及日常生活、王位承袭、宴请宾朋等多方面内容，大致可分为饮食、婚冠、宾射、飨燕、脤膰、庆贺等礼，以婚礼、冠礼、射礼、飨礼、宴礼、贺庆礼最为重要。其中，冠礼是古代男子年满 20 岁时所行的一种典礼，即加冠以示成年；婚礼即男女结为夫妻时的礼仪；册后，即册封皇后之礼仪；飨礼，设摆酒食款待宾客的一种礼仪；宴礼（宴，古时也作燕）是古代君臣宴饮之礼；养老礼也是嘉礼中的一种，是对年老而又德高望重者定期赠予酒食时所行的一种礼节；嘉礼中的乡饮酒礼是一种于乡里举行宴饮的礼仪；射礼是古代贵族男子射箭时的一种礼仪。

嘉礼的范围很广，除上述诸礼外，还包括正旦朝贺礼、冬至朝贺礼、圣节朝贺礼、皇后受贺礼、皇太子受贺礼、尊太上皇礼、学校礼、职官礼、会盟礼，乃至观象授时、政区划分等。

三、传统礼仪的要素和原则

礼的种类纷繁复杂，礼的形态千差万别，但都包含某些基本要素。大体说来，有礼法、礼义、礼器、辞令、礼容、等差等。

礼法。"礼法"是指行礼的章法、程式。儒家制礼是供在不同空间、时间中生活的人们使用的，因此礼必须有严格的操作程序，包括行礼的时间、场所、人选，人物的服饰、站立的位置、使用的辞令、行进的路线、使用的礼器，以及行礼的顺序等。

礼法是礼的外在形态，是礼的运作依据，也是判断礼与非礼的标准，其特点是具有强制性。例如，礼法规定，天子在堂上见诸侯，是对君臣名分的规定，而周夷王堂下见诸侯，名分已乱，所以君子讥其为"非礼"，认为是乱政的征兆。礼法的推广与运用，使使用不同方言、遵循不同风俗的人们有了共同的文化形态，而且无论走到哪里，彼此都会有文化认同感。

礼义。如果说礼法是礼的外壳，那么礼义就是礼的内核。礼法的制定是以人文精神为依据的。如果只具备仪式而没有合理的思想内涵作为依托，礼就成了没有灵魂的躯壳。孔子曾说："礼云礼云，玉帛云乎哉？乐云乐云，钟鼓云乎哉？"（《论语·阳货》）孔子反对行礼以器物仪节为主，强调要以礼义为核心，他认为玉帛、钟鼓不过是表达礼义的工具。从宏观上看，礼的设定都有很强的道德指向，如"燕礼者，所以明君臣之义也；乡饮酒之礼者，所以明长幼之序也"（《射义》）。在礼仪的具体环节上，也无处不在体现礼义。如《仪礼·聘礼》规定，诸侯相聘，以玉圭为贽。为什么要以玉圭为贽呢？郑玄解释说："君子于玉比德焉。以之聘，重礼也。"可见礼法规定以玉圭为贽，是要体现重德、重礼的思想。

礼器。礼器是指行礼的器物，礼必须借助器物才能进行。使用何种礼器行礼，以及礼器如何组合，都传达着礼义的信息，古人说"藏礼于器"，就是这个道理。礼器的种类很多，主要有食器、乐器、玉器等。食器通常有鼎、俎、簠（fǔ）、簋（guǐ）、笾（biān）、豆、尊、壶、瓯（ōu）、罍（léi）、爵、觯（zhì），以及盘、匜（yí）等。

古时宴饮，先要将牛、羊、豕等牲体在镬（类似于今天的锅）中煮熟，然后用匕（一种头部尖锐的取食器，用棘木、桑木或者青铜制作，长三尺或五尺）取出来，放入鼎内，调和入味。为了保温和防尘，还要加上盖子。鼎盖称为"幂（mì）"，一般用茅编织而成，但出土实物中也有用青铜制作的。将鼎从庖厨移送到行礼的场所，是用"铉"贯穿鼎的两耳抬走，"铉"就是专用的杠子，文献中又写作"扃（jiōng）"。鼎不是食器，所以食用之前要再次用匕将肉从鼎中取出，放在俎（盛放牲体的器物，又称"房俎"或"大房"）上，然后再陈设在食案上。鼎与俎是配套使用的，所以不同组合的礼器其数量总是相同的。

辞令。礼是人际交往或人与神沟通的仪式，因此辞令必不可少。孔子以德行、言语、政事、文学四科教授弟子，言语即辞令。古礼中的辞令一般有规定的格式，《礼记·少仪》中记载的许多礼仪场合的辞令都是如此。如第一次去见仰慕的君子，到达门口时要说"某固愿闻名于将命者"，意思是希望自己的名字能通闻于传命者。这是一种委婉的说法，表示不敢直接通传姓名于君子，含有自谦和敬重君子的意思。如果逢公卿之丧，前往助丧，要说"听役于司徒"，意思是听命于丧家的派遣，无论轻重，不敢推辞。国君要出访，如果臣下将奉献金玉货贝之类的财物，以充国君路途之用，应该说"致马资于有司"，意思是所献之物微薄，聊充车马之资而已，所以只能致送于随行的有司。如果馈赠的对象与自己的地位相当，也应该自谦，要说"赠从者"，意思是不过是聊补左右从行者之用的薄资而已。以上都是古代通行的礼貌用语，不会使用就是失礼的表现。

礼容。礼容即行礼者的体态、容貌等，是行礼时所不可或缺的。《礼记》曾说："礼义之始，在于正容体，齐颜色，顺辞令。"礼仪是从端正容貌和服饰开始的。一个有良好修养的人，一定是体态端正、服饰整洁、言谈恭顺。礼义所重，在于诚敬。既然出于诚敬，无论是冠婚、丧祭、射飨、觐聘，行礼者的体态、容色、声音、气息，都必须与之相应，所以《礼记·杂记下》说："颜色称其情，戚容称其服。"《论语·乡党》记载了孔子在乡学、宗庙、朝廷等不同场合时的礼容。如趋朝时：入公门，鞠躬如也，如不容。立不中门，行不履阈。过位，色勃如也，足躩如也，其言似不足者。摄齐升堂，鞠躬如也，屏气似不息者。出，降一等，逞颜色，怡怡如也。没阶，趋进，翼如也。复其位，踧踖如也。礼容是内心德行的外化，有德行者，容貌必然与之相称。而相应地，内心有礼乐文化的修养，在礼容上也会呈现出来。礼容不是一个抽象的概念，按照不同的标准，其可以分为祭祀之容、宾客之容、朝廷之容、丧纪之容、军旅之容、车马之容等。这些礼容的根本和依据是要"与情俱"，所谓"与情俱"，就是你在行什么礼，就要有什么样的情绪，要让情绪和礼容相互统一。

古代礼学的核心是"敬"和"慎"，礼学最重要的内涵就是要有敬畏之心，要小心谨慎。周恩来总理在外交场合总是风度翩翩，举止得体，是古人形容的温润如玉的谦谦君子，是讲"礼容"的代表人物。贾谊在《新书》的《容经》篇章里就提到了日常生活中的各种"礼容"，包括立容、坐容、行容、趋容、跪容、拜容等。就行容来说，不同情况下要求也不相同，如《尔雅·释宫》："堂上谓之行，堂下谓之步，门外谓之趋，中庭谓之走，大路谓之奔。"

等差。等差是古代礼仪最重要的特点之一，也是礼与俗的主要区别之一。不同等级的人行不同等级的礼，如郊天、大雩为天子之礼，诸侯、大夫不得僭越。彼此的礼数有严格的等差。等级越高，礼数越多。

《礼记·礼器》中说，礼数的高低通常是由礼器的大小、多少、繁简等来表示的，这可以分为以下几种情况。一是"礼有以多为贵者"，宗庙之数，天子七庙，诸侯五庙，大夫三庙，士一庙。行礼时盛食用的豆，天子二十六，诸公十六，诸侯十二，上大夫八，下大夫六。古时候没有椅子时，席地而坐，座席的多少也有区别，天子之席五重，诸侯之席三重，大夫再重。天子崩，七月而葬，五重八翣（shà，棺饰）；诸侯五月而葬，三重六翣；大夫三月而葬，再重四翣。二是"礼有以高为贵者"，如天子之堂九尺，诸侯七尺，大夫五尺，士三尺。器物的数量越多、器物越大，行礼的时间越长。三是"礼有以大为贵者"，宫室、器皿、丘封等，都以大为贵，棺椁也以厚为贵。四是"礼有以文为贵者"，愈尊者，文饰愈复杂，如祭冕服，天子龙衮，诸侯黼，大夫黻，士玄衣纁裳；天子之冕，朱绿藻十有二旒（liú），诸侯九，上大夫七，下大夫五，士三。乐舞中，舞者以八人为一列，称为"一佾"，天子八佾，诸侯六佾，卿大夫四佾，士二佾。乐器的数量也有等差，《周礼·春官·小胥》："凡县（悬）钟磬，半为堵，全为肆。"根据郑玄的解释，十六枚钟或磬悬挂在同一个"簴（jù，钟架）"上称为"一堵"，钟一堵、磬一堵，称为"一肆"。乐器的陈设，天子四肆，即室内的四面墙各一肆，称为"宫悬"；诸侯去其南面一肆，只有三肆，称为"轩悬"；大夫又去其北面一肆，只有东、西两肆，称为"判悬"；士则只有东方一肆，称为"特悬"。

礼数并非都以大而复杂为贵，也有几种相反的情况。一是"礼有以小为贵者"，宗庙之祭，贵者献以爵，贱者献以散；尊者举觯，卑者举角。爵的容量为一升，散为五升，所以前贵后贱。觯的容量为三升，角为四升，所以前尊后卑。二是"礼有以素为贵者"，大圭不琢，大羹不和，大路素而越席。大圭是天子祭祀时插在绅带之间的玉器，或称为斑，不加雕琢。大羹是肉汁，不加盐，不致五味。大路，或作大辂，是殷代祭天用的木车，几乎不加装饰，上面铺的是蒲席（越席）。三是"礼有以少为贵者"，如天子祭天，天神至尊无二，所以天子祭天用"特牲"，即一头牛。诸侯侍奉天子，犹如天子事天，故天子巡视到诸侯境内时，诸侯也以一头牛为膳进献之。食礼有劝食，天子仅一食即告饱，诸侯再食，大夫三食，原因是尊者常以德为饱，不以食味为重，诸侯、大夫之德递降，所以食数也随之递增。

第二节　传统服饰礼仪与行为规范

一、古代衣冠之美

古礼说："礼仪之始，在于正衣冠。"（《礼记·冠义》）学习礼仪得先从端正容貌和服饰开始。早在商周时期，我国的冠服制度就已经很完善了。据《周礼·天官·冢宰》记载，周王宫廷就设立了"司服""内司服"这样的官职，专门掌管王室的衣冠服饰。古人对冠服制度非常推崇，《春秋左传正义·定公十年》中有云："中国有礼仪之大，谓之夏；有服章之美，谓之华。"这便是"华夏"之称的由来。中国更有"礼仪之邦""衣冠上国"的美誉。到了唐朝，衣冠礼制更是达到顶峰。

我国古代的衣冠服饰，大体可以分为冠冕和衣服两大类，具体包括头衣、上衣、下裳、足衣。

头衣。头衣就是我们今天所说的帽子。在古代又称"元服"或"首服"。这是因为古代男子要加冠三次。在第一次加冠时，嘉宾会送上这样一句祝词："令月吉日，始加元服。"郑玄注："元，首也。"元就是头的意思，所以"头衣"又可以称作"元服"或"首服"。

头衣是古代贵族服饰礼制中很重要的一个组成部分。据《仪礼·士冠礼》载，人从一出生开始便要蓄发。因为在古人的潜意识里，头为元阳之府，是身体最重要的部位。等到了十四五岁，女子要把头发梳成发髻，并用簪子固定好。贵族家里男子到了"弱冠（二十岁）"之年要行冠礼，头上要加冠，而庶民男子二十岁成年后头上也需要裹巾。

首服或元服，从总体形制上，大体分为冠、冕、弁、帻等。冠在古代是身份的象征，是贵族专用的首服。平时戴的冠用玄黑色（黑中带红），如有丧服则用缟素（白色）。

戴冠是古代贵族、士及以上阶层男子在礼仪上的要求，对于下层的平民男子，不是不能戴，只是戴也只能戴帻。所以，古代贵族成年男子在公开场合都要戴冠，以示成年和体现贵族的身份，当冠不冠会被视作一种"非礼"的行为。孔子的学生子路在一场卫国内乱中不幸被敌人用戈刺中，系冠的缨也被砍断，头上的冠歪了，也快掉下来了。子路临死前也要结缨正冠，"君子死，冠不免"。

古人戴冠的礼制很严格，尤其在朝中，人臣见君主时，首要的礼节就是"敛衽"和"正衣冠"。先秦时期，冠帽在形制上大体一致，只是士以上阶层，不同身份、社会地位的人所戴的冠会有所差别。汉朝大一统后，冠的形制开始不断翻新，制作也更加考究。统治者戴的冠，形制上都是前梁高耸，向后倾斜，中空如桥。梁又分为一梁、三梁、五梁等几种，上面还用各种金玉装饰，以此表示爵位的高低。到了魏晋时期，男子流行戴小冠，并且不论等级高低，上下通行。帝王有时也戴白纱帽。冠的主要种类有冕冠、长冠、委貌冠、通天冠、高山冠、进贤冠、法冠、建华冠、方山冠、巧士冠、却非冠、却敌冠、樊哙冠和术士冠等。

冕。《礼记·玉藻》载："天子玉藻十有二旒，前后邃延，龙卷以祭。玄端而朝日于东门之外。"意思是天子所戴的冕上，前后各自垂挂着玉珠十二串，身着龙衮服祭祀于庙。身着玄衣戴冕，在国都东门外行祭日礼。由此可见，冕是一种最尊贵的礼冠，属于古代帝王、诸侯、卿大夫参加重大祭祀典礼时所戴的等级最高的礼冠，需与冕服、赤舄、佩绶、玉圭等配套穿着，而且只在祭祀等大典上穿戴。在今天的许多古装影视剧中，常见到皇帝头戴冕冠，身着衮服，坐在朝堂上听政，这明显是不符合礼制的，是一种错误的穿戴。

冕的每一个装饰都有着深刻的寓意，具体包括延（yán）、缨、纽、紘（hóng）、瑱、旒等。

延。延就是冕最上面的那块黑色、长方形的木板。长一尺六寸，宽八寸，形状前圆后方，寓意天圆地方。延板用两层不同颜色的布包裹着，上面那层是玄色，下面那层是纁（xūn）色。

至于颜色的用意，《周礼·染人》中解释为："玄纁者，天地之色。"古人把天的色彩视为玄，为至高无上之色。所以，古人在祭祀时所穿的祭服颜色常使用玄色，象征天地。

延的下面连着冠。戴的时候，延要以"前低后高"的方式固定在冠上，目的只有一个，提醒戴冕者不论地位有多高，身为君王要有敬德、谦卑之心，这样才能把国家治理好。

缨。冠的两侧各有一个小圆孔，叫作"纽"。戴冕时，用一根长长的玉笄从纽的一侧横穿，用来固定冕。玉笄的一端则系着一根丝带，带子从下颌绕过，最后系在玉笄的另一端，这根带子就称作"缨"。

紘。延下面的冠圈叫作"冠武"。在其下沿的两侧，靠近耳朵的位置，两边还各有一根下垂齐耳的丝带，称作"紘"。

瑱（tiàn）。冕的下端镶有一枚玉珠，称作"瑱"，俗名"充耳"，即"充耳不闻"的充耳，用来警醒戴冕者不要乱听杂声，不可轻信奸佞之言。

旒。延的前后两端分别有一组缨，穿挂着一串串不同颜色的小圆玉珠，称作"旒"。旒的数量会因身份不同而有差异。根据礼制，古时天子的冕前后玉珠最多挂十二旒

（串）。诸侯的冕前后各九旒；侯、伯、上大夫前后各七旒。而下大夫前后各五旒。有人可能会疑惑：设计这样的十二串珠子挂在冕前，不会遮挡视线吗？走起路来多不方便啊！据说这也是一种起警示作用的设计，时刻提醒戴冕者面对某些事情的时候要学会有所忽略，"视而不见"便由此而来。

在上古时期，冕并不只为天子专有，一般贵族也有冕。比如，天子服大裘冕，一品官员服鷩（bì）冕，二品服毳（cuì）冕，三品服希冕，四品服玄冕，五品服平冕。这六种形制在功能上是有区别的。

大裘冕：用于帝王祀天。

衮冕：用于帝王祀祖。

鷩冕：用于帝王和百官祭祀先王，行飨射典礼。

毳冕：用于帝王和百官祭祀山川。

希冕：用于帝王和百官祭祀社稷。

玄冕：用于帝王和百官参加小型祭祀活动。

汉代之后，只有皇帝才戴有旒的冕，于是"冕旒"成了皇帝的代称。这种冕制一直延续到明代。清代皇帝不着冕冠，只着衮服。

衣裳。在古代，衣裳是分开的。上衣称为"衣"，下衣称为"裳"，与我们今天所说的衣裳概念不一样。古时的衣裳有两种款式：一种是衣与裳不相连；另一种是衣与裳相连，称为"深衣"，直到春秋时期深衣才出现，上衣和下裳被连接在了一起，下裳的长度甚至一直垂到脚踝，就像我们今天的连衣裙。商周时期的衣服款式通常是衣与裳分开。

衣。衣指的是上衣。一般上衣会用两条腰带束系。一条是布的，用来将衣服的腰部收紧；另一条是皮革的，缚在布腰带之外，主要用来系挂各种常用物件。衣包括襦、亵衣、袍、裘衣等。

襦（rú）是一种短上衣，有长短之分。短款齐腰的称为"腰襦"，也有长至膝盖的，称为"褚"。

亵（xiè）衣，相当于今天的贴身内衣。《诗经·无衣》曰："岂曰无衣？与子同袍。王于兴师，修我戈矛，与子同仇！岂曰无衣？与子同泽。王于兴师，修我矛戟，与子偕作！岂曰无衣？与子同裳。王于兴师，修我甲兵，与子偕行！"大概意思是，谁说没有战衣？我们与君同穿战袍。谁说没有战衣？我们与君同穿衣衫。其中"与子同泽"的"泽"，指的就是贴身穿的亵衣。

袍是一种长袍，可作御寒衣物，也可作战袍。据史料记载，到战国时期长袍才流行，成为男子的传统服饰。至汉以后，袍便成了朝服。

裘衣，就是皮衣，一般只有贵族才能穿得起。在冬季穿上时尚、暖和又轻便，价值千金，深受贵族的喜爱。在古代，只有君王及贵族可以穿狐裘，并且分等级高低。《白虎通·衣裳篇》中说："天子狐白，诸侯狐黄，大夫狐苍，士羔裘。"天子穿白裘，其他人按身份高低选择不同颜色，至于一般庶民就更不可能穿，即使家里有也不能逾越等级制度穿着。

裳。《说文》曰："裙，下裳也。"裳为下衣，也就是裙子。先秦时期有裳无裤，男女都穿裙。

裳的款式通常是一种紧包着下身的围裳，是用布片连缀而成。人在活动时身体容易暴露在外，所以就在腰的两侧各用一块布条来遮掩。

裤（kù），又作"绔"，是一种无腰无裆的裤子，也是古人的贴身衣物，款式类似于今天小孩子穿的开裆裤。穿的时候直接将两个裤筒套在腿上，再把左右两边的绳子系在腰上。为防走光，外面都会再穿上一种叫"曲裾"的裙子。早在商周时期，贵族阶层就已经流行这种不连裆的"裤"了。裤的材质也非常考究，多以丝织品、生绢为主，穿上后细软舒服。"纨绔"指的是用细绢做成的裤子，因为贵族穿着用上好的丝纨制成的绔，因此这个词也就此引申为富家子弟。

裈（kūn），是一种有裆的裤子，与今天的裤子很像，又叫犊鼻裈，是用一块布缠绕在腰和大腿之间，形状如犊鼻。今天日本相扑选手比赛时腰间所缠的"兜裆布"就借鉴了我国唐朝的这种裈，尤其是渔民，至今仍然可以见到类似的"六尺裈"（长度一般在250厘米以上）。

衣与裳相连，称之为深衣，但与袍又不一样。《礼记·深衣》孔颖达疏："深衣，衣裳相连，被体深邃，故谓之深衣。"

深衣是把分开的上衣和下裳缝合在一起，并且下摆不开衩，把身体都藏起来，所以得名深衣。深衣在春秋战国时期十分流行，从贵族到文人士大夫，都有穿深衣的习惯，并且一直流行到了魏晋时期，文官、武士、妇女都可以穿。深衣不仅穿着舒适，而且适合所有活动的需求。深衣既可以在家穿，又可以在正式场合穿；既可以作文服穿，也可以作武服穿；既可以在担任揆相时穿，也可以在治理军队时穿。即便是庶人，也可以把深衣当作礼服穿。

冕服起于商代。据《周礼》记载，只有在举行祭祀之礼、参与重大仪式时，天子、诸侯、公卿大夫才会穿冕服。平时上朝，君臣都不穿冕服，也不戴冕冠，大家只穿皮弁服。

冕服有两个最大的特点：其一，颜色。上衣玄色，也就是天青色，比黑色浅，像天空深远的颜色，所以取玄色代表天；下裳纁色，代表地。其二，礼服绣有十二种独特的章纹。为何是十二种？"十二"这个数字有着独特的含义。在古代，十二是一个重要的数字，比如有十二生肖、十二地支等。天子身着绣有最高等级标志的十二章纹冕服去祭祀天地神灵，有顺应天地之意。

冕服上的十二章纹分别为日、月、星辰、山、龙、华虫、火、宗彝、藻、粉米、黼（fǔ）、黻（fú）。日月星如三光之耀，取其能照耀光明之意。山，一说取其山神能兴云布雨，或说能镇定，取其能安定四方之意。龙能变化，因而取其神异之义。华虫就是雉鸡，有五彩羽毛，取其文采华丽之意。火取其明亮之意。宗彝取其勇猛、智慧、孝养之意。藻即水草，有花纹，取其洁净之意。粉米形状如白米，取其能养人之意。黼为黑白相间的斧形，取其割断、遇事果断之意。黻为青黑色的"亚"形，取其背恶向善、君臣互助之意。

清代帝王穿的龙章礼服，特点是盘领、右衽、黄色。龙一般为九条，前后身各三条，左右肩各一条，襟里一条，这样正背面各显五条龙，意味着"九五之尊"。礼服下摆的位置还绣有水浪山石图案，称为"水脚"，有一统山河之意。

足衣主要有鞋和韤（wà，同"袜"）。古代的鞋有屦（jù）、舄（xì）、履、屐等。

屦是用麻、葛布、皮、丝制成的单底鞋。屦分两种，一种是草屦，用草编制而成，故称为草鞋，常为穷人所穿。另一种是葛屦（xǐ），是用葛藤编成的，一般在夏天穿。相对于草鞋，葛屦要贵重一些。另外还有丝屦，属于奢侈品了，基本为贵族所穿。

舄是一种用麻、葛布、皮制成的厚底鞋。《释名·释衣服》曰："複（fù）其下曰舄，舄，腊也。行礼久立地，或泥湿，故複其末下，使乾腊也。""複"指鞋底。其实就是在单底的屦下面再加一块木板，作为厚底。穿上它就可以在泥地里行走，不怕沾湿，还能隔湿气。鞋底上层用皮或帛制成。舄在古代是一种高级鞋，一般在祭祀、朝会、典礼等场合穿。古代的舄在颜色上有三个等级，上等为赤色舄，一般为天子所穿，常用来搭配冕服，中、下等为白舄和黑舄，为日常所穿。

履一般用皮、丝绸等制作而成，为单底鞋。一般只有公侯显贵才穿得起，整体造型华丽精致。

屐出现于战国时期。用木头制作而成，底的前后有两齿，穿着时下雨天在泥泞地里行走很方便。屐比舄更为轻便，更适合走路。魏晋南北朝时期，木屐开始盛行。不过，人们在主要场合如访友、宴会等还是穿履，不穿屐。屐轻便好穿，今天日本人脚上穿的木屐就有着我国古代屐的影子。

韤（袜）有些类似于今天的袜子，不过比现在的袜子要厚实得多。贵族的韤大多是皮制的，而庶民的韤一般是粗布制的或无韤可穿。

二、穿戴礼仪

孔子曰："出门如见大宾，使民如承大祭。"出门办事，待人处事都要像接待贵宾那样恭敬有礼，要像祭祀那样认真。这句话自然也包括对妆容仪表的要求。从古至今，穿衣戴帽是一门学问，也是一门修养。

第一，穿戴"三紧"。宋代大儒朱熹曾提出穿衣要注意细节，"凡着衣服，必先提整衿领，结两衽纽带，不可令有阙落"。如果一个人衣冠不正、鞋袜不正，"身体放肆，不端严"，就会"为人所轻贱"。所以，穿衣戴帽要"三紧"，即头紧、腰紧、脚紧。

首先，头紧。古人有蓄长发的习惯，平时要把头发梳好，用簪子把发髻和冠绑好扎紧，不可凌乱松散。"身体发肤，受之父母，不敢毁伤，孝之始也。"身体四肢、毛发皮肤都是父母给的，一个人要行孝，就必须从小珍惜自己的身体，尤其是自己的头发，更要好好爱护。其次，腰紧。古人穿衣，不论上衣下裳还是连体深衣，在腰间都会束上腰带，并且系紧，忌讳松松垮垮或随意解带敞衣。最后，脚紧。指穿鞋的时候一定要把鞋带系紧，避免拖沓着鞋走路。

总之，穿戴不仅要讲究款式得体，妆容合宜，更不能忽略细节，把帽带、腰带、鞋带都系紧了，整个人才会更显精神。古礼今用，在夏天，有的男士不太注意细节，无视周围的环境，当众撩起上衣，袒胸露背，甚至赤膊上身。这种既不得体，也不尊重他人的举动，应尽量避免。

第二，束发右衽。说到"束发"，在我们的印象中，我国先民一直是"蓄发不剪，披搭于肩"的形象，其实不然。据古籍资料记载，从很早的时候开始，先民就已经掌握了束发的技艺，并且对各种发式也有了审美的偏好。

在古代，中原与蛮夷（古人称周边少数民族为"东夷、西戎、南蛮、北狄"）不仅风俗有差异，穿衣打扮也不同。古代华夏汉民族发型服饰一直保持"束发右衽"的形象。汉人以束发梳髻最为普遍，披头散发始终被视作不守礼法的行为。穿衣需"右衽"，即左边的衣襟一律要向右，掩住右边衣襟，形成一个"y"字形。而当时周边的夷人却习惯"披发左衽"。这种形象对于十分重视礼仪的汉民族来说是很难接受的，也很受鄙视。古代汉人认为只有尚未开化、落后之地才会有这种形象，所以也常把"披发左衽"拿来指代那些不讲文明的野蛮之邦。对于"左衽"与"右衽"的形成，许多学者也有各自的看法。其中有人觉得，这应该与各自的生活方式有关。比如，中原的汉民族一直以农耕为主，衣襟右衽，劳作的时候方便一些，而夷人大多为游牧民族，衣襟左衽，骑马射箭的时候更为方便。

第三，履袜之礼。在古代，人们不管是着履还是穿屐，登堂入室均须脱鞋后再进入。有时候参加宴饮还须脱下袜子再入席。尤其是在朝堂，人臣见君王，除了不能带刀剑上殿，履袜之礼也十分严格。这种习俗的产生与古人席地而坐的生活方式有关。脱鞋脱袜原本是为了保持地面、筵席的清洁，久而久之也就成为向他人表示尊敬的礼仪。直到唐代，随着室内家具如高桌高椅的普及，人们的坐姿发生了改变，履袜之礼也就很少见了。不过，今天的日本和朝鲜半岛仍旧保持着入室脱鞋的习惯。那么古人在脱鞋的动作上也有讲究。其一，脱鞋有规矩。《礼记·曲礼》曰："侍坐于长者，屦（jù）不上于堂，解屦不敢当阶。"陪坐在长者身边的晚辈，一定要把自己的鞋子脱在阶下，不可以穿着鞋登堂入室。其二，穿鞋讲顺序。从室内退出时，不可以直接穿鞋就走，而是要先跪下，坐着拿取自己的鞋，然后"隐辟而后屦，坐左纳右，坐右纳左"（《礼记·玉藻》），避开中间位置，走到一侧穿鞋，以免妨碍他人进出。穿右鞋时跪左腿，穿左鞋时则跪右腿，身体始终保持端正，不可撅臀、趴背。其三，穿鞋懂避让。《礼记·曲礼上》规定："就屦，跪而举之,屏于侧。乡(向)长者而屦;跪而迁屦,俯而纳屦。"古人穿鞋都会尽量后退到一旁穿,因为这样才不会妨碍其他人出入。尤其是晚辈,要侧跪于尊长前取鞋,然后移到一旁,正对着尊长,单跪俯身穿鞋。

三、坐立礼仪

"坐"与"立",在高度和姿态上均有区别,因此在古代某些情境下暗含着两种不同的待人态度。什么场合该坐,什么时候该立,都有十分清楚的规定。不论是立还是坐,古礼规矩始终离不开一个"敬"字。

第一,"授立不跪,授坐不立"。晚辈为尊长递送物品时是坐着还是站着,在礼节上是有区别的。对于这一点,古人并不刻板。依照古礼要求,如果尊长是站着的,那么晚辈就不要坐着递送物品,以免尊长还要俯身接拿。如果尊长是坐着的,晚辈就不要站着递送,以免尊长还要站起来接拿。当然,坐立的情况并不都是一成不变的,有一种情况例外,就是尊长的身高如果相对较矮,那么作为晚辈,此时要多替尊长考虑,最好以跪姿(或坐姿)递送,这也是一种替他人考虑的礼貌行为。

"授立不跪,授坐不立",在今天的日常生活中,有许多年轻人在待人接物方面却很少注意到这一礼节。比如,在接待过程中,长辈或嘉宾坐着时,作为晚辈或下属,端茶送水或递送物品时,即使可以不像古人那样跪下,而应该微微躬身,适当降低自己的高度,恭敬地递过去。这就是传统礼仪中"尊师敬长"在日常举止中的一种体现,更是一种延续。

第二,侍立与侍坐之礼。依照古礼,与尊长相处,若无特殊情况,尊长坐时,卑幼需站立在旁。在《弟子规》里就有更为明确的规矩:"长者立,幼勿坐;长者坐,命乃坐。"意思是,当尊长站着跟晚辈说话时,作为晚辈,就不应坐着,而应该离席起立。在交流的过程中,长辈还没有坐下,晚辈不应先入座,只有待长辈入席坐定后,有时候还要等长辈示意自己坐下,晚辈方可入座。如果双方一开始都是以坐姿在交谈,中途长辈站起来了,晚辈也应该立即站起来,以示尊敬。

家里有客人到来,作为主人,如果父子都在场,父亲应陪着客人一起坐下来交谈,而家里的年轻人则陪同父亲做好待客工作,恭敬地站立在一旁。古时把这种礼节称作"侍立"之礼。在今天,我们仍会把"坐"与"立"之间的礼节看得很重。比如,家里有客来访,作为家庭成员,尤其是晚辈,不论是不是你邀请的客人,都需要主动起身迎接,表示欢迎。同时,还要协助父母为客人端茶倒水。如果来客只是礼节性的拜访,作为晚辈,等客人入座后,我们可以陪坐在旁,简单与客人交流,不用全程参与;如果有事需要提前离开,一定要主动与客人打个招呼再出门,这是起码的待客之道。

四、出行礼仪

清朝末年，一位名叫余恩思（Bernard Upward）的英国传教士曾在我国汉口传教。他在《汉人：中国人的生活和我们的传教故事》这本书中描写了国人走路的规矩，给他留下了深刻的印象。他说："走路时，年轻一点的一定要跟在年长同伴之后，保持一步之遥，决不可并排而行，否则会被视为失礼，不成体统。"由此可见，古人行走不仅要行之有仪，更要走之有礼。与他人同行需讲究先后顺序，始终把对尊者的礼敬放在第一位。这一点在《礼记》中有明确记载。

第一，"父之齿随行"。"齿"意为年龄。若与跟父亲年纪相仿的人同行，作为晚辈应跟随其后。同时，还需注意自己的步幅和速度不宜过快，应照顾到长辈的行走速度，尽量配合其节奏。此外，上车、下车、进门、出门时，皆应先礼请尊长先行，自己随后。

第二，"兄之齿雁行"。与跟兄长年纪相仿的人同行时，应走在其左右稍后的位置，如同大雁列队成"人"字形。

第三，"朋友不相逾"。与朋友并行时，不可抢先。如遇狭窄路段，应相互谦让，不可争行。更不应勾肩搭背、打闹嬉戏。

第四，"遭先生于道，应趋而进，正立拱手"。在路上遇见自己的老师，应该主动快步上前，走到老师的身边，立正站好，拱手示意。如果自己正驾着车或者骑着马，若无特殊情况，不可以就这么飞驰而过，这是一种无礼傲慢的行为。一般情况下都须放慢车速，或者主动下马，这是对尊长的礼敬。这种情况如果放在今天，在马路上开着车，自然不会停下车来打招呼，毕竟安全第一。但是，如果在路上、走廊里或者电梯里，见到了认识的尊长，要主动打招呼。如果距离较远，虽然不需要像古人那样"趋而进，正立拱手"，但可以向对方点点头，打个招呼，这是最基本的礼节。当然，"遇于道，见，则面，不请所之"。路上偶尔相遇，尊长看见了自己，就要上前行礼；没看见则回避，不要烦扰人家，更不能贸然问人家去哪里。

第五，"轻任并，重任分，斑白不提挈"。多人同行，且都带着行李，如果行李比较轻，独自担着就行。如果行李比较重，不能让一个人担着，年轻力壮者应多分担，尤其是同行中的老年人，更不应该让他们拿着行李走路。走路时，对年岁较大、行动不便的长辈，要给予关心和照顾，时时加以搀扶，以防他们摔倒。

第六，"离立不参"。《礼记·曲礼上》说："离坐，离立，毋往参焉。离立者不出中间。"这里的"离"有并列的意思。也就是说，如果见到两个人并排坐在一起，就不要插身到他们中间去。如果见到两个人并排站在一起，就不要从他们中间穿行，这样会干扰到他人，属于失礼行为。

第七，三人不并行。在较为狭窄的地方行走，三个人最好不要并排行走，因为这样会占据大部分空间，挡住别人的去路，妨碍其他人通行。最好的方式是按照尊卑长幼的顺序，两人一排，一人在后跟随。

今天，在公共场所，尤其在狭窄的道路上，依然可以看到这样的情景：三三两两的人群并排行走，占据整个行道，使其他人无法快速通过。大家都知道，我们国家目前遵循"靠右"通行原则。如果多人同行，则需根据路况，两人或三人一组分列而行，把道路的左侧让出，以供他人通过。除此之外，在地铁台阶、过街通道等容易造成堵塞的地方，如遇上下班高峰，更需养成良好的行路习惯，在狭窄区域自觉靠右有序通行，不抢行、不逆行，保持道路畅通，降低潜在危险。关于出行礼仪，《论语·颜渊》载："出门如见大宾，使民如承大祭。己所不欲，勿施于人。在邦无怨，在家无怨。"意思是出门要像接见贵宾一样充满敬意，不管在家还是在外，都能与人和睦相处。唐代就颁布过一则《仪制令》，这是我国最早的交通法规。其中一项要求"少避长，轻避重，去避来"，即在狭窄的路上行走时，幼者须礼让长者；携带物品轻者须谦让重者；去者须礼让来者。倡导百姓文明出行，相互谦让，多替他人着想。如此细化、规范的行路规则虽距今已有一千四百多年，但在今天仍然很实用，可以作为我们的行动准则。

第三节　当代大学生着装与形象礼仪

一、仪容礼仪

仪容是指人的容貌，是个人形象的重要组成部分之一。仪容可以展现个人的个性、喜好、修养等。除了我们熟知的头部与面部的美容、修饰、打扮，仪容还包括人的精神面貌，良好的仪容能使人在工作中保持良好的精神风貌。就个人的整体形象而言，仪容礼仪是传达给接触对象最直接、最生动的第一信息，能给人留下直接而敏感的第一印象，是形象传达中至关重要的环节。

整洁端庄是仪容的基本要求。在平时交往中，仪容的整洁端庄所体现出的人格魅力，远比衣着时髦与华贵更强大。此外，五官构成和谐并富有表情使人灵动；发质发型莹润有型使人看起来更英俊潇洒、容光焕发；肤色红润有光泽给人健康、自然的深刻印象；保持身体无异味，维护仪容的每一处细节，修饰得当。每个人都应该养成良好的修饰习惯，掌握正确的仪容礼仪，这不仅会给交往对象留下良好的第一印象，也能为进一步交往奠定基础。

（一）发型发式

发型应干净整齐，避免凌乱和过于油腻。定期洗头，保持头发清洁，发质健康，避免头皮屑、油腻和异味。应根据发质选择适当的洗发水和护发素；保持发型整洁，定期修剪，避免发梢分叉和头发打结；保持发色自然，避免染过于鲜艳的颜色（如亮红、亮紫等），尽量选择自然、低调的颜色。男士的头发不宜过长，也不宜过短，甚至剃光头。

一般认为，男士前额的头发不要遮住自己的眉毛，侧边的头发不要盖住自己的耳朵，同时不要留过厚或者过长的鬓角，男士头后的头发不宜长过自己西装衬衫领子的上部。女士的发型发式应该保持美观、大方，可选择扎起长发，避免过于烦琐的发饰和发型。定期修剪头发，保持发型的清爽和整齐，避免头发过长或造型走样，发型应符合大学生的身份，展现青春活力，同时不失得体和庄重，可根据不同的场合选择适当的发型。例如，在面试中，发型应简约大方。

（二）面容护理

每日早晚用温和洁面产品清洗面部，保持肌肤清爽洁净，防止油脂和污垢堵塞毛孔。清洁后，应使用适合肤质的护肤品，如保湿水、乳液或面霜，维持皮肤的水分和弹性，避免面部干燥或油腻。外出时，应涂抹适当的防晒霜，保护皮肤免受紫外线的伤害，防止皮肤晒伤和过早老化。保持眉毛自然整齐，不宜过度修剪或画夸张眉形。

（三）个人卫生

在日常清洁方面，建议每日或根据个人需求定期洗澡，以保持身体清洁，去除汗渍和污垢。同时，勤洗手也是非常重要的。用餐前、上厕所后或接触公共设施后应使用肥皂或洗手液彻底清洁双手，确保手部无污垢和细菌。在口腔卫生方面，建议每日刷牙，并养成早晚刷牙、饭后漱口的好习惯，以保持口气清新，避免口腔异味。此外，定期使用牙线或牙签清理食物残渣，预防牙菌斑和牙结石的形成，必要时可定期进行牙齿护理或美白。为了避免吃带有强烈气味的食物（如大蒜、洋葱等）后立即与人交谈带来的尴尬，可以使用口气清新剂或漱口水改善口气。在个人形象方面，定期修剪指甲，保持指甲长度适中，避免指甲过长或破损。修剪时注意形状整齐，并保持指甲下方和手部清洁，避免积聚污垢。为了保持手部滋润，建议使用护手霜。勤换洗衣物，保持衣物干净，没有异味，特别是内衣和袜子，应每天更换。同时，定期擦洗个人物品，如手机、键盘、耳机等，以保持卫生。定期清洁床品和居住环境，保持室内空气流通和清洁，有助于防止霉菌和细菌滋生。

（四）剃须方法及流程

男士应经常剃须及护理，以保持面部清洁卫生。平时两三天剃须一次即可，但如果出席正式场合或活动，应在临行前再次修剪胡须，以保持整洁并展现积极的精神面貌。虽然剃须流程相对简单易行，但仍需注意操作程序和方法是否得当。

（1）准备工作：清洁脸部，用温水洗脸，帮助脸部打开毛孔。清除脸上的油脂和污垢后，可涂抹适量的剃须泡沫或凝胶，这样可以减少剃须时的摩擦，保护皮肤。

（2）剃须：使用锋利的剃须刀沿着毛发生长方向轻轻刮除胡须。避免用力过猛，以减少皮肤刺激。如果追求更明显的剃须效果，可以在第一次剃须后轻轻反向剃除残留的细小胡须，但需注意避免对皮肤造成刺激。

（3）清理：用温水彻底冲洗脸部，清除剃须泡沫和胡须残留物。然后用冷水冲洗，帮助收缩毛孔。最后用干净的毛巾轻擦脸部，将水分擦干，避免用力搓擦，以免刺激皮肤。

（4）后续护理：涂抹须后水或润肤剂，舒缓剃须后的皮肤，减少刺激和干燥感；涂抹适合肤质的保湿霜，保持皮肤的水分和柔软。

（5）清洁工具：剃须后需要彻底清洗剃须刀，确保刀片干净，以备下次使用。定期更换剃须刀片，保持刀片锋利，避免剃须时造成皮肤不适。

（五）化妆原则及注意事项

化妆是一个人气质、修养的体现，是生活中的一门艺术。化妆能满足对外交往、职业活动、社交活动及日常生活的需要。如果能够掌握美容化妆的要领，并充分发挥其作用，我们便可以在日常生活和社交生活中体现出自身与众不同的魅力、道德修养和审美情趣。

1. 大学生化妆的基本原则

（1）自然清新：化妆风格应清新自然，展现青春气息。避免过于浓重或复杂的妆容，尽量选择淡妆，让整体妆容看起来干净利落。选择与肤色接近的粉底液或 BB 霜，使肤色均匀自然。注重底妆的轻薄透气，避免厚重的底妆。

（2）符合场合：日常上课和学习应保持简约自然的妆容，避免过于鲜艳的眼影、口红和过重的修容。在正式场合或活动中可以适度加强妆容，但仍要保持得体，不应喧宾夺主。

（3）简约眼妆：眼妆应清淡自然，选择柔和的眼影颜色，如大地色或浅粉色，避免过于夸张的颜色和闪亮的眼影。眼线可以细致勾勒，使眼睛更有神，但不宜过长或过粗。睫毛膏应自然涂抹，避免过于浓密产生粘连的效果。眉毛应修剪整齐，保持自然的形状。适度描画眉毛，保持眉形清晰，不要过度修饰或涂抹过多的眉粉。

（4）淡雅唇色：选择与自然唇色接近的口红或润唇膏，避免过于鲜艳或暗沉的唇色。裸色、浅粉色或淡橙色的口红适合日常妆容。使用滋润型的唇膏或润唇膏，保持双唇湿润自然，避免干裂。

（5）轻薄腮红：腮红应轻轻扫上，使脸颊呈现自然红润的气色，提升精神面貌，应避免腮红颜色过重或范围过大。

（6）化妆工具：化妆工具如粉扑、刷子应定期清洗，保持清洁，避免对皮肤产生刺激，造成感染。

2. 大学生化妆注意事项

（1）避免过度化妆：日常妆容应保持轻薄自然，避免使用过多的彩妆产品或过于浓重的妆容。大学生的妆容应以展现青春活力为主，尽量避免过于成熟或夸张的妆容。在不同场合下妆容应有所区分，日常上课、社交活动适合自然妆，而正式场合可以适度加重，但依然要保持得体。

（2）选择适合肤质的产品：根据个人肤质（如油性、干性、混合性或敏感性皮肤）选择合适的护肤品和化妆品，避免使用不适合的产品导致皮肤问题。特别是敏感肌肤，应选用不含香料或刺激成分的化妆品，防止过敏反应。

（3）重视妆前护肤：化妆前要做好基础的护肤工作，包括清洁、保湿和防晒。妆前保湿能使底妆更加服帖自然，防晒则可以有效防止紫外线对皮肤的伤害。妆前乳能帮助均匀肤色、填平毛孔，使妆容更持久。

（4）适度使用粉底：打底时使用适量的粉底或 BB 霜即可，不要涂抹过多，避免厚重假面感。粉底的色号应与肤色匹配，过白或过暗都会显得不自然。

（5）防止色彩不协调：化妆时应注意整体色彩的协调性，眼影、腮红和口红的颜色要相互呼应，避免色彩冲突或过于鲜艳。日常妆容建议使用柔和的中性色调，如大地色、粉色、裸色等，这样妆容看起来会更加自然。

（6）注重妆容持久性：在需要保持妆容的情况下，应携带补妆产品，如吸油纸、粉饼或唇膏，及时补妆，防止出油和脱妆。特别是油性肌肤，在化妆后注意使用控油产品或定妆粉，帮助妆容保持持久。

（7）及时卸妆：每晚睡前一定要使用卸妆产品彻底清除妆容，避免化妆品残留导致毛孔堵塞、皮肤老化或痘痘等问题。卸妆后需进行清洁和保湿护理，可根据化妆品的类型（如防水化妆品）选择合适的卸妆产品，以确保彻底清洁。

（8）保持健康的护肤习惯：良好的作息和饮食习惯对皮肤健康非常重要。过度化妆会掩盖皮肤问题，长期的不良生活习惯可能会加重皮肤负担，导致色斑、痤疮等问题。适当减少化妆频率，给皮肤一定的"呼吸"时间，有助于长期保持健康的肌肤。

（9）注意防晒：在化妆时也应注意使用防晒霜，尤其是在室外活动时，防晒霜可防止紫外线对皮肤造成损伤，避免光老化和色斑的形成。

二、服饰礼仪

俗话说："佛靠金装，人靠衣装。"着装作为人的仪表的一个方面，可在一定程度上反映出人的修养、身份、性格特征等。鉴于此，在人们初次交往中，着装会给对方留下深刻的第一印象。

着装是个人基于自身的社会地位、文化修养、审美情趣和身材特点，根据不同的时间、地点和目的，对所穿服装进行精心选择、组合和搭配的体现。得体和谐的着装具有一种无形的魅力，能够为穿着者增添光彩。

（一）着装的原则

1. 场合适宜

在面试、工作、会议、婚礼等正式场合，选择合适的正装或商务休闲装，如西装、衬衫、职业裙等，可以体现专业性和尊重。在日常活动中，可以选择轻松舒适的服装，如 T 恤、牛仔裤、休闲鞋等，但仍需保持整洁。应根据场合的氛围和要求，选择合适的礼服或半正式服装，注重与活动风格相协调。

2. 简约整洁

无论何种场合，服装都应始终保持干净、整齐，不得有污渍、褶皱或破损。整洁的服装能体现个人的修养和品位。着装应简洁、适度，避免过于复杂、夸张的设计或过多配饰，让整体搭配看起来和谐大方，不显杂乱。

3. 色彩搭配

颜色的搭配应和谐统一，不宜使用过多的颜色或产生过于强烈的对比。经典的色彩搭配，如黑白、灰色系、米色系等，是比较安全且得体的选择。在保持简洁的基础上，可以通过颜色搭配体现个性，但应避免太过跳跃或不合时宜的配色。

4. 服装合体

服装应符合个人体型，合身的剪裁能够凸显个人形象，不宜过大或过紧。过大显得不整洁，过紧会造成身体不适。服装应在保持得体的同时注重舒适，尤其是需要长时间穿着的衣物，如工作服或休闲服。

5. 配饰得当

配饰如手表、项链、耳环、领带等应简洁大方，避免过于夸张或繁复的设计，可配合整体穿着风格进行选择。配饰的颜色、质地和风格应与服装协调一致，起到提升整体造型的作用，而非喧宾夺主。

6. 尊重文化与习俗

不同的地区有不同的文化和穿衣习惯，应尊重当地的风俗和着装规范。

7. 展现个性但不失礼仪

着装可以体现个人风格和个性，但需在不影响礼仪和得体的前提下展现。注意平衡个性与场合要求。着装应得体，不得穿着过于暴露或带有不雅图案或文字的服装，以免给他人造成不适或冒犯他人。

（二）西装礼仪

1. 西装的选择

选择合身的西装非常重要，量体裁衣是最佳选择。西装的肩部、胸部和腰部都应贴合身形，不能太紧或太松。经典颜色如黑色、深蓝色、深灰色适合正式场合。西装面料应根据季节选择，冬季可选较厚的羊毛或呢料，夏季则选轻薄透气的面料。

2. 衬衫搭配

衬衫的领口和袖长应合适，领口不能过松或过紧，袖子应略长于西装袖口，露出 1～

2 厘米。白色或浅蓝色是经典衬衫颜色，衬衫面料可选择棉质或丝质，保持舒适和透气。

3. 领带的选择与系法

领带应与西装和衬衫的颜色相协调，即选择与西装风格相符的颜色和简洁的图案，如条纹、格纹或纯色，避免使用过于鲜艳或花哨的领带。领带的长度应刚好到皮带扣的位置，不宜过长或过短。常用的领带结有半温莎结、温莎结等，可根据场合需要选择，并确保领结整齐紧致。

4. 西装纽扣

两粒扣西装，上面一粒应扣上，下面一粒通常不扣，坐下时可以解开，站起时重新扣上。三粒扣西装，中间一粒必扣，最上面一粒可以视情况选择扣上或不扣，下面一粒依旧不扣。

5. 西装裤的穿法

西装裤应与西装外套配套，裤长应刚好到鞋跟上方，前面裤脚微微折叠，不宜太长或过短。穿皮带的裤腰应与腰部贴合，佩戴皮带以保持整洁的线条。皮带的颜色应与皮鞋一致，通常选择黑色或棕色。

6. 鞋袜搭配

搭配皮鞋，经典的黑色或棕色牛津鞋、德比鞋是正式场合的最佳选择。鞋子应保持干净、光亮。袜子颜色应与裤子一致或深于裤子颜色，避免穿短袜或颜色太过鲜艳的袜子。袜子应长及小腿，避免坐下时露出腿部皮肤。

7. 配饰选择

可以佩戴一款简约款式的手表，金属或皮质表带都适合，但要避免太夸张或运动风过强的款式。如果穿的是法式衬衫，可以搭配一对简洁大方的袖扣，以增加正式感。

8. 整体形象与细节

西装应熨烫平整，无褶皱。衬衫也应保持干净平整，不得有污渍或褶皱。可以适量使用淡香水，但不要过浓。保持个人卫生和清洁，避免体味或过重的香水味。

（三）着装与场合

1. 课堂

应选择舒适、简洁的服装，如 T 恤、衬衫、休闲裤或牛仔裤。注意保持整洁，避免过于随意的睡衣或运动服。选择运动鞋、平底鞋或简约的休闲鞋，舒适且适合长时间坐着。

2. 校园活动

根据活动性质决定，如学术讲座可以穿着休闲正式的服装，社团活动则可以更加休闲，体现个性。根据活动需求选择舒适的鞋，如运动鞋适合户外活动，平底鞋适合室内活动。

3. 实习或面试

实习或面试应选择较为正式的服装，如商务休闲装、衬衫配长裤或半裙。男生可以选择西装裤配衬衫，女生可以选择西装套装、衬衫配西装裤或裙装，颜色应以低调的中性色为主，如黑色、灰色、米色、深蓝色。避免过于艳丽或花哨的服饰。选择干净整洁的皮鞋或平底鞋，保持专业形象。

4. 社交聚会或派对

可以根据聚会主题选择相应的服装，如休闲聚会可以穿着时尚休闲装，正式的派对则需要选择稍微正式一点的装扮。搭配服装风格选择合适的鞋子，如时尚运动鞋或小高跟鞋。

5. 运动或健身

穿着运动服或舒适的运动装备，如运动裤、运动短裤、运动 T 恤等。选择专业的运动鞋，确保舒适和支撑。

6. 文化活动或展览

可以选择舒适且略显时尚的服装，如休闲裤配衬衫。女生可以选择轻便的连衣裙。搭配舒适的鞋子，如平底鞋或运动鞋，适合长时间站立或走动。

三、仪态礼仪

（一）面部仪态

1. 面部表情自然友好

微笑是最基本的面部礼仪，能够传达友好、尊重和自信的信号。保持自然得体的微笑，避免过度夸张的表情，显得不真诚。与人交流时，应根据情境适时调整面部表情，如表现出专注、同情、赞同等，避免出现过于单一或呆板的表情。在社交场合，避免出现冷漠、嘲讽或不耐烦的表情，这会让对方感到不受尊重或不受欢迎。

2. 眼神交流

与他人交流时，应保持适度的眼神接触，展现出对对方的尊重和关注。眼神过于游离会让对方觉得你心不在焉或不自信。但也要避免长时间直视对方，以免让其感到压力。在对话中，不应频繁地东张西望，这会让人感觉你不专注或不重视对方。

3. 表情与语气

说话时，面部表情应与语气、言辞相符。例如，当表达高兴时，脸上应带有微笑；当讨论严肃话题时，面部表情应保持端庄和专注。避免假笑或做出夸张表情，因为假笑或过于夸张的表情会让人觉得你是一个虚伪的人，应保持自然、真诚的面部表情。

4. 避免不良面部动作

在与他人交流或正式场合中，避免做出皱眉、翻白眼、嘲笑等不礼貌的面部动作，因为这些动作容易传递出负面情绪或不尊重他人的信息。

5. 礼貌回应

在听他人讲话时，适时地点头、微笑等可以表示你正在认真倾听。避免保持没有任何反应的"僵硬脸"，因为这会让人感觉你缺乏兴趣或冷淡。

（二）站姿礼仪

无论在人们的日常交往中还是社交场合中，站立的姿势都是最基本的仪态。虽然站姿属于以静为主的姿态，但是也不能太死板。其基本美学原则是：男士要挺拔、庄重；女士要舒展、优雅。

1. 身体姿势

双脚适度分开，站立时双脚应分开与肩同宽，保持稳定和平衡。脚尖稍微向外，可以增加稳定感；体重均衡，尽量将重量均匀分布在双脚上，避免将所有重量集中在一只脚上，这样可以避免身体看起来不稳定；挺胸收腹，保持上身微微前倾，腹部收紧，这样能展现出自信和优雅的姿态；肩膀自然放松，自然下垂，不要耸肩，保持自然放松的状态。

2. 手部姿势

站立时双手自然垂在身体两侧，不要交叉或抱胸，避免给人封闭或防御的感觉。如果需要使用手势，应保持自然和得体，避免幅度过大或过于频繁的手势。

3. 头部姿势

保持头部正直，不要低头或过度抬头。平视前方，展现出自信和尊重。与他人交流时保持适度的眼神接触，展示对对方的关注和尊重。

4. 站姿注意事项

（1）站立时应避免僵硬，肌肉不能绷得太紧，可以适当变换姿态，体现动态美。静中有动，庄重而不失灵动。（2）站立时，不要倚靠门、墙、廊柱等。在交谈的过程中，双手可以自然地做一些手势，但幅度不要太大。不要将手插入衣袋或裤袋，也不要交叉抱胸或叉腰，更不能有抠指甲等小动作。（3）站立时，不要含胸驼背，弓腰缩胸，东倒西歪。（4）注意精神气质，不能萎靡不振，要神清气爽，否则会给人一种缺乏自信的感觉。最好不要将那些透露自己内心世界的姿势展示给别人。

（三）坐姿礼仪

优雅的坐姿既传递出自信、友好、专业的信息，也显示出高雅庄重的良好风范。

坐姿与站姿同属静态姿势。正确规范的坐姿应端庄优雅，给人以稳重、自然、大方的美感。坐是仪态的主要内容之一，无论是伏案学习、参加会议，还是会客交谈、娱乐休息，都离不开坐。坐姿要求"坐如钟"，是指人的坐姿应像钟般端直。当然，这里的端直是指上体的端直。优美的坐姿让人觉得安详、舒适、端正、大方。不注意坐姿还很容易造成脊柱弯曲，导致身体畸形。

1. 坐姿的基本要求

保持背部挺直，避免驼背或过度倾斜，维持自然的脊柱曲线。肩膀应自然放松下垂，避免紧张或耸肩。双脚平放地面，膝盖与脚尖朝向一致，避免双腿交叉或过度伸展。膝盖弯曲呈约 90 度角，脚跟平放地面。手臂应自然放在桌面或膝盖上，避免紧张或僵硬的姿势。尽量避免用手撑住下巴或脸颊，这样的姿势可能显得不专业或不礼貌。保持头部自然挺直，不要低头或仰头，应与对面的人平视。与他人交流时，保持适度的眼神接触，展示专注和尊重。坐姿应得体，不要过于随意或放松，尤其是在正式场合。

2. 入座和离座的基本要求

（1）入座的基本要求：在正式场合或用餐时，应等候主人的指示或邀请后再入座，不要擅自坐下。轻轻拉开椅子，并在入座时稍微向后移动椅子，确保坐下时舒适。从座椅左侧入座，这样做是一种礼貌，而且也容易就座。坐下时保持背部挺直，靠在椅子靠背上，双脚平放地面，双膝自然分开。避免大声挪动椅子或发出声音，尽量保持安静和优雅。坐下后，整理衣物和个人物品，确保形象整洁。（2）离座的基本要求：在正式场合或用餐时，若需要离开，最好提前礼貌地告知主办方或同席者，特别是在正式宴会或会议中。和"左入"一样，"左出"也是一种礼节。在离座时，将椅子轻轻推回原位，避免发出声响。双脚稳固站立，背部挺直，保持端正的站姿。离座前应整理好个人物品，避免现场混乱或留下杂物。

3. 坐姿的注意事项

（1）女士应在站立的姿态下，在后方的腿能够碰到椅子的情况下轻轻坐下来，两膝一定要并拢，腿可以放中间也可以放两边。如果想跷腿，两腿须并拢。假如穿着的裙子较短，一定要注意遮挡。一些经常走动工作或要上高台坐下的女士都不适合穿太短的裙子，并且不能将两腿分开。（2）男士坐的时候两膝可以分开一点，但不要超过肩宽，也不能双腿叉开半躺在椅子上。

（四）走姿礼仪

走姿是人体所呈现出的一种动态，是站姿的延续。走姿文雅、端庄，不仅给人以沉着、稳重、冷静的感觉，而且也能展示自身气质与修养。

1. 正确的走姿

背部挺直，保持脊柱自然曲线，避免驼背或过度前倾。肩膀应自然下垂，避免僵硬或耸肩。迈步时保持步伐均匀，不要过大或过小，每一步都应自然流畅。脚尖应略微向前，避免脚尖外张或内扣。双腿自然摆动，步速不宜过快或过慢。行走时膝盖微微弯曲，保持自然的步态。走路过程中应脚跟先着地，然后脚掌平稳着地，避免脚尖先触地。双臂自然摆动，与步伐协调。手臂摆动幅度应适中，避免过于夸张或僵硬。保持头部正直，不要低头或仰头。应平视前方，保持自然和自信。目光应集中在前方，避免东张西望或盯着地面。行走时动作应自然流畅，不要急躁或僵硬，保持从容和优雅。

2. 各种场合的走姿

（1）正式场合步伐稳重，走路时背部挺直，步伐均匀，避免走动过快或过慢。手臂自然摆动，与步调协调。避免大幅度摆动或僵硬。应平视前方，展示自信和从容。（2）商务场合步伐要稳重、果断，避免拖沓或急促。姿势端正，展现职业素养。身体要保持稳定，不要过多左右摇摆或晃动。当遇到他人时，保持适度的眼神交流和礼貌的姿态。（3）社交场合步伐可以稍显随意，但仍需保持稳重。避免过于随意或急躁的姿态。走路时适度微笑，与周围的人保持友好的目光接触。手臂自然摆动，展现放松和舒适的状态。（4）正式宴会步伐应缓慢而优雅，避免急促。身体保持直立，展现得体和优雅。走动时保持安静和礼貌，注意避免打扰他人。双臂自然下垂或轻握手提包，避免手臂过度摆动。（5）休闲活动步伐可以更加随意，但应保持舒适和自然，避免过度放松或松散的姿态。与朋友或熟人交流时，适度的眼神接触和微笑显得亲切和随和。

3. 走姿注意事项

（1）走路忌内八字和外八字。长期采用内八字走法会导致 O 形腿，而外八字走法则会使膝盖向外翻，缺乏气质，长时间下来还可能扭曲腿型，甚至形成 X 形腿。（2）不要踢着走。有些人为了避开地上的脏水或脏东西会养成踢着走的习惯。踢着走的时候，身体会向前倾，只用脚尖踢到地面，然后膝盖弯曲，脚跟上提，腰部很少出力，很像走小碎步一般。（3）不要压脚走。与踢着走类似，压脚走是双脚着地的时间比正常走路的人长。这样走路身体重量会集中在脚尖上，长久下去，腿肚的肌肉会越来越发达，甚至出现 O 形腿。（4）不要踮脚走。踮着脚走本意是为了使步伐更加美妙。但如果脚尖过于用力，膝盖和小腿肌肉就会过度紧张，导致萝卜腿。（5）走路时，不要甩手或把手插入衣袋内，也不要倒背着手。（6）走路不要扭腰摆臀、歪肩晃膀、弯腰驼背，这样的动作有伤大雅，不美观。（7）走路不要左顾右盼，盯住行人乱打量或对别人评头论足，这样有失礼貌。（8）女士走路时双脚踩着两条略宽的平行线或膝盖向外侧用力都是不雅观的。正确的走法应是两只脚踩在同一条直线上行走，而不是两条平行线。

本章微课视频

第六章

心 灵 之 美

第一节　美育与心理健康教育的关系

　　美育，作为一种独特的教育方式，主要通过艺术和美学经验来丰富个体的情感生活，提升审美能力，对提高个体的心理素养也起到至关重要的作用。在开展美育的过程中，个体接触到各种美的形象和艺术作品，这些美好的体验有助于培养人的情操、陶冶性情。而心理健康教育则致力于促进个体心理的平衡，提高情绪调节能力，帮助人们形成积极的生活态度和应对日常生活中的压力。当美育融入心理健康教育时，它能够通过艺术创造和欣赏活动帮助个体释放压力，愉悦身心，进而达到一种心理上的平和与和谐。因此，美育不仅有助于塑造更加完整而和谐的人格，还能显著提升个体的心理素养，是心理健康教育中不可或缺的一部分。

一、美育对提升个体心理素养的作用

　　在人的全面发展中，心理素养的提升尤为重要。它不仅涉及丰富细腻的情感，还包括对自我与世界的深刻认识与理解。作为教育的重要组成部分，凭借独特的价值和魅力，美育对培养和提升个体的心理素养起着至关重要的作用。在现代社会，个体面临的心理压力日益增大，心理问题也随之增多。美育作为一种调节心灵、培养情感的教育方式，其价值不应被忽视。它能通过艺术体验激发人的情感共鸣，提升人的审美能力，从而有助于个体心理素养的提升。

　　美育在提升个体心理素养方面扮演着重要角色，它通过艺术活动促进情感表达、情绪调节以及自我认同感的建立。在生活中，我们可以看到音乐教育帮助学生通过学习乐器培养专注和坚持；绘画班让参与者通过创作发泄情绪，找到内心的平静；舞蹈课则允许舞者通过身体动作释放压力，同时提高自信；戏剧活动帮助表演者理解他人视角，增强同理心；而文学创作和阅读则提供了情感共鸣的平台，帮助人们理解和处理复杂的感情。这些活动不仅丰富了个人的艺术体验，还有助于构建更健康的心理结构，增强个体应对生活挑战的能力，从而全面提升个体的心理素养。

《奥德赛》中有一个经典的故事，讲述了主人公奥德修斯在漫长的旅途中经历了各种挑战和考验。在旅程中，奥德修斯不仅要面对外部的种种困难，还必须应对内心的挣扎和情感波动。然而，正是通过这些经历，奥德修斯逐渐成长和觉醒，他获得了勇气、智慧和坚韧，最终找到了回家的道路。

进一步来说，美育能够培养个体的审美能力。审美能力不仅是指对美的感知和判断，更包括对美的创造和表达。画家张大千以山水画闻名于世。有一次，张大千在创作时陷入了瓶颈，他感到沮丧和迷茫，于是他决定前往黄山寻找灵感。在黄山，他被壮丽的自然景色深深吸引，于是拿起画笔，开始绘制起来。面对壮丽的山水，他的内心也逐渐平静下来，焦虑和困惑渐渐被放下。通过与大自然的互动，张大千重新找到了对艺术的热情和信心。他的作品因此充满了生机和灵性，成为中国艺术史上的经典之作。当个体在美育的引导下学会欣赏美、创造美，他们的心灵将得到极大的滋养。这种滋养不仅包括艺术领域，更能扩展到生活的各个方面。个体将学会用审美的眼光看待世界，用创造性的思维解决问题。这不仅提升了个体的生活品质，也增强了他们在面对压力和挑战时的心理韧性。

唐代诗人王维的诗作被誉为"山水田园诗"的代表。有一天，王维独自漫步于山间小径，突然被眼前的一幕美景所吸引。他看到一座青山倒映在清澈的湖水中，碧绿的水草摇曳着，微风拂过，带来一阵阵清香。王维被这一景象深深打动，于是拿起笔，在纸上写下了《鹿柴》这首诗：

> 空山不见人，但闻人语响。
> 返景入深林，复照青苔上。

这首诗简洁而意境深远，描绘了一幅静谧而美丽的山水画，同时也展现了诗人内心深处的宁静与平和。通过欣赏这样的诗作，读者不仅能够感受到自然之美，还能够体味到诗人内心的宁静与平和。

除此之外，美育还能够促进个体的自我认知和自我表达。通过参与艺术活动，如绘画、音乐演奏或戏剧表演，个体可以更深入地探索自我，发现自己的潜能和兴趣。这种自我探索有助于建立积极的自我形象和自信心，从而提升心理素养。同时，艺术活动也为个体提供了表达自我的平台。在这个过程中，个体学习如何表达情感和想法，如何与他人沟通和协作。这些技能对于建立健康的人际关系和应对社会生活具有重要意义。值得注意的是，美育并不是一种速效解决方案，它是一种长期的、潜移默化的过程。个体只有在美育的氛围中不断成长和学习，才能逐渐提升心理素养。因此，学校、家庭和社会都应该为个体提供充足的美育资源和机会。这包括设立艺术课程、举办艺术活动、提供艺术实践的平台等。只有这样，个体才能在美育的熏陶下逐步培养出坚韧、积极、富有创造力的心理素养。

美育对于提升个体心理素养具有不可替代的作用。它通过艺术体验帮助个体培养情感，提升审美能力，促进自我认知和表达。在这个过程中，个体的心理素养得到了全面的提升。为了实现这一目标，我们需要重视美育在教育中的地位，为个体提供丰富的美育资源和机会。让我们共同携手，用美育的光芒照亮每个人的心灵，让心理素养成为每个人生活的一部分。

（一）增强自我认同感与自尊

在个体心理发展的过程中，自我认同感和自尊的增强是两个至关重要的方面，它们直接影响着人的自信心、情绪状态和社交能力。美育作为一种以艺术体验为核心的教育形式，对于促进个体的自我认同和提升自尊起到了不可忽视的作用。在现实生活中，我们可以观察到许多通过参与美育活动而实现自我认同感和自尊增强的例子。

首先来看音乐教育领域。学习乐器或参加合唱团的学生通过日复一日的练习，逐渐掌握表演技巧，他们在音乐的世界里找到了自我表达的方式。当他们在学校的音乐会上或者社区活动中表演时，台下观众的掌声和赞许的目光无疑会增强他们的成就感和自信心。例如，一个在众人面前成功独奏的钢琴家不仅会因技艺得到认可而在内心建立起自我价值感，同时也会因展现自我而增强自我认同感。

在绘画和视觉艺术方面，我们能看到孩子们在课堂上挥洒色彩，或是成年人在画室里描绘风景，他们通过画布表达自己的情感和见解。完成的作品不仅是其创造力的体现，更是个人风格的展示。艺术家通过展览作品，得到公众甚至批评家的认可，这无疑会增强他们的自我认同感和自尊。

舞蹈作为一种直接表达方式，对增强自我认同感和自尊心同样有着显著效果。舞者通过不断练习，不仅能提高自身的舞蹈技能，在每次的舞台演出中还能与观众产生强烈的情感交流。成功的演出使他们感受到来自他人的认可和尊重，从而增强了自我价值感。

戏剧和表演艺术允许参与者代入不同的角色，体验不同的人生境遇。这种角色扮演的过程不仅锻炼了个体的演技，也帮助个体理解不同人物的心理和情感。当演员在台上呈现出一个令人信服、感动的角色时，他们往往会收获观众的喝彩和赞誉，这对他们的自我认同和自尊是巨大的正面强化。

文学创作是一个通过美育增强自我认同感和自尊的途径。无论是写诗还是写小说，作者都是在分享自己的故事和情感。作品出版并获得读者的好评，尤其是那些引起共鸣的评论，能够极大地提升作者的自尊和自我价值感。

屈原是楚国的贵族，也是一位文学家。他的一生经历了许多挫折和困难。有一次，屈原因遭受政治排挤而被贬到遥远的地方。在那里，他感到孤独和失落，开始怀疑自己的价值和才华。然而，正是在这段被贬谪的岁月里，屈原创作了许多脍炙人口的诗篇，其中最著名的就是《离骚》。在这首诗中，屈原表达了对自己命运的思考和对理想境界的追求。他用华美的辞藻描绘了自己内心的挣扎与向往，展现了对自我认同感和自尊的坚守与追求。

通过艺术创作，如诗歌创作，个体可以增强自我认同感和自尊。尽管面对挫折与困境，但只要坚持内心的信念，我们就能够找到力量和勇气，活出真实的自我。

在这些例子中，我们清楚地看到美育如何在不同形式的艺术实践中帮助人们发现和肯定自己的独特性。这不仅增加了个体对自己才能的信心，还加深了其对自身价值和地位的认识。无论是在音乐、绘画、舞蹈、戏剧还是文学创作中，每一次艺术表现和每一次外部肯定都为个体打造了一块坚实的自我认同的基石，并持续提升了他们的自我认同感和自尊。

此外，美育还提供了一种特别的社交环境。在合作创作艺术作品的过程中，个体不仅能够表达自己，还能学会欣赏和尊重他人的才华和贡献。比如，参与社区剧团的演出，或是在学校乐队中与其他成员共同完成一场音乐会，这些经历都是个体在社交互动中建立自我认同感和自尊的重要机会。通过生活中各种形式的美育实践，我们可以看到自我认同感和自尊是如何不断塑造和加强的。这一过程不仅丰富了个体的艺术体验，更为他们提供了一个自我展现的平台，帮助他们在社会中找到属于自己的位置，并以更加健康、积极的态度面对生活中的挑战。

（二）培养情绪调节与压力管理的能力

在现代社会，个体面临的压力源源不断，有效培养情绪调节与压力管理的能力对维护心理健康至关重要。美育作为一种通过艺术体验来丰富人的精神世界和提升生活品质的教育手段，在这一能力培养中起到了显著作用。

例如，一位在高压环境下工作的软件工程师，在业余时间学习弹钢琴。当工作压力难以承受时，他便会坐到钢琴前弹奏一些轻松的旋律，如《菊次郎的夏天》或《蓝色多瑙河》。这样的活动不仅使他的心情得到放松，还帮助他从工作压力中暂时脱身，从而更好地处理工作中的问题。一位护士在工作中经历了长时间的高强度劳动后选择在业余时间参加绘画班。她通过画笔描绘自己心中的宁静风景，例如一片静谧的湖面或一束温暖的阳光。这些活动帮助她从日常的快节奏中抽离出来，进入一种更平和的心境。舞蹈作为一种身体力行的艺术形式，同样能够有效地帮助人们缓解压力。一个刚从学校毕业、面临职场挑战的年轻人可能会选择加入街舞工作室，通过充满活力的舞蹈动作，如嘻哈或霹雳舞，来舒缓神经和释放积累的压力。舞蹈带来的身体上的放松和愉悦可以大大改善个人的情绪状态。一位在外企工作的销售经理通过参与业余戏剧社团的活动，扮演各种角色从而释放工作中的紧张情绪。在排练《悲惨世界》等戏剧作品时，他能够在不同角色之间切换。这不仅让他暂时忘却了现实生活中的压力，也让他学会了如何更好地控制自己的情绪。

杜甫一度因家庭和事业的双重压力而低迷，他感觉自己仿佛置身于汹涌的大海之中，随时有被淹没的危险。然而，即便在这种困境中，杜甫也没有放弃，而是通过诗歌宣泄和调节自己的情绪。他写下了《登高》一诗：

风急天高猿啸哀，渚清沙白鸟飞回。

无边落木萧萧下，不尽长江滚滚来。

万里悲秋常作客，百年多病独登台。

艰难苦恨繁霜鬓，潦倒新停浊酒杯。

在这首诗中，杜甫通过描绘大自然的景象抒发自我，释放了内心的情感和压力。他将自己的心境与自然景色相结合，展现了一种对生活的豁达和宽容。尽管面对困境和磨难，杜甫依然保持着内心的平静和坚强。

文学创作是情绪管理和压力释放的有效途径。一位面临人生转折的中年作家可能通过书写以自身经历为脚本的小说来进行自我疗愈。他在文字中重塑自己的经历和情感，这种创造性的写作过程不仅是对个人经历的反思，也是一场心灵的净化。

我们可以看到，美育可以通过多种形式帮助个体进行情绪调节和管理压力。它们为个体提供了一种从日常生活压力中暂时脱离出来的方式以及一个自由表达自己情感的平台。通过这些艺术活动，个体不仅能够发现新的自我表达方式，还能学会从不同角度看待问题，从而更好地理解和调节自己的情绪。此外，美育还促进了一种积极的生活方式。在艺术的创造和欣赏过程中，个体学会了停下来观察和感受周围的美好，这种注意力的转移有时正是缓解压力的关键。公园里画画的风景画家，或是城市角落里吹奏街头音乐的音乐家，在享受创作过程的同时，他们也将自己从日常的压力中解脱出来。生活中各种形式的美育实践为我们提供了丰富的资源和工具，帮助我们培养情绪调节与压力管理的能力。通过艺术体验，我们不仅可以获得美的享受，还能够在面对生活挑战时拥有更多的应对策略，帮助我们以更加健康和平衡的心态生活。

（三）培养人际交往与适应社会的技巧

在当今这个快速变化的社会中，个体面临着巨大的社交挑战和心理压力。美育与心理健康教育的结合提供了一种独特的途径，以艺术体验丰富个体的情感体验，增强心理韧性。艺术活动如绘画、音乐演奏、戏剧表演或舞蹈编排等不仅能够为个体提供情绪释放的渠道，还能够通过创造和欣赏的过程帮助个体表达自我，实现心灵上的沟通与共鸣。

诗人李白倜傥不羁，行走天下。他游历山川，饮酒作诗，尽显风流。一日，李白来到洛阳，看到市井繁华，百川交汇。漫步街头，李白偶遇一位士人，风度翩翩，气宇轩昂。他名唤杜甫，亦是文人雅士，心怀文学之梦。二人相见，志趣相投，便结识于此。李白一展豪情，邀杜甫共饮美酒，赋诗作歌。两人畅谈诗文之道，论及人生百态。李白挥毫写下《将进酒》，豪情满怀，壮志凌云，醉心诗酒之间；而杜甫则吟咏《秋兴八首》，意境幽远，感怀时事，映照时代变迁。酒过三巡，二人情谊更深。李白与杜甫相互倾诉心声，畅谈人生理想。二人各显才华，相互启迪，情投意合，结下深厚友谊。此后，李白与杜甫时常相约诗会，共同探讨文学艺术，交流思想感情。他们留下的一首首不朽之作也成为后世文学宝库中璀璨的明珠。

艺术创作是一种非语言的沟通方式，它跨越语言和文化的界限，促使个体以更加开放的心态去理解他人的观点和情感。这种在艺术互动中建立起来的共情和理解是人际交往中不可或缺的元素。在现代社会，良好的人际交往技巧和社会适应能力往往是个体成功的关键。一位从事心理咨询工作的专业人士在接待一位失去亲人的客户时，可能会采用艺术治疗的方法。通过绘制情感画布或塑造悲伤雕塑，个体可以在没有语言限制的情况下表达和释放内心的情感。学生通过参与戏剧制作，学习如何表达不同的角色和情感。这不仅是一个学习表演技巧的过程，也是一个理解他人情感和观点的机会。当学生在舞台上扮演不同的角色时，他们不仅学会了表达自己，也学会了从他人的角度看待世界。此外，我们可以在社区的艺术展览中看到艺术家通过画布表达他们对社会现象的感受，观众则通过观赏实现共鸣，并开始讨论和反思。在这个过程中，艺术成为一种连接个体与社会的桥梁，提供了一种在安全环境下探讨和处理公共事件的方式。

心理健康教育的重点之一在于情绪的认知与调节。掌握了美育所提供的情感表达工具后，个体可以更加有效地识别自己的情绪状态，并通过艺术形式进行调节和管理。例如，通过音乐来舒缓紧张的情绪，通过绘画来表达内心的压抑，或者通过编舞来释放积累的能量。这种自我调节的能力是保持心理健康的关键，也是建立良好人际关系的基石。

良好的社交技巧不仅需要语言上的交流，更需要非语言交流技巧的配合，如肢体语言、面部表情和情感感知等。美育通过艺术活动让个体在实践中自然地练习这些技巧，比如，通过戏剧表演学习如何在不使用言语的情况下传达情感，或者在合作完成一个艺术作品时学习倾听和沟通。此外，美育与心理健康教育的结合有助于培养个体的同理心，这是社会适应中的重要能力。同理心帮助个体感受并理解他人的情绪和观点，从而在人际互动中展现出关心和理解。通过参与集体艺术活动，个体不仅能够感受到自己的情感变化，还能够学习如何察觉并回应他人的情绪需求，进而在真实的社交场合中更好地与他人交往。两者相结合的教育实践可以为个体提供一个全面发展的平台，使其在情感、心理以及社交层面得到均衡和谐的成长。

二、心理健康教育在美育中的实践路径

在古希腊，人们信奉"身心和谐"的理念，将美育视作心灵的疗愈之道。古希腊伟大的哲学家亚里士多德在他的著作《诗学》中提到悲剧和喜剧如何通过情感的宣泄与共鸣达到净化心灵的效果。他所说的"卡塔西斯"，即通过艺术体验来洗涤心灵，是心理健康教育的早期实践。转向东方，中国古代的文人墨客以诗书绘画修身养性。王维是唐代诗人兼画家，他的山水诗如《鹿柴》："空山不见人，但闻人语响"，不仅描绘了一幅幽静的山林景象，也传达了一种超脱尘世的心境，引领读者进入一种宁静致远的精神状态。再看现代，心理学家弗洛伊德通过对艺术作品的分析，发现创作过程中的无意识表达对于个体心理健康的重要性。艺术家通过绘画、雕塑等形式将自己的内心世界展现于世，这不仅是一种创造行为，也是一种自我疗愈的过程。

庄子主张"自然无为"，倡导人们放下功利心态，追求内心的自由和安宁。庄子闲游于山林之间，忽然发现一只蝴蝶翩翩起舞。他被蝴蝶的自由自在所吸引，心生感悟，于是坐下来用诗歌的形式表达了他的心得：

昔者庄周梦为蝴蝶，栩栩然蝴蝶也。自喻适志与！不知周也。

　　这首诗歌简洁而富有哲理，表达了庄子对自然的敬畏和对自由的追求。庄子通过诗歌的形式引导人们去体验大自然的美好，放下内心的焦虑和纷扰，追求内心的平静与和谐。当代社会快速发展，人们越来越注重精神层面的追求和健康。心理健康教育与美育的结合便是在这样的背景下应运而生的一种教育创新实践。其通过艺术体验培养个体的心理韧性、情感表达和社会适应能力，不仅能够提升个人的审美素养，还能促进其心理的全面健康发展。在探讨这一主题时，我们可以从生活的一个具体场景开始：假设在一堂普通的美术课上，老师发现学生普遍面临着学业压力大、情绪波动频繁的问题，于是决定通过一系列富有创意的艺术活动来引导学生表达和管理自己的情绪，进而提高他们的心理健康水平。

　　老师可以组织一次"情绪色彩"活动。在这个活动中，学生被鼓励用不同的颜色来描绘自己当前的情绪状态。例如，蓝色可能代表平静或忧郁，红色可能代表愤怒或激情，而绿色可能象征安宁或新生。通过这样的色彩表达，学生不仅能够学习到颜色与情绪之间的联系，还能够在无言的画布上打开自己的内心世界。这种情绪的可视化有助于学生认识到情绪的多样性和复杂性，从而更好地理解和接纳自己的感受。接着，老师可以引入"心灵拼贴"项目，让学生收集各种杂志图片或者日常物品，并将它们拼贴成一幅代表自己内心世界的画作。在这个过程中，学生将进行一次深入的自我探索，他们需要思考哪些元素能够代表自己的兴趣、梦想、恐惧和希望。这种创作方式不仅能够激发学生的创造力，还能够帮助他们建立起自我意识和自尊，这对于青少年的心理健康发展至关重要。老师还可以安排一次"共情雕塑"工作坊活动，让学生两两合作，用黏土或其他可塑材料来塑造对方的身体姿态或表情。在这个过程中，学生需要仔细观察并感受对方的情绪和身体状态，这不仅能够增强他们的观察力和同理心，还能够促进同学之间的相互理解和支持。老师可以组织一场"心灵剧场"表演，让学生通过角色扮演和即兴戏剧来诉说自己的故事和情感。在这样一个安全的环境中，学生可以自由地展现自己的脆弱和力量，学会如何在现实生活中应对各种社交场合和缓解心理压力。

　　这些艺术活动的设计和实施不仅可以帮助学生在艺术创作中找到情感的出口，还能教会他们如何在生活中积极面对挑战，培养他们的抗压能力和自我调节技巧。这种教育方式能够触及学生的内心，让他们在美的熏陶中实现心灵的成长和疗愈。由此可见，心理健康教育在美育中的实践是一种以学生为中心，通过艺术活动促进情感表达和心理发展的过程。

（一）整合美育资源，创新心理健康教育模式

　　在我国古代，诗歌创作是美育的重要形式之一。唐代大诗人杜甫的诗歌充满了对人生百态的感慨和对社会现实的深刻洞察。他通过诗歌表达自己的情感，引导读者思考人生的意义和价值。同时，他的诗歌也具有心理治愈的作用，能够帮助读者调节情绪、减

轻压力。例如，他在《春望》一诗中写道："国破山河在，城春草木深。感时花溅泪，恨别鸟惊心。"这首诗表达了作者对国家命运的忧虑和对美好生活的向往，同时也启发读者思考国家和个人的关系，激发他们的爱国情怀和社会责任感。在古希腊时期，抒情诗人如品达和西蒙尼德斯等人的作品不仅具有审美价值，还蕴含着深刻的心理健康教育意义。他们的诗歌关注人的内心世界，探索人性的复杂性和多样性。通过倾听和诵读这些诗歌，人们能够更好地认识自己、理解他人，从而提升个体的心理素养。文艺复兴时期，艺术家将美育与心理健康教育相结合，创作出了许多令人叹为观止的作品。达·芬奇的《蒙娜丽莎》、米开朗琪罗的《大卫》等作品不仅展现了卓越的艺术技巧，还传达了深刻的心理内涵。这些作品通过对人物形象的精细刻画和对情感的深入挖掘，引导观众思考人性的本质和生活的意义。

在当今的教育领域，面对学生多样化的心理需求，学校和教育机构不再局限于传统的心理健康教育途径，而是开始寻求与美育资源的整合，以期打造一个创新的心理健康教育教学模式。这一模式利用艺术的广泛影响力和渗透性，以美育为载体，通过艺术活动、创造性表达和审美体验引导学生认识和调适自己的心理状态，促进其情感、人格和社会适应能力的全面发展。

要实现这一目标，首先需要对现有的美育资源进行梳理和整合，这不仅限于美术和音乐等传统艺术形式。这些资源的有效整合可以构建一个富有层次和多样性的美育平台，为学生提供更加全面和立体的心理健康教育体验。创新心理健康教育模式的关键在于如何将这些美育资源有效地融入心理健康教育中。以下是一些实践路径的探索。

（1）艺术治疗工作坊：通过艺术治疗师的引导，学生可以在绘画、雕塑、陶艺等工作坊中自由表达内心世界。艺术治疗提供了一套非语言沟通方式，帮助学生释放压力、调整情绪，同时也为心理健康教育工作者提供了解学生内心的窗口。

（2）剧场互动课程：将角色扮演和即兴剧融入心理健康教学，让学生在扮演不同角色的过程中体验不同的情感和生活场景。这种模拟现实的互动方式有助于提高学生的同理心和社交技能，增强他们处理现实问题的能力。

（3）环境美学体验：通过参与校园环境美化项目，学生可以在实践中学习如何通过改变周围环境来影响自身和他人的情绪。种植花草、绘制壁画等活动不仅美化了校园环境，也让学生体验到创造美的过程对心理健康的积极影响。

（4）影视作品讨论会：选择与心理健康主题相关的影视作品作为教学素材，组织学生观影并进行讨论与反思。通过分析角色的心理动机和情感发展，学生能够更好地理解复杂的人际关系和认知自我。

美育资源与心理健康教育的结合将会形成一个寓教于乐的教学环境，有助于学生在轻松和愉悦的氛围中探索自我、调节情绪，并最终实现心理健康素养的提升。更重要的是，这种创新模式强调了学生的主体性，鼓励他们主动探索和解决问题，培养他们的创造力和自我效能感。

（二）评估美育对提高心理素养的效果

在古希腊，美育与身体、心灵教育并重，尤其在斯巴达，孩子们被教导通过舞蹈、音乐和体育来培养坚韧和自律的品格。例如，传说中的斯巴达少年训练制度"阿哥格"（Agoge），不仅锻炼了年轻人的身体，还增强了他们的心理韧性。这种严格的教育体系塑造了一代又一代勇敢坚强的斯巴达战士，其心理素养在当时被认为是最优秀的。达·芬奇不仅是一位杰出的艺术家，也是一位科学和心理学的探索者。他的画作《最后的晚餐》展现了画中人物复杂的心理活动。通过观察这幅画，人们能够感受到画中人物的情感波动，进而引发对自己情感的反思和认知。达·芬奇的作品教会我们如何通过艺术来理解人性，这是一种有效的心理健康教育方法。苏轼是我国宋代一位伟大的文学家、书法家和画家。他的词作《念奴娇·赤壁怀古》抒发了他对历史兴衰的感慨和对个人命运的无奈。通过该词，苏轼不仅表达了自己的情感，也启发读者去思考生命的意义和面对困境的态度。他的作品至今影响着人们，帮助我们认识到通过艺术表达情感的重要性。现代艺术治疗是评估美育对心理素养提升效果的一个典型例证。艺术治疗师利用绘画、雕塑等艺术活动帮助患者表达难以用言语描述的情感，从而促进心理健康。例如，抽象表现主义画家弗朗兹·克莱恩（Franz Kline）的作品以强烈的黑白对比和大胆的笔触，为观众提供了一种释放压力和情绪的途径。

随着教育领域对学生心理健康的日益重视，美育作为一种创新的心理健康教育方式，其在实践中的应用和效果受到了广泛关注。通过艺术活动、创造性表达和审美体验，美育不仅丰富了学生的精神生活，还有助于他们表达情感、塑造人格和提升社会适应能力。

首先，评估美育对提高心理素养的效果需要明确评估的目标和指标。这些指标可能包括学生的情绪调节能力、压力管理能力、自我认知水平以及同理心和社交技能等。通过设定具体的评估指标，我们可以更有针对性地设计美育活动，并在活动结束后对学生在这些方面的变化进行量化分析。

其次，评估方法的选择也很关键。以下是一些可行的评估方法。

（1）前后测试比较：在美育活动开始前后，分别对学生进行心理健康水平的测试，通过对比两次测试的结果，评估美育活动对学生心理素养的影响。

（2）问卷调查：设计包含多个维度的问卷，如情绪状态、压力感受、人际关系等，让学生在参与美育活动前后填写，以了解他们的主观感受和变化。

（3）观察法：在美育活动中，教师或专业人员对学生的行为进行观察，记录他们在情绪管理、团队合作等方面的表现。

（4）案例研究：选择个别学生或小组作为案例，深入分析他们参与美育活动的过程和变化，以获取更细致的信息。

（5）作品分析：分析学生的艺术作品，如绘画、音乐创作、写作等，从中挖掘他们的情感表达和心理变化。

（6）自我报告：鼓励学生写下自己的感受和体验，通过他们的自我报告来评估美育活动的效果。

最后，评估过程中需要确保数据的准确性和可靠性。这可能需要多种方法组合使用，以及对数据进行统计分析和解释。同时，评估不应仅关注短期效果，还应考虑长期跟踪学生的发展和变化。通过有效评估，我们可以更准确地理解美育在心理健康教育中的作用，进而优化教学策略，提升美育活动的质量。

第二节　美育心理学、审美心理学概述

在当代社会，人们对心理健康与生活质量日益重视。美育心理学和审美心理学作为研究美的体验对个体心理状态影响的学科，逐渐受到广泛关注。这两个学科虽然有着共同的关注点——美的体验，但它们的研究重点和目标有所不同。

桑德罗·波提切利的《维纳斯的诞生》描绘了象征爱与美的女神维纳斯从海浪中诞生的场景。这幅画不仅展现了美的视觉形象，也激发了观赏者对生命起源、爱情和自然美的深层次思考。观赏者在欣赏这幅画时，可能会体会到一种心灵上的净化和提升。在古希腊，剧场是公民教育的重要场所。悲剧和喜剧不仅提供了娱乐功能，还承载了道德教化和心理启发的功能。例如，索福克勒斯的悲剧《俄狄浦斯王》探讨了宿命、自我发现和责任的主题。观众通过观看这些戏剧体会角色的心理冲突和情感波动，从而反思自身的行为和生活选择。这种观看体验是一种集体的美育实践，它唤起了个体的情感共鸣和同理心。

美育心理学主要关注如何通过艺术教育促进个体的心理发展，涵盖艺术创造、艺术欣赏以及艺术批评等活动，旨在通过艺术活动培养个体的创造力、想象力和批判性思维。在实际生活中，我们可以看到许多与美育心理学相关的例子，如家庭和学校环境中的艺术教育。通过参与绘画、音乐或舞蹈等艺术活动，孩子们不仅能够培养对美的感知能力，还能够促进他们的情感表达和创造力的发展。

与美育心理学不同，审美心理学更侧重于探讨个体在面对美的对象时所产生的心理活动。它关注的是个体如何感知、评价和创造美的事物，以及这些心理活动如何影响个体的情绪状态和行为表现。在生活中，我们每个人都会经历各种各样的审美体验，如欣赏美丽的自然风光、聆听动人的音乐或者观赏精美的艺术品。这些审美体验不仅能够带给我们愉悦的感受，还能够激发我们的创造力和想象力，甚至影响我们的价值观念和人生态度。

在古代中国，孔子对《诗经》的评价"诗三百，一言以蔽之，曰：思无邪"体现了他对诗歌教育价值的认可。《诗经》中包含了多种情感表达和对社会生活的描述，从宴饮欢乐到战争悲伤，这些诗歌不仅是文学创作，也是传递情感、教化人的工具。孔子认为，通过学习和吟诵这些诗歌，人们的道德和情感可以在无形中受到熏陶。

然而，尽管美育心理学和审美心理学在研究重点上有所不同，但它们之间存在着密

切的联系。第一，它们都关注美的体验对个体心理状态的影响。无论是通过艺术教育来培养个体的心理品质，还是通过审美体验来影响个体的情绪状态和行为表现，这两个学科都强调了美的体验在个体生活中的重要作用。第二，它们都采用了类似的研究方法和技术。实验法、观察法、访谈法等研究方法在这两个领域都得到了广泛应用。第三，随着科技的发展和文化的交流，美育心理学和审美心理学也在不断地更新其研究内容和方法。数字艺术、虚拟现实技术等新兴领域为研究者提供了新的平台，帮助我们探索数字时代的审美体验和美育实践。跨学科研究也为理解不同文化背景下的审美差异和共通性提供了新的视角。

美育心理学的基本理论框架

美育心理学作为一门研究美的体验、创造与教育如何影响人的心理状态和行为的科学，为人们提供了一个理解艺术与心理互动的窗口。它的基本理论框架包括审美感知理论、情感表达理论、创造性发展理论以及跨文化审美经验等方面。这些理论不仅在学术领域具有价值，在我们的日常生活中也能被实际应用和体现。

在生活中，我们经常会发现，艺术以各种形式存在并影响着我们：一个精心布置的家居环境、一首动听的音乐、一部震撼心灵的电影或是一幅引人入胜的画作，都能在不同程度上触动我们的情感，提升我们的审美体验。

例如，当我们在一个充满绿树和鲜花的环境中散步时，这种环境美学的体验可以让我们感到放松和愉悦。根据审美感知理论，这样的环境通过视觉和嗅觉等感官刺激，激发了我们内在对美的感知，进而引发积极的情绪反应。这种情绪的变化能在脑海中产生可测量的活动变化，表明美的体验确实能够影响我们的心理状态。

许多人在面对压力和挑战时会选择聆听音乐来调节情绪。奥地利作曲家莫扎特的音乐被广泛用于音乐疗法中，因为他的作品结构清晰、旋律优美，能够帮助人们放松心情，缓解焦虑。音乐疗法的实践证明，艺术可以作为一种非语言的沟通方式，帮助人们表达难以言说的情感，从而达到心理疗愈的效果。情感表达理论指出，音乐能够帮助人们表达和释放内心的情感。实验证明，柔和的音乐有助于稳定心率和血压，减轻焦虑和紧张情绪。因此，在紧张的工作后听一段轻柔的乐曲，对于保持情绪稳定和缓解紧张情绪具有显著效果。

至于创造性发展理论，它强调了艺术活动如绘画、写作、舞蹈等在促进个体创造力发展中的重要作用。成人或儿童参与这些活动除了娱乐，还能够锻炼想象力、提升解决问题的能力以及增强自我表达能力。比如，家长鼓励孩子学习绘画，不单是为了培养他们的艺术技能，更是为了激发孩子的创新思维，让他们在未来遇到问题时能够想出更多的解决方案。

跨文化审美经验让我们明白，尽管具有不同文化背景的人可能会对同一艺术作品有不同的理解和感受，但美具有普遍性。例如，不同国家的观众在欣赏同一部电影时可能会有不同的解读，但影片中的美感，如画面的构图、色彩的搭配、音乐的节奏等却能跨越语言障碍和文化差异，为全世界的观众带来共同的审美享受。美育心理学的基本理论框架揭示了艺术与人类心理之间复杂而深刻的联系。通过这些理论，我们不仅能够更深入地理解艺术教育和审美体验对个人发展的影响，而且能够在现实生活中找到保持自身心理健康与提升幸福感的途径。

（一）美育心理学的定义与研究对象

美育心理学是研究人在参与及体验美育活动时的心理反应、心理功能以及心理发展规律的科学。它尝试解释个体如何通过美育活动，包括艺术欣赏、艺术创作和审美经验等来发展认知、情感和意志等心理品质，进而促进个性完善和价值实现。

研究对象方面，美育心理学关注的是个体在整个美育过程中的心理变化，这包括但不限于对美的感知、理解、创造和评价等各个方面。比如，当一个孩子首次接触古典音乐时，他可能对音乐中的旋律产生好奇，对节奏感到愉悦，这种对美的直接感知是美育心理学关注的起点。随后，孩子可能会在老师的指导下了解到这首曲子背后的故事和历史，从而对音乐产生更深层次的理解，这个过程涉及认知的扩展和情感的深化，同样是美育心理学研究的内容。进一步，如果孩子在感受到音乐的美之后开始尝试自己演奏或创作音乐，那么他的创造力和审美能力就得到了提升，这也是美育心理学所关注的重点。

实际生活中的例子无处不在，我们可以从不同年龄段个体的经历中找到美育心理学的身影。例如，一个青少年在参加绘画课程时，他的作品从简单的涂鸦逐渐在构图、色彩搭配上有了提升，这表明了他在美育活动中逐渐培养出了审美能力和创造力。再比如，一个成年人在观看一场舞剧后被深深打动并决定学习舞蹈，这种由美的体验激发的学习动力和自我提升的追求也是美育心理学研究的对象。一个经过精心设计的公共空间，如一个拥有装置艺术和绿化植物的广场，可以让人们感到放松和愉悦，这种环境美给人们的心理健康带来的积极影响是显而易见的。在这样的环境中，人们更愿意进行社交互动，更容易产生积极的社会行为，这也反映了美育心理学中关于环境美感与人际关系的研究内容。父母通过给孩子讲述富含美学元素的故事，或者一起参与家庭绘画活动，不仅能增进亲子关系，还能培养孩子的想象力和创造力。这些日常活动实际上就是一场场美育实践，它们对孩子心理发展的影响正是美育心理学试图揭示的内容。

美育心理学是一个多元化且跨学科的研究领域，它不仅有助于我们理解艺术与心理之间的相互作用，还为我们提供了通过美育促进个人和社会发展的理论基础。通过对美育心理学的研究，我们可以更深入地了解人类对美的渴望和追求如何影响我们的思想和行为，以及如何在教育和个人成长中利用美的经验和创造性活动来促进心理健康和个性发展。

（二）美育心理学的研究方法与发展历程

《诗经》是我国最早的诗歌总集，它不仅反映了周代至春秋初期的社会生活，也是一部重要的美育教材。孔子曾说："不学诗，无以言。"这表明了学习《诗经》的重要性，以及通过诗歌学习进行情感教育和提高道德修养的思想。《诗经》中的"风雅颂"，分别代表了不同地区、不同风格和不同主题的诗歌，它们传达了从爱情、婚姻到政治、社会的各类情感和价值观。这种通过诗歌进行的美育实践展现了早期审美教育如何塑造人的情感和道德观念。文艺复兴时期是西方艺术史上的一个黄金时代。艺术家如达·芬奇、米开朗琪罗和拉斐尔等人的作品，不仅展示了人文主义精神和对古典美学的追求，也反映了当时对人的心理状态和情感表达的深刻理解。以米开朗琪罗的西斯廷礼拜堂天顶画为例，其描绘了创世纪的故事，通过人物的姿态、表情和动作，传达了复杂的情感和宗教信息。这些作品不仅是视觉艺术的杰作，也是心理健康教育和精神启迪的工具。18 世纪末至 19 世纪初，德国浪漫主义成为审美教育的一个新阶段。这个时期的艺术家和思想家，如歌德、席勒和康德，强调自然、个人情感和创造力的重要性。歌德的《少年维特之烦恼》不仅是一部文学作品，也反映了个体情感的复杂性和对自由的追求。席勒在他的《审美教育书简》中提出，美的教育可以解放人的感性和理性，实现人格的完整和谐。这些思想标志着审美教育从单纯的艺术技能训练转向个体心灵发展和自我完善的方向。进入 20 世纪，随着心理学和教育学的发展，美育心理学开始采用更加科学和系统的研究方法。心理学家如弗洛伊德和荣格将艺术视为深层心理活动的体现，他们的分析方法被用来解读艺术作品和创作者的心理状态。同时，教育学者如约翰·杜威（John Dewey）提出了"经验教育"的概念，强调学生通过参与艺术活动来获得经验，从而促进认知和情感的发展。现代美育心理学的实验研究，如使用艺术品进行情绪调节的实验，或是通过艺术治疗来帮助人们处理创伤后应激障碍（PTSD），都是这一学科发展的明证。

美育心理学作为一门探讨艺术与心理相互作用的学科，其研究方法和发展历程具有丰富的内容。从早期的直觉审美到现代的跨学科研究，美育心理学经历了一系列变化，这些变化不仅揭示了科学发展的轨迹，也反映了社会文化的变迁。在研究方法上，美育心理学最初倾向于采用定性分析的方法，如个案研究、现象学描述和深度访谈等。这些方法依赖于个体对艺术体验的主观报告，以及研究者对参与者反应的观察和解读。例如，一位艺术家在创作一幅画作时的心路历程，或者一位观众在欣赏一场戏剧表演后的情感体验，都是早期美育心理学研究的典型主题。

随着科学研究的发展，美育心理学开始引入更多定量的研究方法，包括实验设计、问卷调查、心理测量学评估等。这些方法使研究者能够收集更精确的数据，对审美体验进行更客观的分析。比如，通过控制实验条件来比较不同音乐风格对情绪的影响，或者使用标准化的问卷来评估美术教育对学生创造力发展的作用。

在发展历程中，美育心理学最初源于对哲学和美学的讨论，随后逐渐融入心理学和教育学的研究范畴。在早期，它更多地关注审美经验的内在性质和艺术作品的美感特质。然而，随着时间的推移，研究者开始关注美育如何影响个体的心理发展和社会行为。

家庭和学校环境中的艺术活动，如儿童绘画、音乐教育和戏剧表演，这些活动不仅是为了培养孩子的艺术技能，更是通过艺术体验来促进他们的情感表达、创造力和社交能力。研究表明，参与这些美育活动的孩子在情绪调节、同伴关系和学习动机等方面表现出积极的发展。城市空间中的雕塑、壁画和绿化工程不仅可以提升环境的美观度，还能增强社区的凝聚力，减少犯罪行为，提升居民的幸福感。这种公共艺术项目的成功实施，往往基于对当地居民审美需求和心理反应的深入研究。

随着科技的进步和社会的变化，美育心理学也在不断更新其研究方法和扩展研究领域。数字技术的应用使虚拟艺术环境成为可能，这为研究虚拟环境下的审美体验提供了新的视角。同时，跨文化的比较研究也日益增多，这有助于我们理解不同文化背景下的审美差异和共通性。美育心理学的研究方法和发展历程体现了科学探索的不断深化和文化视角的多元融合。从个体的主观体验到群体的行为研究，从单纯的审美感受到跨文化的心理比较，美育心理学为我们揭示了艺术与心理的复杂联系，以及艺术教育在个人和社会发展中所具有的重要价值。

（三）审美心理学与美的经验

我们以唐代诗人李白的名作《静夜思》为例，深入分析这首诗如何体现了审美心理学中美的体验。

《静夜思》是一首表达思乡之情的短诗，其全诗如下：

> 床前明月光，疑是地上霜。
> 举头望明月，低头思故乡。

这首诗意境深远，情感真挚，不仅描绘了一个宁静夜晚的景象，更通过这一景象抒发了诗人对故乡的深深思念。从审美心理学的角度来看，《静夜思》展现了以下几个方面的美的体验。

（1）感官体验：诗的开头"床前明月光"直接刺激了读者的视觉感官，使人仿佛看到了那洒在床前的月光。这种视觉的美，是审美体验中最直接、最基础的部分。

（2）情感共鸣："疑是地上霜"和"举头望明月，低头思故乡"引发了读者的情感共鸣。月光如霜，清冷而明亮，这种视觉与触觉的联合效果加深了读者对夜晚寂静之美的感受。同时，诗人抬头望月、低头思乡的动作传达了一种深切的乡愁，使读者感同身受。

（3）想象与联想：诗中的月光和霜不仅构成了美的意象，也激发了读者的想象和联想。月光成为连接现实与故乡、物质世界与精神家园的桥梁。读者通过这种想象和联想，体验到超越具体事物的美感。

（4）内省与反思："低头思故乡"不仅是诗人个人的情感流露，也是对读者内心世界的触动。这使读者不仅感受到外在世界的美，还引发了对自己内心世界的探索和反思。审美经验在这里转化为一种深层次的心灵体验。

《静夜思》展示了美的经验如何从感官体验开始，逐步深化为情感共鸣、想象联想，最终实现内省与反思的过程。这首诗简洁而深刻，它不仅反映了李白个人的思乡之情，也触及了人类共有的审美心理和情感体验，它成为中华文化中流传千古的经典之作，至今仍能引起读者强烈的审美共鸣。

在当今快节奏的生活中，我们常常被无数的视觉、听觉甚至嗅觉的刺激所包围。然而，在这些刺激中，只有极少数能够激发我们深层次的审美体验。审美心理学便是研究人们这种审美体验过程和机制的一门学科。它不仅涉及感官的直接感受，更涉及情感、想象、理解等心理活动在审美过程中的综合作用。而美的经验则是审美心理学的核心概念之一，它指的是人们在面对美的事物时所产生的主观感受和心理状态。

在探讨审美心理学与美的经验时，我们还可以以宋代词人柳永的《雨霖铃·寒蝉凄切》为例进行理解。这首词描绘了一幅秋天雨后的别离场景，情感细腻而深刻。

《雨霖铃·寒蝉凄切》
寒蝉凄切，对长亭晚，骤雨初歇。
都门帐饮无绪，留恋处，兰舟催发。
执手相看泪眼，竟无语凝噎。
念去去，千里烟波，暮霭沉沉楚天阔。
多情自古伤离别，更那堪，冷落清秋节！
今宵酒醒何处？杨柳岸，晓风残月。
此去经年，应是良辰好景虚设。
便纵有千种风情，更与何人说？

词的开头"寒蝉凄切"立即唤醒了读者的听觉感受，使人仿佛听到了寒蝉的鸣叫，感受到秋风的凄凉。这种声音与季节的结合，触发了读者的感官记忆和情绪反应，是审美经验中感官层面的体验。接着，"都门帐饮无绪"至"竟无语凝噎"数句，通过描述别离的场景和人物的情感，引发了读者的情感共鸣。特别是"执手相看泪眼"这一细节描写，使读者深切地感受到人物间的爱恋与不舍，从而激发了共鸣。词中的"千里烟波"和"暮霭沉沉楚天阔"等意象，不仅构建了一个宏大的空间背景，也激发了读者的想象和联想。读者可以通过这些意象想象出一片广阔的湖面和迷蒙的天空，体验到词人所表达的深远的离愁别绪。最后，"此去经年，应是良辰好景虚设"和"便纵有千种风情，更与何人说"两句，不仅是词人个人的感慨，也是对读者内心世界的触动。这使读者不仅感受到了外在世界的美，还引发了对自己内心世界的探索和反思。审美经验在这里转化为一种深层次的心灵体验。《雨霖铃·寒蝉凄切》展示了美的经验如何从感官体验开始，逐步深化为情感共鸣、想象联想，最终实现内省与反思的过程。

在实际生活中，有许多例子可以说明审美心理学与美的经验之间的关系。例如，当我们在一个美丽的公园里散步时，我们会被各种美丽的景色所吸引。这时，我们的眼睛就像一台相机，将周围的美景捕捉下来并传送到大脑中。大脑会对这些信息进行处理和解读，从而产生一种美的感知。这种美的感知不仅仅是对物体外表的简单认识，还包括对其中蕴含的情感、意义和价值的认识。

除了视觉之外，听觉也是审美体验的重要来源之一。当我们听到一首美妙的音乐时，耳朵会将声音信号传送到大脑中。大脑会对音乐的节奏、旋律、和声等进行分析和解读，从而产生一种美的感受。这种感受可能包括愉悦、激动、平静等各种复杂的情绪状态。

除了视觉和听觉之外，触觉也可以成为审美体验的来源之一。当我们触摸到一件质地柔软、光滑的物品时，手部的感觉神经会将这种感觉传送到大脑中。大脑会对这种感觉进行分析和解读，从而产生一种美的感知。这种美的感知可能包括舒适、惬意、安心等各种复杂的情绪状态。

在现代生活中，我们可以看到许多结合了多种感官元素的审美体验。例如，在电影院观看一部电影时，我们不仅可以看到精美的画面、听到动人的音乐，还可以感受到座椅的舒适以及空气中的气味等。这些元素共同构成了一个完整的审美场景，让我们沉浸其中并产生强烈的审美体验。

除了单一感官的体验之外，跨感官的整合也是审美体验的一个重要方面。例如，在欣赏一幅画作时，我们不仅可以看到其颜色、线条和形状等视觉元素，还可以通过想象来模拟画中人物的动作和表情等。这种跨感官的整合可以增强我们对作品的理解和认同感，从而提升我们的审美体验。通过研究人类在面对美的事物时的心理活动和行为表现，我们可以更好地理解人类对美的追求和欣赏的规律。

1. 审美体验的心理过程

《星夜》是凡·高在1889年创作的一幅油画，其以独特的风格和深邃的情感表达而著称。画面描绘了一个星光璀璨的夜晚，天空中的星星和月亮以漩涡形状出现，下方是一个安静的小镇和静谧的教堂尖塔。整幅画作色彩鲜明，笔触生动，充满了动感。首先，观众的注意力会被画面上明亮的星星和月亮吸引，这些光源在深蓝色的夜空中显得格外突出。凡·高通过色彩对比和笔触技法，使观众的目光自然而然地关注到画面的中心。观众开始识别和理解画面中的元素，如小镇、教堂尖塔、远处的山脉等。凡·高通过变形和夸张的手法，传达了对自然界和人类生活的深刻理解，这使观众在认知层面上产生了对作品的思考。其次，观众会感受到作品中蕴含的情感。《星夜》中的漩涡状星空和明亮的色调，传达了一种既宁静又动荡的情绪。这种情感的传递使观众在情感层面与作品产生共鸣，体验到一种超越现实的美感。再次，《星夜》还激发了观众的想象和联想。画面中的星星和月亮可以让人联想到宇宙的浩瀚和生命的奥妙，而小镇和教堂则反映了人类社会和精神世界的秩序。这些元素共同构成了一种超越具体事物的意境，引发观众深层次的想象和联想。最后，《星夜》还可以引导观众进行内省和反思。凡·高的画作不仅仅是对外在世界的描绘，更是对内心世界的探索。观众在欣赏作品的过程中，可能会思考自己的生活、情感和价值观，从而获得一种心灵上的启迪和成长。《星夜》展示了美的体验如何从感知与注意开始，逐步深化为认知与理解、情感与情绪、想象与联想，最终实现内省与反思的过程。这幅画作不仅反映了凡·高个人的艺术追求和情感世界，也触及了人类共有的审美心理和情感体验。

在探索审美体验的心理过程时，我们首先需要认识到，审美体验并非一个简单的感官反应，而是一个涉及感知、情感、认知甚至行为的复杂心理活动。这一过程通常包括初始的感官刺激、感知的形成、情感的反应、认知的理解以及最终的审美判断和行为响应。在生活中，无论是欣赏一幅画作、倾听一段乐曲，还是品味一款设计精美的产品，我们都可以从中观察到审美体验的心理过程的各个阶段。

首先，审美体验始于感官的刺激。当我们的目光落在一朵绚烂的花朵上时，视网膜上的感光细胞接收到光线反射带来的物理信息，并将这些信息转化为神经信号传递至大脑。这是审美体验的起点，也是感官层面的基础。同样，当我们聆听一首悠扬的旋律时，耳朵捕捉到声波的振动并传递给大脑，触发了对音乐美的感知。

其次，这些感官信息在大脑中得到处理，形成对美的事物的基本感知。这一阶段不仅包括对物体形态、颜色、声音等基本特征的识别，还包括对这些特征组合所构成的整体形象的把握。例如，我们在观赏一幅画作时，不仅能够辨识出画中的线条和色彩，还能够感知到画面所表现的景色或情感氛围。

感知之后，审美体验往往伴随着情感的反应。情感是审美体验的核心，它涉及个人的情绪、记忆乃至文化背景。当我们看到一幅描绘自然风光的画作时，可能会因为画中的宁静和谐而感到放松平和；听到某首老歌时，可能会因为与过去的某个记忆相关联而恋旧。情感反应是审美体验中最能体现个体差异的部分，每个人的生活经历和文化背景都会影响其对美的情感体验。

在情感体验的基础上，认知理解开始发挥作用。这一阶段涉及对美的对象的意义、象征和文化价值的理解和解释。比如，对于一幅具有历史意义的画作，除了感受其视觉美感外，观众还可能试图理解画中的历史故事和艺术家的创作意图。认知理解使审美体验超越了纯粹的感官享受，上升到了思考和领悟的层次。审美体验的心理过程以审美判断和行为响应作为终结。审美判断是个体基于前述的感知、情感和认知综合评估后形成的评价，它决定了我们认为某个事物是否为"美"。而行为响应则是审美体验的外在表现，它可能是对艺术品的购买决定、对音乐的再次聆听，或是对设计的推荐。在实际生活中，当我们欣赏了一场精彩的舞蹈表演后，我们可能会通过掌声、赞美或是与他人分享来表达我们的审美判断和体验。

审美体验的心理过程是一个从感官刺激到感知形成，再到情感反应、认知理解，最终形成审美判断和行为响应的连续过程。这个过程不是被动地接受，而是主动地参与和构建。每个人的审美体验都是独一无二的，因为它受到个体生理、心理、文化背景和个人经验的影响。

2. 美感的形成机制与心理效应

我们可以借我国唐代诗人王维的名作《山居秋暝》来深入分析。这首诗以其清新脱俗、意境深远而被后人传诵。它不仅体现了诗人的审美体验，也引导读者进入一个丰富的心理感受过程。

《山居秋暝》
空山新雨后，天气晚来秋。
明月松间照，清泉石上流。
竹喧归浣女，莲动下渔舟。
随意春芳歇，王孙自可留。

从美感形成机制的环境因素来看，王维通过描绘雨后空山、明月、松林、清泉等自然景象，构建了一个宁静而和谐的自然空间。这些景象不仅具有视觉上的美感，还富含听觉和触觉上的美，如"竹喧归浣女"中浣女归来时的谈笑声，以及"莲动下渔舟"中渔舟划水的声音和动作。这种多感官的美的体验，使读者身临其境，感受到了诗人所感受到的美的环境和氛围。从心理效应的角度来看，《山居秋暝》中的自然景象和生活场景能够引发读者的情感共鸣和心理反应。例如，"空山新雨后，天气晚来秋"两句传达了一种宁静而清新的氛围，使读者心旷神怡；"明月松间照，清泉石上流"则体现了自然的静谧和生命的活力，使读者在心理上感受到一种平衡和宁静。此外，诗中的意象还激发了读者的想象力和联想。王维通过对自然景物的细腻描绘，引导读者想象出一个远离尘嚣、纯净而美好的世界，这种想象不仅是一种审美享受，也是一种心理上的逃避和放松。同时，诗中的生活场景如"竹喧归浣女"和"莲动下渔舟"也能够引起读者对于田园生活的向往和怀旧之情。《山居秋暝》还能够引发读者的内省和反思。诗中的"随意春芳歇，王孙自可留"表达了一种超然物外的生活态度和人生哲理，使读者在欣赏美的同时也思考自己的生活选择和价值观念。《山居秋暝》作为揭示美感形成机制与心理效应的古诗例子，展示了如何通过诗歌来构建一个富有美感的自然空间，以及这个空间如何影响读者的情感体验、认知过程和心理效应。

在社会的发展过程中，人类对美的追求从未停止。从古至今，人们一直在探索美感的本质和形成机制。随着心理学和相关学科的发展，我们对美感的理解逐渐深入，开始认识到美感不仅仅是一种主观感受，而是与人类的生理、心理和文化背景紧密相关的一种复杂现象。

维特鲁威在《建筑十书》中提出了"黄金比例"或"黄金分割"的概念，这是一种数学上的比例关系，其比值约为 $1:0.618$。这一比例被认为具有极大的审美价值，因为它能够给人以和谐、平衡的视觉体验。以古希腊的帕特农神庙为例，该神庙的设计就采用了黄金比例。神庙的宽度与高度、柱子之间的距离与整个立面的比例等都遵循了黄金分割的原则。这种比例的应用不仅使神庙的建筑结构显得和谐平衡，也使人们在观赏时产生一种无意识的愉悦感，这是美感形成机制中的一个重要方面。从心理效应的角度来看，黄金比例之所以能够引起人们的审美愉悦，与人类的进化心理学和神经心理学有关。一些研究表明，人脑对于黄金比例有一种天生的偏好，这可能源于人类长期的进化过程中对于对称性和平衡性的关注，因为这些特征在自然界中往往与健康和稳定相关联。此外，黄金比例在艺术作品中的应用也能够激发人们的好奇心和探索欲，引发深层次的情感共鸣和思考，这些都是审美体验的心理效应。

让我们从生理层面来探讨美感的形成机制。人类对美的感知始于感官的刺激。当我们看到一朵美丽的花时，眼睛中的感光细胞接收到光线反射带来的物理信息，并将这些信息转化为神经信号传递至大脑。同样，当我们听到一首悠扬的乐曲时，耳朵捕捉到声波的振动并传递给大脑，触发了对音乐美的感知。这些感官信息在大脑中得到处理，形成对美的事物的基础感知。这种基于生理层面的美感形成机制为我们提供了对美的初步认识。

然而，美感的形成并非仅仅停留在感官层面，它还涉及更复杂的心理活动。在日常生活中，我们经常会遇到一些具有美感的事物。它们可能是一幅美丽的画作、一首动人的音乐或一件精美的工艺品。我们面对这些事物时不仅会被它们的外在特征所吸引，还会感受到一种来自内心的情感反应。这种情感反应是美感形成的重要组成部分，其产生与个体的心理活动密切相关。当我们欣赏一件艺术品时，大脑会对其进行加工和理解。这个过程涉及记忆、想象、联想等多种心理活动。例如，看到一幅描绘自然风光的画作时，我们可能会联想到自己曾经经历过的类似场景，从而产生一种亲切感和愉悦感。这种由心理活动引发的情感反应使美感更加丰富和多样化。除了生理和心理层面的影响外，美感的形成还受到文化背景的影响。不同的文化背景赋予人们对美的不同理解和评价标准。例如，在西方文化中，人们往往强调个人情感表达和创造力；而在东方文化中，人们更加注重和谐、平衡和整体性。这种文化差异使人们对美的感知和评价存在一定的差异。

茶道不仅仅是泡茶和饮茶的过程，还是一种包含哲学、礼仪、艺术和精神修养的综合文化活动。在茶道中，每一个动作、每一件器具，甚至每一次呼吸都经过精心设计和考虑，旨在创造出一种简约而不失精致、平静而不失深意的美的体验。茶室内的布局、茶具的摆放、茶席的布置都遵循严格的规则和美学原则。这些规则和原则有助于营造出一种宁静、和谐的氛围，这是美感形成机制中的环境因素。从心理效应的角度来看，茶道通过其独特的审美体验，对参与者产生了一系列积极的心理影响。首先，茶道中的仪式感和秩序感能够引导人们进入一种冥想般的状态，这种状态有助于放松身心、减少压力；其次，茶道中的简约美学和自然元素（如花木、石头等）能够激发人们对自然美的欣赏，从而提升愉悦感和满足感；最后，茶道的互动性和社交功能也能够增强人们的社会联系和归属感，这是美感心理效应中的社交层面。茶道展示了如何通过文化活动来构建一个充满美感的环境，以及这种环境如何影响人们的情感和认知过程，也反映了人类对于和谐、平衡和精神性满足的普遍需求。

在实际生活中，我们可以通过多种途径来培养和提升自己的美感。首先，我们可以多接触自然和艺术领域，欣赏各种美丽的景物和艺术品。这不仅可以增加我们的审美经验，还能够激发我们的情感反应和创造力。其次，我们可以学习和了解不同文化背景下的审美标准和价值观，拓宽自己的视野并培养跨文化交流的能力。最后，我们可以通过实践来培养自己的美感，如参加艺术创作活动等。总之，美感的形成机制是一个复杂的过程，涉及生理、心理和文化背景等多个方面。

第三节　弘扬中华美育精神：涵养"美丽心灵"

在浩瀚的东方文化中，中华美育精神如一股清泉，滋润着华夏子孙的心田。它不仅追求形式之美，更重视内在之美，强调通过美的教育来培养人们的心灵和品格。而"美丽心灵"则是这一精神孕育出的理想人格典范，它代表着一种高尚的情感态度、丰富的人文关怀以及深刻的生活智慧。中华美育精神源远流长，其内涵包括和谐、平衡、包容、创新等价值观。这些价值观不仅体现在艺术作品中，也渗透在人们的日常生活中。中国的园林艺术就是中华美育精神的生动体现。园林中的山水、植物、建筑相互依存，形成了和谐共生的生态环境。游览园林时，人们不仅能够欣赏到美景，还能够感受到人与自然和谐相处的哲理。这种和谐之美正是中华美育精神所倡导的核心价值之一。

苏州拙政园，作为中国四大名园之一，是江南园林的典范之作。它不仅代表了我国古代园林艺术的高峰，也凝聚了中华传统文化中的哲学思想和审美追求。拙政园的设计和布局充分体现了中华美育精神中的和谐与平衡。园中山水相依，植被繁茂，亭台楼阁错落有致，小桥流水人家，构成了一幅幅如诗如画的美景。这些景色不仅给人以视觉上的享受，更给予心灵上的抚慰。设计师通过对自然元素的巧妙运用和精心布置，创造了一个天人合一的理想空间。从涵养"美丽心灵"的角度来看，拙政园中的每一片石、每一枝花、每一处建筑都蕴含着深厚的文化内涵和哲理思考。游客漫步园中不仅可以欣赏到园林的自然美，还可以通过园林中的各种象征和寓意，体会到中华文化中的谦逊、节制、淡泊明志等美德。这种体验有助于人们培养内在修养和道德情操，进而涵养出美丽而宁静的心灵。此外，拙政园作为古代文人士大夫的精神家园，也是他们进行文化交流和艺术创作的场所。园中的书房、画室等设施不仅是学习和创作的地方，也是他们实践美育理念、传承文化精髓的空间。这种文化氛围和精神追求对于当代人弘扬中华美育精神、培养美丽心灵具有重要的启示意义。园林历经数百年的沧桑变化，依然保持着其独特的魅力和生命力，这得益于无数人的精心维护和不懈努力。

我们以我国宋代思想家周敦颐的名作《爱莲说》为例，深入分析这篇文章如何体现了中华美育精神，实现对美丽心灵的培养。

《爱莲说》

水陆草木之花，可爱者甚蕃。晋陶渊明独爱菊。自李唐来，世人甚爱牡丹。予独爱莲之出淤泥而不染，濯清涟而不妖，中通外直，不蔓不枝，香远益清，亭亭净植，可远观而不可亵玩焉。

予谓菊，花之隐逸者也；牡丹，花之富贵者也；莲，花之君子者也。噫！菊之爱，陶后鲜有闻。莲之爱，同予者何人？牡丹之爱，宜乎众矣！

从中华美育精神的角度来看，《爱莲说》通过对莲花特性的赞美，传达了一种高洁、纯净和坚韧不拔的精神追求。周敦颐将莲花比作君子，强调了其"出淤泥而不染"的高尚品质，这种品质正是中华美育所倡导的美德和人格修养。同时，他对菊花和牡丹的对比也反映了不同人的审美取向和人生态度。从涵养"美丽心灵"的角度来看，《爱莲说》通过对莲花的描述，引导读者进入一个富有哲理和情感深度的世界。莲花的形象不仅具有视觉上的美感，还富含道德和精神上的寓意。这种深层次的美的体验能够激发读者的情感共鸣和心理反应，进而培养出一种纯洁、高雅的心灵品质。此外，《爱莲说》中的"香远益清""亭亭净植"等描绘还强调了人与自然和谐相处的重要性。这种和谐观念不仅是中华美育的核心价值之一，也是涵养美丽心灵的重要途径。通过欣赏和体验自然界的美好，人们能够培养出一种宁静、平和的心态，从而更好地应对生活中的挑战和压力。周敦颐通过对不同花卉的比较和评价，引导读者思考自己的人生选择和价值观念。这种思考不仅有助于个人的心灵成长和修养提升，也能够促进社会文化的发展和传承。

在现代社会，快节奏的生活让人们往往忽视了心灵的需求。然而，正如古人所言，"修身齐家治国平天下"，一切的开始都源于个体的内心修养。因此，要想拥有一个健康和谐的社会，首先需要从个体做起，培养一颗美好的心灵。这不仅是对个人的要求，更是对社会的贡献。

那么，我们应该如何在生活中践行中华美育精神，涵养"美丽心灵"呢？第一，我们需要培养对美的感知能力。这意味着我们要有意识地去观察生活中的细节，去欣赏自然景观、艺术作品以及人文风情。第二，我们应该学会创造美。这不仅包括艺术创作，也包括日常生活中的任何事物，如布置家居、烹饪美食等。让我们先从生活中的一个小例子谈起。张老师是一位资深的美术教师，他不仅教授学生绘画技巧，更重要的是教会他们如何通过艺术去感受生活，去理解世界。在他的课堂上，学生学会了欣赏不同文化的美，学会了用画笔表达自己的情感。张老师常说："艺术是心灵与世界对话的桥梁。"他的教学理念正是中华美育精神的体现——通过美的教育，引导学生建立正面积极的世界观和人生观。李阿姨是社区里的一名志愿者，她经常组织居民开展环境美化活动。她认为，美化环境不仅能够提升居住的舒适度，还能够潜移默化地影响人们的心态。在她的带领下，社区的每个角落都洋溢着生机与活力，居民的素质也得到了显著提升。李阿姨的行动证明了，对美的追求不仅是个人的事，更是一种社会责任感的体现。王总是一家科技公司的创始人，他深知创新的重要性，但同时他也强调企业文化建设。他认为，一个有文化底蕴的企业才能走得更远。因此，他在公司内部设立了图书角，鼓励员工阅读经典文学作品，参与各类艺术活动。这样的举措不仅丰富了员工的精神世界，也提升了团队的凝聚力和创造力。

我们可以从欣赏自然开始。自然之美无处不在，无论是山川湖海还是花草树木，都蕴含着美的元素。通过欣赏自然之美，我们可以培养对美的敏感度和领悟能力。同时，自然之美也能够带给我们心灵的愉悦和宁静，有助于缓解压力、净化心灵。

我们可以关注生活中的艺术现象。艺术是人类文明的重要组成部分，它以各种形式存在于我们的生活中。无论是电影、音乐、绘画还是雕塑，都是艺术的表现形式。通过欣赏艺术作品，我们可以感受到艺术家所传达的情感和思想，从而开拓视野、丰富精神世界。同时，艺术欣赏也能够激发我们的创造力和想象力，促使我们思考和反思自己的生活和价值观。我们还可以参加志愿者活动或慈善事业，帮助那些需要帮助的人。这种无私的奉献和关爱不仅能够带给他人温暖和希望，也能够让我们自己感受到内心的美好和善良。

美不仅仅存在于艺术作品中，它无处不在，只要我们用心去寻找、去创造、去传播。通过美育，我们可以培养出一颗"美丽心灵"，这不仅能够丰富我们的精神世界，还能够促进社会的和谐发展。让我们一起行动起来，用中华美育精神照亮心灵，用"美丽心灵"点亮世界。

一、中华美育传统的现代价值

中国古典音乐源远流长，其历史可追溯至古代的祭祀仪式和宫廷音乐。其中，古琴艺术是中华美育传统的重要组成部分。古琴，作为我国古代四艺（琴棋书画）之首，不仅是一种乐器，更是一种文化象征和修身养性的工具。古琴艺术的传承体现了中华美育传统的核心价值。古琴演奏不仅讲究技法的熟练，更注重演奏者的内心修养和情感表达。古人认为，弹琴可以陶冶性情、净化心灵，这种观念正是中华美育所倡导的美德和人格修养。在古代，许多文人士大夫都将弹琴作为日常修身的一部分，通过琴音来调和心态、净化心灵。然而，随着时代的变迁，古琴艺术也面临传承与发展的挑战。在现代社会，西方音乐和流行音乐的冲击使古琴等传统艺术逐渐边缘化。为了保护和传承这一宝贵的文化遗产，许多音乐家和文化工作者开始致力于古琴艺术的复兴和推广。他们通过举办音乐会、开设培训班、制作教学视频等方式让更多的人了解和学习古琴。在这个过程中，古琴艺术的现代价值得到了体现。一些音乐家尝试将古琴与现代音乐元素相结合，创作出新的音乐作品。这些作品既保留了古琴的古朴韵味，又融入了现代的音乐语言和表现手法，使古琴艺术焕发出新的生命力。此外，一些文化工作者还将古琴艺术与其他艺术形式如舞蹈、戏剧等相结合，创作出跨界的艺术作品，进一步拓展了古琴艺术的表现形式和内涵。

我们可以从家庭教育中看到中华美育传统的实际应用。张先生是一位热爱中华优秀传统文化的父亲，他在家庭教育中融入了中华美育的元素。他不仅教孩子们书法，让孩子们感受汉字的线条之美，还鼓励他们学习古筝，体验音乐的韵律之美。通过这样的教育方式，张先生不仅传承了中华优秀传统文化，还培养了孩子们的审美能力和文化自信。这种家庭教育模式正是中华美育传统在现代社会中的生动体现。

在教育领域，中华美育传统的价值也得到了充分的发挥。以李老师的音乐课为例，她不仅教授学生音乐知识和技能，更注重培养学生的音乐鉴赏能力。她会引导学生欣赏经典的中华音乐作品，让他们感受不同朝代的音乐风格，理解音乐背后的文化内涵。通过这样的教学方式，李老师成功地将中华美育传统与现代教育相结合，使学生在享受音乐的同时也能了解和传承中华优秀传统文化。

在城市建设中，中华美育传统的影响同样显著。以"美丽中国"建设理念为例，这一理念强调了环境保护与文化传承的重要性，体现了中华美育传统中追求和谐与美感的精神。在这一理念的指导下，城市规划更加注重绿化和景观设计，努力营造宜居、美丽的城市环境。同时，许多城市还保留了古建筑和文化遗址，让传统文化在现代生活中得以传承和发扬。这些举措都展现了中华美育传统在现代社会中的实际应用价值。

此外，中华美育传统还在个人修养和社交礼仪中得到了体现。在日常生活中我们可以看到，许多人开始关注自己的言谈举止和形象塑造。他们学习传统文化中的礼仪规范和交往技巧，努力提升自己的气质和修养。这种追求内在美与外在美统一的做法正是中华美育传统所倡导的理念。通过这样的实践，人们不仅提升了自身的品位和素养，也为社会营造了更加和谐文明的氛围。

在文化艺术领域，中华美育传统的价值不言而喻。无论是京剧、国画还是诗词歌赋，这些传统艺术形式在现代社会都得到了广泛的传播和发扬。许多艺术家和学者致力于研究和创新传统文化艺术形式，使其更好地适应现代社会的需求。他们的努力不仅让传统艺术形式焕发出新的生机与活力，也让更多人有机会接触和了解中华优秀传统文化的魅力。

（一）梳理中华美育的历史脉络

在梳理中华美育的历史脉络时，我们可以追溯到中国古代的礼乐教育，这是中华美育的起点。以周朝的"六艺"为例，其中"礼"与"乐"尤为重要。在古代中国，"礼"不仅指礼节、礼仪，还包括对和谐社会秩序的追求，而"乐"则涵盖音乐、舞蹈等艺术形式，旨在通过艺术的和谐之美来教化人心、创造和谐社会。这种礼乐文化体现了中华美育追求道德完善和审美提升的特点。唐代是中国诗歌发展的黄金时期，杜甫、李白等伟大诗人的作品不仅具有深刻的思想内容，还具有卓越的艺术形式。他们的诗歌通过对自然景物的描绘、对人生百态的感慨，展现了诗人深厚的文化底蕴和丰富的情感世界。这些作品至今仍被传诵，成为中华美育的重要组成部分。宋元时期，随着文人画的兴起，绘画艺术开始强调表现画家的个性和情感。宋代的山水画大家如范宽、郭熙等的作品，不仅描绘了自然景观的美，更表达了对自然的感悟和对生活的思考。这种追求内心世界与外在自然和谐统一的美学理念对后世产生了深远的影响。明清时期，随着戏曲的兴起，京剧等传统戏曲形式成为重要的美育载体。京剧融合了唱、念、做、打等多种表演形式，通过精彩的舞台表现和深刻的角色塑造，传递了丰富的文化内涵和道德观念。京剧不仅是娱乐大众的手段，也是传承文化和实施美育的重要途径。进入现代，随着西方文化的输入，中华美育传统与西方美学思想相结合，形成了更为多元和开放的美育体系。五四运动期间，鲁迅等文学巨匠提倡文艺为人生服务，强调文学的社会功能和审美价值。同时，徐悲鸿等艺术家倡导将中国传统绘画与西方绘画技法结合，推动中国美术的现代化。当代中国，随着国家对非物质文化遗产的保护和推广，越来越多的传统手工艺如刺绣、陶瓷制作等得到了复兴。这些传统艺术的传承和发展不仅是技艺的传播，更是中华文化审美精神的延续。同时，现代教育体系对美术、音乐、舞蹈等艺术形式的重视，也体现了中华美育传统在当代社会的生命力和影响力。

中华美育的历史脉络是一条贯穿古今的线索，它不仅包括各个历史时期的艺术成就，也蕴含着中华民族对美的不懈追求和对人的全面发展的教育理念。从古代的礼乐教育到当代的多元化美育实践，中华美育一直在不断演变和发展，为世人提供了丰富的审美体验和文化滋养。

从古至今，中华美育始终关注人的全面发展和精神追求，强调艺术与道德、个体与社会的和谐统一。在当代社会，这种传统美育理念依然有着重要的意义和应用价值。无论是在教育领域还是文化艺术领域，中华美育都为我们提供了宝贵的启示和指导。通过紧密结合生活中的实际例子，我们可以看到中华美育如何在不同历史时期发挥作用，如何在当代社会得到传承和发展。

（二）中华美育精神的当代阐释

在当代阐释中华美育精神的众多实例中，我们不得不提到一位在中国传统戏曲领域作出卓越贡献的艺术家——梅兰芳。梅兰芳（1894—1961）是20世纪我国最著名的京剧表演艺术家之一，他不仅在国内外推广了京剧艺术，还对京剧的表演技巧进行了创新，使之适应现代观众的审美需求。梅兰芳的艺术生涯是中华美育精神传承与发展的缩影。他的表演融合了传统技艺与个人创造，将京剧的唱、念、做、打提升到了一个新的艺术高度。在传统京剧中，旦角（女性角色）的表演往往强调歌唱和身段的技巧，但梅兰芳在此基础上注入了更多的情感表达和心理描绘，使角色更加丰满、真实。以梅兰芳的经典剧目《霸王别姬》为例，他在这部戏中不仅准确把握了角色的性格特点，还通过细腻的表情和肢体语言展现了角色的内心世界。他饰演的虞姬既有传统剧目的刚毅悲壮，又透露出女性的柔情与无奈。这种深刻的人物刻画和情感传递，让古老的京剧艺术焕发出新的生命力。梅兰芳还致力于京剧的国际交流，他曾率团访问美国、苏联等国家，使京剧成为中华文化的重要代表，让世界了解和欣赏中国传统戏剧的魅力。他的这些努力不仅促进了中华美育精神的国际传播，也为中外文化交流搭建了桥梁。梅兰芳不仅继承了中国传统戏曲的精华，还通过不断的探索和创新，使这一传统艺术形式适应了现代社会的发展，被世界所认识和尊重。

在教育领域，老师不仅教授学生绘画技巧，更重要的是培养学生的审美情趣和创造力。他们鼓励学生在学习中国传统绘画技法的同时，也要敢于创新，将个人的情感和思想融入作品中。通过这样的教学，学生不仅学会了欣赏和创作美的艺术作品，也体会到了中华美育精神中注重个性表达和内在情感的特点。

在现代社会，古琴作为一种古老的乐器，其演奏和制作技艺经历了一段时间的衰落。然而，随着美育精神的复兴和对传统文化的重视，古琴艺术得到了新生。如著名古琴演奏家吴文光，他不仅精通古琴，更致力于古琴音乐的传承与推广。在他的努力下，古琴音乐会定期在国家大剧院等地举行，吸引了众多年轻人。吴文光还通过各种形式，如结合现代音乐元素、举办国际古琴节等，使古琴艺术焕发出新的活力，成为连接古今的桥梁，体现了中华美育精神对和谐的传承与追求。此外，中华美育精神在社会文化活动中也得到了体现。以社区文化节为例，这个活动旨在弘扬传统文化，提高居民的文化素养。在文化节上，居民可以欣赏到各种传统艺术表演，如京剧、相声等。这些表演不仅展示了传统艺术的魅力，也传达了中华美育精神追求和谐、欢乐的理念。

（三）构建"美丽心灵"的教育策略

在当今社会，人们越来越重视内在美的培养。构建"美丽心灵"已经成为教育领域的重要目标。构建"美丽心灵"的核心理念是培养学生的内在美，即情感、品德和思维的和谐发展。这一理念强调通过教育引导学生形成积极的人生态度、正确的价值观念和丰富的情感体验。在日常生活中，家庭、学校和社会都是实施这一教育策略的重要场所。

在家庭中，父母应该注重培养孩子的情感和品德。要经常与孩子一起参加志愿者活动，如探访孤寡老人、帮助残疾人等。这些活动不仅让孩子学会关心他人、尊重生命，也培养了他们的同情心和责任感。此外，父母还应鼓励孩子表达自己的情感，如写日记、绘画等，帮助孩子更好地了解自己的内心世界。

在学校中，教师应该注重培养学生的思维能力和创新精神。要经常在课堂上组织学生进行小组讨论、角色扮演等活动，让学生从不同角度思考问题、提出见解。这种教学方式激发了学生的思考兴趣和创造力，培养了他们的独立思考能力。同时，还要引导学生关注社会热点、参与课外实践活动，拓宽他们的视野和知识面。

在社会中，各种文化活动和公共空间也是构建"美丽心灵"的重要资源。以社区图书馆为例，它不仅提供丰富的书籍资料供人们阅读学习，还定期举办讲座、展览等活动。这些活动为居民提供了交流思想、分享经验的平台，促进了文化的交流和心灵的成长。此外，社区公园、体育馆等公共空间也为居民提供了锻炼身体、放松心情的机会。通过参与这些活动，居民不仅能够增进身体素质、缓解压力，还能够培养积极向上的生活态度和乐观开朗的性格。

构建"美丽心灵"是一个系统工程，需要家庭、学校和社会的共同努力。通过紧密结合生活的实际例子可以看到，在日常生活中实施这一教育策略并不难。只要我们关注学生的情感需求、激发他们的思维潜能、培养他们良好的品德和积极的人生态度，就能够有效地构建"美丽心灵"。

1. 结合中华优秀传统文化进行美育实践

京剧是中国传统戏曲的一种，有着几百年的历史，被誉为中国的国粹。它不仅是一种艺术形式，也是中华优秀传统文化的重要载体，蕴含丰富的历史、文学、音乐、舞蹈和美术元素。在当代，为了让这一优秀的文化遗产得以传承和发展，中国各级政府和文化机构积极开展京剧教育项目。北京京剧院与学校合作，开设了"京剧进校园"活动。在这个活动中，专业的京剧演员走进学校，为学生讲解京剧的历史背景、表演艺术、脸谱化妆等知识，并现场示范演唱和表演技巧。学生不仅能够近距离欣赏京剧表演，还可以在演员的专业指导下学习基本的唱腔和身段动作。一些学校还成立了京剧社团，定期组织学生观看京剧演出，参加与京剧相关的课外活动。这些活动不仅让学生在实践中体验到京剧的魅力，也激发了他们对传统文化的兴趣和热爱。有的学生通过学习京剧，不仅学会了表演技巧，还学会了欣赏和理解中华优秀传统文化的深厚底蕴。这种结合中华优秀传统文化的美育实践，不仅让学生在学习中感受美、创造美，也为他们提供了深入了解和传承中华优秀传统文化的机会。通过这样的教育方式，我们不仅培养了学生的艺术素养，也为中华优秀传统文化的传承和发展注入了新的活力。

在当代教育中，如何结合中华优秀传统文化进行美育实践是一个值得深入探讨的课题。中华优秀传统文化蕴含丰富的审美理念和人文精神，能为美育实践提供宝贵的资源。

1）中华优秀传统文化在家庭美育实践中的应用

家庭是孩子成长的摇篮，也是美育实践的重要场所。家长可以通过传承中华优秀传统文化为孩子营造一个充满美感和文化底蕴的成长环境。比如，在家中摆放一些具有中国传统风格的装饰品，如中国结、剪纸、书法作品等，让孩子在日常生活中感受到中华优秀传统文化的魅力。此外，家长还可以通过讲述神话传说、民间故事等，让孩子了解中华优秀传统文化的智慧和魅力。以李阿姨为例，她带领孩子阅读《西游记》《红楼梦》等著作，通过生动有趣的故事情节培养孩子的想象力和创造力。

2）中华优秀传统文化在学校美育实践中的应用

学校是美育实践的主阵地，可以通过多种方式将中华优秀传统文化融入美育课程。例如，在美术课上，可以教授学生中国画的基本技巧和构图原则，让学生体会国画的意境之美。在音乐课上，可以教学生演唱京剧、民歌等传统曲目，让学生感受中华优秀传统文化的音韵之美。此外，学校还可以组织丰富多彩的文化活动，如诗词朗诵比赛、传统文化节等，让学生在实践中感受中华优秀传统文化的韵味。在教授书法课时，注重培养学生的审美情趣和创造力，不仅教授学生书法技巧，还鼓励学生在练习中发挥个性，创作出具有个人特色的书法作品。

3）中华优秀传统文化在社会美育实践中的应用

社会是美育实践的广阔舞台，可以通过各种形式将中华优秀传统文化融入公众生活。比如，在城市建筑和公共空间的设计中融入中华优秀传统文化元素。以北京奥运会主体育场"鸟巢"为例，其设计灵感来源于中国传统的镂空雕刻技术，将中华优秀传统文化与现代建筑技术完美结合。此外，各种文化活动也是开展社会美育实践的重要途径。以社区文化节为例，居民可以参观展览、观看演出、参与互动活动等，感受到中华优秀传统文化的活力。这些活动不仅丰富了居民的精神文化生活，也提高了他们的文化素养和审美能力。

2. 创设多维度的美育环境与平台

德国包豪斯学校成立于1919年，是现代设计教育的重要发源地。它对20世纪的建筑、艺术和设计产生了深远影响，是跨学科合作的典范。包豪斯学校的教育理念强调实践与理论的结合，提倡手工艺与工业生产的融合。它的课程设置涵盖绘画、雕塑、工艺、纺织、摄影等多个领域，旨在培养学生的创造力和审美能力。学校的教学方式非常独特，采用了"工作坊"制度，让学生在实际操作中学习和探索。这种教育模式鼓励学生跨专业合作，打破传统艺术与工艺之间的界限，从而培养具有创新思维和实践能力的艺术家和设计师。除了教学之外，学校还非常重视与社会的联系。它定期举办展览和公开讲座，邀请艺术家、设计师和工匠来分享他们的经验和作品。这些活动不仅为学生提供了与专业人士交流的机会，也让公众能够接触和了解现代艺术和设计的最新发展。包豪斯学校的历史虽然不长，但它的影响力是持久而广泛的。它的教育理念和实践为世界各地的艺术和设计教育提供了新的思路和方法。

在当今社会，美育已成为教育领域的重要组成部分。为了更好地培养个体的审美素养和创造力，创设多维度的美育环境与平台显得尤为重要。这样的环境和平台能够激发个体的感知、想象和创造力，让美的体验融入日常生活的方方面面。

家庭是孩子第一个接触美的平台。在这里，父母可以创建一个充满艺术气息的居住环境，如通过摆放花卉、挂画、播放古典音乐等手段，营造一个和谐的居家氛围；还可以在家的客厅角落设置一个小型画廊，展示孩子的绘画作品和一些复制品画作，这不仅美化了家居环境，也培养了孩子对艺术的兴趣和欣赏能力。

学校作为教育的专门场所，有责任提供一个多元化的美育平台。这可以通过设立艺术教室、开展特色艺术课程和组织艺术活动来实现。

社区可以通过建立公共艺术装置、举办节庆活动和提供开放的文化空间来实现美育目标。可以在公园中设立户外雕塑展，并定期邀请艺术家来此进行表演，使居民能够在休闲时光中自然而然地接触和体验艺术之美。

在职场环境中，企业可以在办公室设计中融入现代艺术元素，同时设立一间画廊风格的会议室，用于展示员工的艺术创作和举办小型讲座，以此提升员工的审美品位和创新能力。

此外，随着数字技术的发展，数字平台成为新兴的美育空间。许多在线课程、虚拟博物馆和艺术应用程序允许人们在家中享受丰富的美育资源。也可以在线上开发"云上美术馆"应用程序，让用户在手机上浏览全球各大美术馆的藏品，并参与互动导览。这种数字化的美育实践方式使美育更加便捷和普及。

创设多维度的美育环境与平台是一个全方位、多层次的过程。从家庭到学校，从社区到职场，再到虚拟数字空间，每一个维度都是美育实践的重要场域。在这些环境和平台上实施美育能将审美教育与日常生活紧密结合，让每个人都有机会在日常生活中感受美、理解美、创造美，从而提升个体的审美素养和生活质量。

3. 推广校园文化活动，丰富美育内涵

在当代大学生活中，校园文化活动不仅仅是简单的娱乐或社交活动，还是丰富学生精神世界、提升美育素养的重要途径。书籍作为知识的载体，对于推广校园文化活动、深化美育内涵具有不可替代的作用。通过书籍，我们可以将校园文化与美育教育紧密结合起来，以理论和实践相结合的方式为大学生提供一个全面而深入的文化体验平台。

大学生活充满了探索和创造的可能性，学生在这里不仅学习专业知识，更在不断寻找自我、塑造个性。在这个过程中，校园文化活动扮演了至关重要的角色。例如，一场关于传统文化的讲座，不仅能够让学生感受到传统文化的魅力，更能激发他们对民族文化的自豪感和传承意识。在这样的活动中，书籍是桥梁，它引导学生从知识的海洋中汲取营养，进而在实践中体现文化的精髓。

某大学举办了一次"诗词之夜"，邀请了著名诗人来校分享创作经验。学生在准备过程中阅读了大量古典诗词，不仅学习了诗词的韵律和意境，还通过自己的理解和感悟，创作出了一批优秀的现代诗歌。这样的活动不仅丰富了学生的课余生活，还提升了他们的文学素养和审美能力。美术社团组织的画展活动展出了学生的绘画作品。这些作品虽然未达到专业画家的水准，但每一幅画都蕴含了学生对生活的观察和思考。通过这样的展览，学生不仅能够欣赏到同学的创意和才华，还能在交流中提升自己的艺术鉴赏力和创作能力。许多大学都有自己特色的音乐节或音乐会，学生在这里演奏、歌唱，展现自己的音乐才华。通过这些音乐活动，学生不仅能够享受到音乐带来的快乐，更能在合作中学会倾听、协调和尊重他人。此外，戏剧社、舞蹈团等表演艺术团体在校园中的活跃，也为大学生活增添了无限色彩。通过排练和表演，学生不仅锻炼了自己的沟通能力和团队合作能力，更在角色的扮演中体验到了不同的人生和文化。书籍在这些活动中起到了不可或缺的作用。它们为学生提供了丰富的知识背景和文化素材，使校园文化活动不再是空洞的娱乐，而是一次次深刻的文化体验和美育实践。通过阅读相关的书籍，学生能够更好地理解活动的意义，并在实践中发挥创造力和想象力。

校园文化活动与美育教育的结合为大学生活带来了丰富多彩的体验。书籍作为这一过程中的重要工具，不仅提供了知识和灵感，更是引导学生深入探索文化和艺术的桥梁。通过参与这些活动，学生不仅能够在学术上有所收获，更能在精神和情感上得到滋养，成为全面发展的人才。

本章微课视频

第七章

艺　术　之　美

第一节　艺术门类概述

一、艺术是什么

　　什么是艺术？音乐是艺术，绘画是艺术，书法是艺术，语言是艺术，舞蹈是艺术，建筑是艺术，这些都是一种理论、一种说法，是艺术多样化的解释。但艺术到底是什么？自古希腊时期以来，艺术的本质就一直不断地被讨论着。艺术是一种符号，是一种表达，是一种形式的呈现。艺术具有无限可能，又具有不确定性。生活中，我们会说某人讲话很有"艺术性"，有人穿衣打扮很"艺术"。那么到底什么是艺术？实际上，艺术是一个很宽泛的概念，像一片永远开垦不完的土地。艺术是情感的表现，艺术是反映生活的，艺术是一种创造。

　　"艺术"一词来源于拉丁语"Ars"，后演变为英文单词"art"，《现代汉语词典》中指富有创造性的方式、方法；用形象来反映现实但比现实有典型性的社会意识形态，包括文学、绘画、建筑、音乐、舞蹈、戏剧、电影、曲艺等。英国的《不列颠百科全书》中提到，艺术是用技术和想象力创造的可供他人共享的审美对象、环境和经验，专指习惯以所使用的媒介或产品的形式来分类的各种审美表达方式。百度百科中提到，艺术是一种社会现象、社会事物，属于上层建筑中的社会意识形态，它以自身独有的方式能动地认识世界，大多满足于主观与情感的需求，是日常生活的娱乐方式。在中西方古代社会，"艺术"一词指向各种技术活动。这种技术是以人的道德目的为导向，根据对物之正确、理性、真实的知识而进行实践生产的一种独特形式。现在普遍流行的艺术观念采用了欧洲18世纪以来的分类，即以"美"的范畴统摄各门类，指绘画、雕刻、建筑、诗歌、音乐、舞蹈等活动。

（一）美的起源

　　刚刚提到艺术的分类源于"美"的范畴。美源于何处？和艺术有什么关系？许慎的《说文解字》中认为，美是个会意字，从羊，从大。古人还认为，一人头上装饰着高耸弯曲的羽毛就是美。在中国古代，"美"作美丽、漂亮解，既可以用来形容女子，也可以用来赞美男人。《诗经·邶风·静女》中就有这样的诗句："匪女之为美，美人之贻。"描写的就是女子美丽的容颜。而《战国策·齐策·邹忌讽齐王纳谏》一文中"我孰与城北徐公美"则是邹忌问妻子他长得漂亮不漂亮，其妻称赞道："君美甚，徐公何能及君也！"

美是一种感受，是人对客观事物的一种评价。美感可以来自视觉，也可以来自味觉和触觉。如果视觉的感知称为"美色"，那么味觉的感知就可以称作"美味"。《韩非子·扬权》中说："夫香美脆味，厚酒肥肉，甘口而病形"，指的就是味觉的感受。

"美"又用作名词，表示好事、善事，与"恶"相对，如《论语》"君子成人之美，不成人之恶"；还表示美丽的人或事物，如《公羊传》"晋侯之美也"、《管子》"天地之美生"。"美"也用作动词，表示称赞，如《战国策·齐策·邹忌讽齐王纳谏》"吾妻之美我者"；还表示变好、变美，如"美政、美田、美化"等。

庄子言："天地有大美而不言。"美像一个个小精灵，散落在人间的每一个角落。美无处不在，我们来寻找一下身边的美：听到美妙的歌声会陶醉；看到美丽的景色会心旷神怡；听到暖心的话语会心情舒畅。不知不觉中，美成了化解一切烦忧的万能钥匙，人人向往之。正如我们看到花儿绽放会满心喜悦，看到它凋零败落会唉声叹气一样，花就是大自然中美的一种象征。从社会学角度来看，人类对美好事物的渴望是与生俱来的。婴儿诞生，我们会带花去祝贺；每一年生日，也会送花祝福；毕业季，送花意味着祝福与留恋；恋爱时，花是我们传情达意的工具。花是情感的载体，这不就是"美"吗？无论生死，都有花相伴，那么这样看来，花代表的意义竟如此复杂，而"美"的意义也变得复杂了。

花的生长是一个美丽而复杂的过程，一颗小小的种子经历了钻出土壤的艰辛、多次雨水的洗礼和阳光的滋润，才让我们感受到了美的喜悦。花就是植物生命的延续，这不就是"美"吗？美育即一种生命教育。

释迦牟尼是古印度一位传授生命道理的老师，他喜欢在大自然的花树丛林中讲述生命的真谛，也就是被弟子记载并流传下来的"佛经"。记载中提到，有一次他在讲课时忽然沉默不语，弟子都在等待他继续上课，他却从地上捡起一朵花，把花传给大家看。正当大家不解之时，有一位名叫迦叶的弟子冲他笑了笑，释迦便把花递给了他，并开心地笑了。没有华丽的语言，只有心灵之间的美好领悟。这就是著名的"拈花微笑"的典故。

领悟一朵花，也许就是领悟"美"的开始。

（二）艺术的起源

美是人类内心世界的一种精神活动。把美变成人类的一种行为，便是所谓的"艺术"，如写诗、绘画、演奏、演唱、舞蹈、表演等，都可称为艺术。

春秋战国时期，大思想家、教育家孔子提出了"六艺"，即礼、乐、射、御、书、数，六艺是当时学生的必修科目。"礼"是今天的德育教育、思政教育；"乐"泛指艺术、美育教育；"射"指射箭，相当于今天的体育课；"御"是驾车技术，也代表了当今社会的一些实用技能；"书"是指书法，即文字的书写能力；"数"就是数学、数理，即一些理科常识。就此分析，"艺"和"术"分别代表了"技能"与"技术"。

艺术是从什么时候出现的？我们从哪里追溯？从现有的资料来看，目前发现最早的具有艺术考古价值的是距今2万年以前的法国拉斯科洞窟和距今1万年以前的西班牙阿尔塔米拉洞窟中绘制于旧石器晚期的壁画。这些壁画利用岩壁的起伏，用红、黄、黑等浓重色彩绘出大量的野马、野猪、赤鹿、山羊、野牛和猛犸象等动物形象，气势雄壮、富有动感，充满粗犷的原始气息和野性的生命力。壁画多以写实、粗犷的手法刻画，技法简练娴熟，展示出原始人类的艺术才华。就一个时期的绘画来说，要达到一定的水准，首先一定要有一大批从事此行业的人，其次一定要有一个漫长的准备期。所以从壁画具有的高度表现技巧上推断，艺术起源要更早。

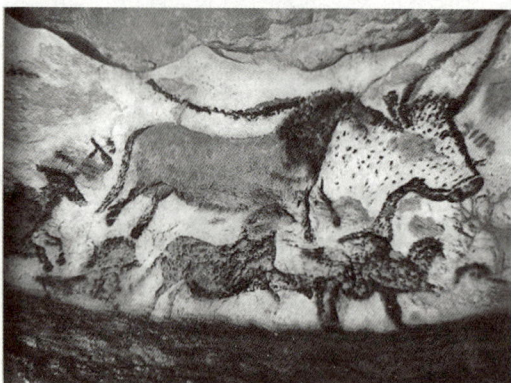

拉斯科洞窟壁画   阿尔塔米拉洞窟壁画

1. 模仿说

模仿说是一种关于艺术起源问题的最古老的观点，始于古希腊哲学家，是西方2000多年来艺术的精神支柱。模仿说认为，模仿是人类固有的天性，它起源于对人和自然的模仿。最早提出"艺术起源于模仿自然"观点的是西方早期哲学家赫拉克利特，他是朴素唯物主义和辩证法观点的代表人物。苏格拉底认为，绘画是对所见之物的描绘，借助颜色、阴影与光亮、坚硬与柔软、凹陷与凸起，人类能准确地把现实事物再现出来。亚里士多德则认为，艺术模仿的对象是实实在在的现实世界，艺术不仅反映事物的外在形态，还反映事物的内在规律与本质，艺术前期的创作依靠模仿。模仿能力是人类从小就有的天赋和本能。柏拉图认为艺术只能模仿现实社会的外表，达·芬奇认为绘画要像镜子一样还原世界。而亚里士多德和黑格尔主张艺术模仿的应该是事物的内在，艺术的美应高于自然美。艺术的模仿说出现了意见分歧，其观点具有历史局限性。

2. 游戏说

游戏说无疑强调了艺术娱乐性的一面，认为艺术是人们茶余饭后消遣的工具之一。在《审美教育书简》中，席勒通过对游戏和审美自由之间关系的比较研究，首先提出了艺术起源于游戏的观点，认为艺术是人类精力过剩的一种游戏，并且游戏是人的本能。德国学者朗格和格罗斯也认为艺术起源于游戏，他们认为，艺术和游戏在本质上是相同的。艺术与游戏都把虚构的形象视为真实的，认为游戏是自由的活动，艺术也是自由的活动，所以二者是相通的。游戏中的人物是愉快、放松的，也会模仿生活中的场景，比如小朋友玩的过家家，拿一些简易的道具充当具体的事物，如拿扫帚当马骑，拿柳条当马鞭甩。这种精神上的自由就是艺术创造的动力。然而游戏说片面强调艺术的娱乐性，这也是不科学的。

3. 表现说

表现说强调的是人类情感的释放与宣泄。它起源于人类表现和情感交流的需要，认为只有表达情感的行为才是真正的艺术，也是艺术产生的主要动因。这里强调艺术不是单纯的再现和模仿，也不是纯粹的游戏。这种学说认为，人类既可以通过舞蹈中激烈与舒缓的舞步，也可以通过歌唱中高昂或低沉的音调来表现不同的情感。人人都有表现的欲望，艺术正是人类表现和表达情感的最佳方式与途径。最早系统提出这一理论的学者是意大利美学家克罗齐，后来英国历史学家克林伍德对克罗齐的这一学说又做了进一步解释。持这一观点的还有英国诗人雪莱、俄国文学家列夫·托尔斯泰以及欧美的一些现当代美学家。俄国文学家列夫·托尔斯泰赞成艺术源于表现，他提出艺术是一项人类活动，人们用某种外在的标志有意识地把自己体验过的感情传达给别人，而当别人被这些情感感染时其也能体会到这种感情。这种传播方式就是艺术。他还提到，外在的表现就是用舞蹈的动作、音乐的音调、文学作品的语言表达以及绘画的线条与色彩所呈现出的艺术形象。通过这种传达载体，别人也同样能够体会到作者的情感，能够被感染，产生共鸣。这就是当时所谓的艺术活动。这充分说明了表现说突出了人类情感表达和心理层面的探索与尝试。但当时的认知仅停留在现象层面，并未对表现出的情感作出科学的解释。如果表达的情感脱离了现实生活的实践，那将是无源之水，虚无缥缈。表现说在近代欧美有着积极的影响，它作为艺术产生的源泉或推动力，促进了艺术的发生与发展。

4. 巫术说

巫术说最早是由英国人类学家爱德华·泰勒在他的《原始文化》一书中提出的。他强调了艺术的实用性。他认为，最初的艺术在当时的人类发展过程中具有实用价值。例如我们看到的阿尔塔米拉洞窟壁画以及马家窑文化彩陶，这些壁画的发现地往往都在洞窟最黑暗、人类最难以触及的地方。显然，这些艺术作品的出现并不是为了审美目的，而是史前人类企图通过这种艺术手段祈求保佑或祈祷狩猎成功，这应该是一种巫术。

1879 年，一位考古学家带着他不到 10 岁的女儿来到了一个隐蔽的洞窟，想要探索原始人的遗迹。当这位父亲专注地趴在地上寻找蛛丝马迹时，他的女儿却有了新发现，惊叫道："爸爸，这里有牛！"这些牛正是现今西班牙北部境内阿尔塔米拉洞窟壁画的主角，其内部的壁画距今至少有 2 万年的历史。由于留存数量庞大、质量极高，该洞窟又被盛赞为史前的"西斯廷教堂"。这个洞窟的发现为人类打开了探索绘画艺术起源的大门。

后人也终于知道，原来早在上万年前，人类的祖先就开始拿起身边的矿石涂涂画画了。这个两三米高、九米宽的洞窟墙壁密密麻麻地排列着 150 多幅壁画，这些都是三万年前左右旧石器时代人类留下的痕迹。壁画中有野牛、野马、野猪、山羊和鹿，有的动物站着，有的在狂奔，有的蜷缩着身子趴在地上，像是受了伤一样。其中有一幅尤为引人注目，那是一头身长大约两米的野牛，头紧紧贴在肚子上，全身缩成一团，为此人们还给它起名叫《受伤的野牛》。这幅壁画的线条流畅细腻，连背部的毛发和肢体的肌肉都画得惟妙惟肖。那个时候没有化学颜料，他们用带有颜色的矿石、炭灰和泥土，掺杂着动物的鲜血和脂肪调和出的天然颜料，在几万年后的今天看来，这些壁画依然色彩鲜艳，就像刚画完一样。历史上曾经有很长一段时间，大家都怀疑洞窟的壁画是后人所为，但经过科学技术的验证，如利用碳-14 测定年代，这些洞窟壁画才被证明确实是史前人类画上去的。

史前人类为什么要把如此庞大的动物画成受伤的形象呢？这源于艺术起源中的巫术说。在旧石器时代，虽然人类学会了通过打磨石器来制作捕猎工具，但面对个头庞大、凶猛矫健的动物时，他们心中仍会充满恐惧。他们认为，把这些可怕的动物画成受伤和死亡的样子，就意味着在意念中对方已经死了，以此来消除内心的恐惧。当然，有一些壁画呈现出来的是充满正能量的，这是因为人类相信绘画有神力，能够帮助他们实现内心的愿望。

二、艺术的分类

艺术就像百宝箱，每个门类都有着自己独特的风格和魅力。文学艺术、视觉艺术、听觉艺术和表演艺术，它们就像四个亲密无间的兄弟姐妹，共同构成了艺术的大家庭。下面介绍文学艺术、视觉艺术和听觉艺术。

（一）文学艺术

文学艺术，就是用文字记录人类的思想和感情，令人产生美的感受。《诗经》是我国古代诗歌的开端，是最早的一部诗歌总集，收集了西周初年至春秋中叶（公元前 11 世纪至公元前 6 世纪）的诗歌，共 311 篇。《诗经·小雅·采薇》中有"昔我往矣，杨柳依依；今我来思，雨雪霏霏"。"昔我"对"今我"，"往矣"对"来思"，"杨柳"对"雨雪"，"依依"对"霏霏"。在当时被编成曲调哼唱出来，有节奏、有规律、有音韵，四字一组，朗朗上口，具有高度的艺术性，便于记忆，易于流传。

《楚辞》是我国第一部浪漫主义诗歌总集，主要作者是屈原。其中最主要的作品是《离骚》，它是我国古代最长的一首积极浪漫主义抒情诗，全诗 2500 字，字里行间透露了诗人的身世和志向，呈现出作者的进步理想，展现了诗人一生不懈斗争和以身殉志的决心。同时揭露了楚国的黑暗现实和政治危机，反映了楚国统治阶级中正义与邪恶两种势力的尖锐斗争，赞扬了屈原为国为民的精神。《天问》也是一首长诗，它对自然、宇宙和社会历史提出了 170 多个问题，其中的内容保存了许多神话传说和古史资料，尤为宝贵。

《全唐诗》是中国规模最大的一部诗歌总集，由彭定求等人在清朝初年编纂。全书共900 卷，收录了唐代诗人 2529 人的诗词 42863 首。我们所阅读的《唐诗三百首》就是从中摘录的。《全唐诗》按创作时间记录了初唐、盛唐、中唐、晚唐四个阶段的文学作品。初唐形成了古诗的声律，并且在形式和内容上都有革新。盛唐则展示出了广阔的题材和丰富的流派，也是唐诗发展的顶峰时期，许多文人名家都出自这个时期。中唐延续了盛唐时期的诗风，逐渐探索出诗歌的新形式和新风格，对宋词的影响很大。晚唐的诗偏于感伤和颓废，更显现出矫揉造作的风气，总的态势是诗坛冷落，步入唐诗的尾声，但为今后的七律和七绝诗体奠定了基础。

宋词是中国古代诗体的一种，是继唐诗之后的又一种诗歌艺术表现形式。它起始于中国南北朝时期的南朝梁代，形成于唐代，宋代达到顶峰。它与唐诗在中国古代文学艺术中并驾齐驱。宋词最初流行于民间，大约到中唐，一批诗人才开始写词，主要的流派有婉约派、豪放派和花间派。花间派以温庭筠、韦庄为代表。温庭筠是晚唐著名诗人，为宋词的发展作出了积极贡献。他的诗词辞藻华丽，浓艳精致，内容多写闺情，如他的《更漏子·玉炉香》：

> 玉炉香，红蜡泪，偏照画堂秋思。眉翠薄，鬓云残，夜长衾枕寒。
> 梧桐树，三更雨，不道离情正苦。一叶叶，一声声，空阶滴到明。

花间派的文字富丽惊艳，对后世词作影响较大。婉约派的特点是结构缜密，重视音律，语言圆润，清新绮丽，具有一种柔婉之美，代表人物有李清照、李煜等。中国文学史上著名的女词人李清照与苏轼、辛弃疾、柳永并称宋词四大家，她的写作风格具有浑成、含蓄、婉转的特点，言辞凄美动人，如《忆秦娥·临高阁》借秋景抒愁情：

> 临高阁，乱山平野烟光薄。
> 烟光薄，栖鸦归后，暮天闻角。
> 断香残酒情怀恶，西风催衬梧桐落。梧桐落，又还秋色，又还寂寞。

亡国后南唐后主李煜的一曲《虞美人》哀婉凄凉，抒发了对往事的无限眷恋：

> 春花秋月何时了，往事知多少。
> 小楼昨夜又东风，故国不堪回首月明中。
> 雕栏玉砌应犹在，只是朱颜改。
> 问君能有几多愁？恰似一江春水向东流。

苏轼是宋词豪放派的代表人物。豪放派的特点是视野恢宏广阔，写作手法雄浑大气。苏轼的《念奴娇·赤壁怀古》大气磅礴，意境开阔，将浩荡江流与千古人事并收笔下：

大江东去，浪淘尽，千古风流人物……由于时代背景之故，慷慨悲壮之调蔚然成风，豪放词派便屹然独立一宗，震烁宋代词坛，并广泛影响后代词人。

宋词是源于民间的艺术形式，注重反映社会现实，题材、风格倾向于通俗化。宋代文学的发展改变了中国古代文学长于抒情而短于叙事、重视正统文学而轻视通俗文学的局面，并为后来元明清小说、戏曲的发展奠定了基础。

（二）视觉艺术

视觉艺术是一个充满活力和创意的领域，就像一个多才多艺的艺术家，用色彩、线条和形状讲述动人的故事，为我们带来了无尽的惊喜和享受。绘画、雕塑、版画、建筑都是其重要形式。无论是在二维平面上创造的视觉形象，还是在三维空间中塑造的立体形象；无论是色彩斑斓的油画，还是令人眼花缭乱的街头涂鸦；无论是细致入微的素描，还是震撼人心的摄影作品，都会给我们带来不一样的视觉冲击力和吸引力。

中国书法欣赏线条的均衡布局，甚至墨的浓淡干湿，让人能感受到墨色淋漓、飞扬恣意的快乐。飞动的线条仿佛赋予每一个字生命，呈现其起伏顿挫、昂扬跌宕的生命历程。

绘画作为视觉艺术的一种特殊类别，在整个人类历史进程中涌现出多种技法与流派。我们可以看到岩洞壁画上生动活泼的动物和简洁有力的造型，可以感受到彩陶舞蹈纹样中的幻想与抽象，还可以领会到西方现实主义绘画的写实艺术。

舞蹈被许多人类学家、哲学家、美学家公认为艺术之源，也许是因为它是人类最早的艺术活动形式之一。它是情感与表现形式的集合体，是艺术的催化剂。任何情感的表达都需要借助于特定的表现形式。原始舞蹈具有强烈的生命意识，春秋战国时期的民间舞蹈自然清新，汉代的舞蹈朴拙豪放，魏晋舞蹈飘逸娴雅，南北朝舞蹈胡风汉韵交融，唐代舞蹈意境突出，宋代舞蹈雅致规范，明清舞蹈品格鲜明，现当代舞蹈中西兼备、风格多元。每一种舞蹈都体现着不同情感的本质，记录着舞蹈艺术发展的历史。

（三）听觉艺术

纯粹以听觉为感受的艺术活动主要是音乐。在中国几千年的文化传承与发展中，音乐艺术总是以不同的形式反映着时代的变迁和人类的进步。典雅凝重的上古钟磬古乐，绚丽多姿的汉唐歌舞伎乐，生动活泼的宋、明市民音乐，无不淋漓尽致地展示着中华民族灿烂悠久的音乐文化历史，记录着音乐艺术发展的历程与成就，彰显着中华民族卓越的想象力和创造力。

中国音乐的范畴十分广阔，音乐文化是中华文化的核心内容之一。从朱载堉的十二平均律到礼乐的诞生，从昆曲艺术的亮嗓到一省一戏的弘扬与传承，从贾湖骨笛的出土到中国旋律奏响世界，一段段美妙绝伦的音乐展现出听觉艺术独特的魅力。

中国传统五声音调分别为"宫、商、角、徵（征）、羽"，

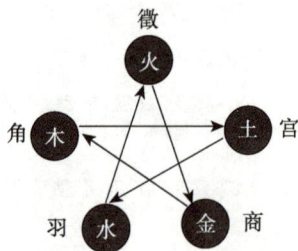

中国传统五声音调

唱名为"do""re""mi""sol""la"。它们按照五度相生的规律连接成一个完美的音阶之圆。这五种音高各有其独特的魅力。宫，稳重如山；商，清脆如泉；角，柔和如风；徵，激情如火；羽，悠扬如歌。它们交织在一起便构成了一幅壮丽的音乐画卷。在五声音调中，每个音符之间的音程通常是纯五度，这种音程结构不仅在中国古代音乐中占有重要地位，也对后世的音乐创作产生了深远的影响。中国民歌《茉莉花》就是采用五声音调创作的，旋律至今久唱不衰，悦耳动听。

中国古老的乐器，分为八音：金、石、丝、竹、匏、土、革、木，是根据乐器的材质来分类的。"金"是指金属性的乐器，如钟、钹；"石"是指石制乐器，如磬；"丝"类乐器种类繁多，如古筝、古琴，以及中国民族乐器中的阮、琵琶这类弦乐器；"竹"指的是利用竹子中空部分发声的乐器，如竹笛、箫、巴乌；"匏"是指用瓜类晒干制成的乐器，如葫芦丝；"土"类乐器，古代有埙，它是以陶土为材料制作的中空乐器；"革"是利用皮革发声的乐器，如开封的盘鼓；"木"制乐器，古代有籈，通过木刻纹路敲击或刮擦发声，在交响乐队中常见的梆子或木鱼，也都属于木制乐器。

我们把这些声音加以排列、组合，赋予节奏，用以表达激昂或哀伤的情感，这样就形成了美妙的听觉艺术。

第二节　视觉艺术与听觉艺术

一、视觉艺术

视觉艺术是一个创意的乐园。艺术家是这里的大玩家，他们不受任何束缚，可以随心所欲地创造各种奇妙的世界。从抽象艺术到具象艺术，从现实主义到印象派，从古代到现代，从风格看清时代的脉络。各种创新与创造，都在这里生根发芽。

（一）视觉艺术之舞蹈美

1. 古典美

这里的古典美要从中国古典舞说起，它是从传统戏曲舞蹈中脱胎出来的中国汉民族经典舞蹈。"古典舞"一词是 1949 年才出现的，直到 1954 年北京舞蹈学校建立，中国古典舞才开始正式规范化发展。随后将戏曲舞蹈和西方芭蕾的训练方法相融合，中国古典舞训练体系由此形成。

中国古典舞的核心与中国古典文化是一脉相承的。它继承了中国礼乐舞的精神，以和为本，以中庸为道，讲究圆曲与对称，追求动静相宜，张弛有度，高低错落，阴阳互转。这一逢左必右、逢前必后的运动规律，恰是中国传统阴阳理论的体现。中国古典舞飞舞的动势是中国一切古典艺术的共性特征。中国古典舞不仅融入了中国传统文化和美学精神，也融入了时代精神，其中"敦煌舞"和"汉唐舞"尤为突出，中国汉唐女子群舞《踏歌》作品精巧别致，风格清新独特，成为国内外广泛流传的经典之作。北京舞蹈学院先后创作的大型舞剧《丝路花雨》和《铜雀伎》也相继在国内外大获成功。

2. 芭蕾美

芭蕾，法语 ballet 的音译，源于古拉丁语 ballo，被称为"西方文明的结晶"和"贵族艺术"，也被人称为"脚尖舞"，是迄今为止最具国际性的舞蹈种类之一。芭蕾舞起源于 15 世纪文艺复兴时期的意大利，成型并兴盛于 16—19 世纪上半叶的法兰西，鼎盛于 19 世纪下半叶的俄罗斯和丹麦，20 世纪从俄罗斯走向世界各地，已有 500 多年的历史。

1661 年，路易十四下令在巴黎建立皇家芭蕾学院，要求负责人皮埃尔·博尚开始对芭蕾舞教学进行规范和整理，确立了脚的 5 个基本位置。1832 年 3 月 12 日在巴黎歌剧院首演的《仙女》，标志着芭蕾舞进入浪漫主义时代。以彼季帕为代表的一大批芭蕾舞大师在俄罗斯将浪漫主义芭蕾推向了高峰。他共创作了 46 部大型舞剧，其中最著名的是与俄国伟大的作曲家柴可夫斯基合作的三大舞剧《睡美人》《天鹅湖》和《胡桃夹子》。因此，他又被称为

"俄罗斯芭蕾的奠基人"及"古典芭蕾之父"。芭蕾的美建立在一套完美的审美体系上，即"开""绷""直""立"。由于它诞生于欧洲宫廷，因此芭蕾的美总是与尊严、文雅、高尚等概念紧密联系在一起。芭蕾舞舞者的选拔标准也相当苛刻，俗话说："三长一小一个高，二十公分顶重要，开绷直立爹妈给，轻高快稳师傅教。"

中国在 20 世纪 30 年代开始接触芭蕾舞，随着北京舞蹈学校的建立，纯正的俄罗斯芭蕾逐渐传入中国。我国芭蕾自创剧目《红色娘子军》的诞生，标志着中国芭蕾开创了自己的发展道路。

3. 现代美

黄河流域出土了 5000 年前的马家窑文化的遗址。在考古中发现了新石器时代舞蹈纹彩陶盆，上面描绘了精美的舞蹈动作，展现了黄河流域中华民族的祖先击地为节、连臂踏歌的舞蹈场面，向我们展示了另一种生命的存在。现代舞是 19 世纪末 20 世纪初在欧美国家兴起的舞蹈流派，主张通过身体与灵魂的舞动来表达情感，让我们感受到对原始

淳朴和自然纯真的向往。现代美国著名舞蹈家伊莎多拉·邓肯是美国现代舞的先驱，她主张现代舞要打破当时以芭蕾为美的审美标准，标新立异。20世纪30年代，中国舞蹈家、舞蹈理论家、20世纪中国新舞蹈艺术的先驱吴晓邦先生留学归国，带来现代舞的创作观念。中华人民共和国成立后，现代舞在中国的推行遇到了挫折，直到改革开放后的20世纪80年代，现代舞才逐渐进入大众视野。

（二）视觉艺术之绘画美

远古壁画神秘古朴，楚汉帛画浪漫恢宏，魏晋佛像庄严绚烂，隋唐界画精湛瑰丽，五代山水雄伟悠远，宋朝笔墨飘逸出尘，元朝梅石清秀俊雅，明清松竹豪放古拙，近代绘画百花齐放。我国绘画艺术凝聚了中华儿女数千年的智慧结晶。

1. 色彩美

北宋结束了五代长期纷乱的局面，中原与南方重归统一，统治者重文轻武，对书画艺术颇为喜爱，不仅建立了画院，还培养了一大批绘画人才，并在科举中首次正式将"画学"列入其中。

《千里江山图》（局部）

《千里江山图》是宋徽宗亲授弟子王希孟创作的。创作这幅作品时，他年仅18岁，用了半年时间完成。这幅被称为"青绿山水"的绘画作品至今让人百看不厌。全长1191.5

厘米、纵 51.5 厘米的绢画，以强烈的色彩、精密的手法和开阔的构图，描绘了气势磅礴的中国山水，抒发了对祖国山河深厚的爱。在强烈而统一的蓝绿色中，通过色彩的浓淡虚实，表现山水的明灭隐现、景物的高低远近，产生一种阳光扑面之感，充满了生机和朝气。

2. 设计美

宋代是绘画质量最高、产量最多的一个时期，更何况当时的皇帝也对艺术爱得炽烈。繁荣稳定的宋代出现了大量表现城市发展和城乡生活的作品，即风俗画，最著名的风俗画非张择端的《清明上河图》莫属。

《清明上河图》（局部）

此作品气势恢宏，表现力极强，充分显示出画家张择端极强的构图功底和画面内容设计方面的高超才能。全卷描绘了 587 个不同身份的人物，个个形神兼备，13 种动物、9 种植物、56 匹牲畜、20 余辆车轿、20 余艘船只，生动描绘了北宋都城东京市民的生活状况和集市上的热闹场面。

（三）视觉艺术之书法美

1. 意境美

在"王与马，共天下"的东晋时期（这里的"王"指的是琅琊王氏，王羲之家族；"马"是当时的皇族司马氏），永和九年三月初三，即公元 353 年的春天，一个温暖而明媚的日子，春意盎然，万物复苏。就在这一天，一件在当时看来非同寻常并且对后世而言也是意义非凡的事发生了。时任会稽内史、右军将军的书圣王羲之，与谢安、孙绰、孙统等 41 位志同道合的好友来到风景秀丽的浙江绍兴会稽山阴兰亭举行一场雅集。这里溪水潺潺，草木葱茏，独特的地理位置和秀美的自然风光成为他们雅集活动的绝佳之地。王羲之与友人沿着溪水漫步，欣赏着周围的景色，不时停下脚步，吟咏着优美的诗句。他们或低声细语，或高声吟唱，每个人的脸上都洋溢着愉悦和满足。夕阳西下，夜幕降临之时，这 42 个人数了一下，当天居然作了 37 首诗，眼看都能编成一本诗集了。作为此次雅集的主持人，王羲之酒意正浓。有人提议让王羲之给这本诗集写篇序，他毫不推辞。回想起白天与友人共度的美好时光，心中不禁涌起一股感慨之情，他提笔挥毫，一气呵成。就这样，冠绝千古的《兰亭集序》诞生了。这是中国书法艺术史上的一次重要事件，《兰亭集序》也被后世称为"天下第一行书"。

《兰亭集序》到底写的是什么呢？有人说，如果你能从中读懂"短暂"和"珍惜"两个词，就真正读懂了《兰亭集序》。序的开篇大意是：永和九年的一天，天气特别好，我和我的好朋友们来到兰亭聚会。我们坐在河边，畅饮畅聊，仰望铺满白云的一望无际的天空。我们作诗叙旧，开心地笑着。

《兰亭集序》（局部）

后面画风就来了个 180 度大转弯：

"夫人之相与，俯仰一世，或取诸怀抱，悟言一室之内；或因寄所托，放浪形骸之外。虽趣舍万殊，静躁不同，当其欣于所遇，暂得于己，快然自足，不知老之将至。及其所之既倦，情随事迁，感慨系之矣。向之所欣，俯仰之间，已为陈迹，犹不能不以之兴怀。况修短随化，终期于尽。古人云：'死生亦大矣。'岂不痛哉！"

刚刚还笑得直不起腰的王羲之突然就悲伤了起来。他提到在这茫茫宇宙间，人生是如此短暂，与这永恒的宇宙相比，人注定是要消亡的。回头看看人的一生，有些人喜欢在家里和好朋友聊天畅谈，有些人却喜欢不受拘束，在外游玩。虽然爱好各不相同，但是做自己喜欢做的事，还是会感觉到快乐的。但快乐从来不会长久，因为万事万物都在发生变化，所以再喜欢的东西也会逐渐消退。况且我们会衰老，也会死去。一想到这些，怎能不令人悲痛！

好好的聚会，怎会如此悲伤，这与王羲之矛盾的人生是分不开的。他的志向是当一个书法家，而不是"公务员"。但作为琅琊王氏家族的希望，他不得不担起重任。这篇《兰亭集序》就是书圣王羲之放下官职、涅槃重生的开始。我们的一个感受是，涂改部分都发生在后半段。这篇涂来涂去的手稿，最触动我们的是最后一个"痛"字，它的下面原本是个"哀"字。这么一改，仿佛把王羲之内心强烈的痛彻心扉的情感完全释放出来。

都说字由心生，《兰亭集序》中姿态各异的21个"之"字一直是书法爱好者津津乐道的话题。在他笔锋回转、境由心转之时，他已经超越了书法本身的技艺，赋予每一个字灵魂。

《兰亭集序》不仅展现了王羲之卓越的书法造诣和独特的艺术风格，更是他感悟人生、勇敢做自己的体现。他的笔触流畅而有力，每一个字都充满了生命力和活力。他以清新脱俗的文字、隽永优美的笔触以及严谨深邃的哲学思考，将这篇序文打造成一篇不朽的艺术杰作。

2. 线条美

书法的线条具有独特的韵律和节奏感。通过运用不同的笔触：提按、快慢和转折，书法家能够创造出富有动感和生命力的线条。这些线条不仅具有美感，还能够体现出书法家的情感和个性。

颜真卿的书法以雄浑豪放、气势磅礴而著称。《祭侄文稿》是他的代表作之一，其中的线条粗犷有力，充满悲愤之情。

《祭侄文稿》开篇写得很流畅，也没有错别字。颜真卿一边写，一边回忆，线条非常流畅和轻快。"你就像宗庙里的瑚琏之器，又像我们家庭院里的兰花和香草。你如玉一样温润的品格，常常让我觉得很欣慰。"当想起侄子的生平时，他仿佛换了一个人，笔触一转，气氛开始变得沉重。尤其是当他写到"贼臣（'拥'涂去）不救"这一句时，他写了两遍，第一遍虽然涂掉了，但到今天我们依然能清晰看到"贼臣拥众不救"的痕迹。

当时唐军一方有个叫王承业的，拥有众多兵力，但就是不去救援。最后"孤城围逼，父陷子死，巢倾卵覆"。"父陷子死"的浓墨重描，尤其是"父"字的最后一捺，简直触目惊心。我们完全可以想象颜真卿写到这里时，对两位亲人的死亡感到多么悲痛。感情有多深，下笔就有多深。整幅《祭侄文稿》书写时，多次由浓墨到枯墨，仿佛颜真卿的笔一蘸墨汁，开始落笔后就没再断过，直写到笔枯少墨也顾不上蘸墨，用力得仿佛要将纸戳破，线条粗壮有劲，尽显悲愤。

《祭侄文稿》

写到最后，他再一次发出了"呜呼哀哉，尚飨"。这个"呜"字只剩下了一根蜿蜒的线条。可以说这个字写了如同没写一样，但就在这线条中，我们仿佛看见了一个老人，或许两鬓斑白，或许已经弯下了腰背，拿着毛笔的手在空中微微颤抖。往事一件件浮现，他实在忍不住了，哭出了声，用苍老的手背拭去脸颊的老泪，最后他号啕大哭。

然而，就是在这样的心境下，整篇字迹无论是细致还是潦草，几乎都是端正的。"字如其人，见字如面"，大概就是书法呈现出来的气韵和傲然筋骨吧。这就是"天下第二行书"之美。

二、听觉艺术

（一）听觉艺术之旋律美

1. 戏曲艺术

古代文人音乐的代表——昆曲，迄今已经有 600 多年的历史。2001 年，昆曲被联合国教科文组织列为"人类非物质文化遗产代表作"，其独特的文化价值与古老的艺术形式在当今的音乐文化和人民生活中依旧展示着独特的艺术魅力。

世界有三大古老戏剧文化——印度的梵剧、希腊的悲喜剧和中国的戏曲。如今，希腊的悲喜剧和印度的梵剧都已经成为历史，只有中国的戏曲依然以多姿多彩的姿态活跃在世界舞台上，留存于现代人们的生活之中。

戏曲作为中华民族特有的综合性舞台艺术形式，是舞蹈、文学、音乐、舞美、杂技等多种艺术形式的综合体。据文献记载，约12世纪宋金时代就已经呈现出了完整、真正意义上的戏曲艺术，也就此有了"戏曲"这个称谓。宋元时期，杂剧和南戏成为当时最重要的戏曲表现形式，尤其是在元代，作品多达500多种，记录下来的杂剧作家就有100多人，这就造就了"元曲四大家"，同时涌现出了大量传世佳作，如《窦娥冤》《汉宫秋》《西厢记》等，这一时期是中国戏曲文学史上最灿烂夺目的一段时期。后南戏逐渐壮大，取代了杂剧的地位。在流传的过程中，受到中国不同地区、不同方言、不同民俗及音乐传统的影响，形成了诸多唱腔，其中具有影响力的是海盐腔、余姚腔、弋阳腔和昆山腔，并称"四大声腔"。随着历史的发展和戏曲艺术的演变，海盐腔和余姚腔逐渐没落，经过改良的昆山腔逐渐崛起，被公认为戏曲正腔，流传至今。明代嘉靖年间出现了以魏良辅为代表的一批戏曲音乐家，他们对昆山腔进行了深度改革，不但研究了歌唱技巧，强调唱"声"，还加入了丝竹并举的乐队伴奏。经过这些文人雅士的不断改良与创新，昆山腔艺术得以推广和传播，并成为四大声腔中流传最广、留存最久的唱腔。

中国传统社会十分强调音乐艺术的教化作用，从某种角度来看，戏曲亦是如此。它能够通过唱、念、做、打来表演故事，宣扬人伦道德观念。在中国漫长的戏曲发展史中，经昆山腔演变，陆续出现了昆腔、昆曲、昆剧等多个相关名词。昆剧是仅采用昆腔演唱故事的剧种，是我国现存最古老、最优秀的戏曲剧种之一。在前期，人们都称之为昆曲。后来戏曲艺术蓬勃发展，在19世纪京剧出现之前，中国已有数百个戏曲剧种，分布在东西南北各个省份。但昆剧以其"无声不歌，无动不舞"的艺术造诣，得到了一代又一代人的青睐，是当之无愧的"百戏之祖"。

明代戏曲名家汤显祖就是其中最负盛名的传奇作家，他的代表作是《牡丹亭》。《牡丹亭》讲述了一个富有浪漫色彩的爱情故事。《游园》是其中的一个片段，戏曲中称为一折。该片段描写了这样的场景：在一个春天的清晨，南安太守杜宝之女杜丽娘站在幽静的庭院里，听到黄鹂鸟的歌唱，却是闷闷不乐，郁郁寡欢。这时，丫鬟春香上场赞美了天生丽质又高雅清纯的小姐。之后，主仆二人就一同悄悄地离开闺房，来到了后花园。面对眼前的满园景色，小姐感叹："不到园林，怎知春色如许？"接着唱了下面这支曲牌《皂罗袍》。

《皂罗袍》唱词：
原来姹紫嫣红开遍，似这般都付与断井颓垣。
良辰美景奈何天，赏心乐事谁家院！
朝飞暮卷，云霞翠轩；
雨丝风片，烟波画船，
锦屏人忒看的这韶光贱！

皂罗袍
《牡丹亭·游园》选段
(杜丽娘唱)

小工调1=D
慢速

原来姹紫嫣红开遍，似这般都付与断井颓垣。良辰美景奈何天，赏心乐事谁家院！朝飞暮卷，云霞翠轩；雨丝风片，烟波画船，锦屏人忒看的这韶光贱！

《游园》这一折，"曲调优美细腻，委婉动人，被称为昆曲中场次、音乐、表演皆好的'三好戏'"。（参见《中国音乐词典》，人民音乐出版社，1984 年版，第 470 页）

2. 王者之音

在西方音乐史中，钢琴始终是个重要角色。它被广泛用于各种音乐形式、各种演出场合。无论是在古典音乐时期、浪漫主义时期，还是现在的流行音乐时期，它都是一个积极热情的角色。它可以担任独奏、伴奏或合奏、重奏，是作曲家最亲密的创作伙伴。钢琴能够直观地呈现旋律、和声、音阶、复调等乐理知识，被称作"乐器之王"。

14—15 世纪，古钢琴出现在欧洲，根据发声原理的不同，其被分为击弦和拨弦两类，前者叫作"楔槌键琴"，这种古钢琴形制较小，音量不大；后者叫作"羽管键琴"，形制和音量较前者大些。16 世纪时，古钢琴渐渐取代了风靡一时的琉特琴的地位。17 世纪，古钢琴被广泛使用。1722 年，巴赫的《平均律钢琴曲集》在古钢琴上能随意演奏 24 个大小调，解决了因律制受限无法演奏的音乐难题，为后期西方音乐的发展奠定了坚实的基础。19世纪的钢琴经过重新改造，增加了钢制结构，并改进了机械功能，逐渐取代了古钢琴。这一时期的钢琴不仅扩大了音域，而且表现力增强，声音结实而丰富。随着社会发展和文明进步，人们对生活质量的要求有所提高。在浪漫主义时期，钢琴成为"王者之音"。以贝多芬为代表的一批浪漫主义乐派音乐家为后世留下了美妙绝伦的旋律。

（二）听觉艺术之音色美

1. 人声之美

合唱是最美的人声艺术，是集体演唱多声部声乐作品的艺术门类，常有指挥，可有伴奏或无伴奏。合唱一般有四个声部的要求，多为男高音区、男中低音区、女高音区、女中低音区。要求单一声部音色和谐统一。合唱的形式有很多种，包括童声合唱、男声合唱、女声合唱、混声合唱。

清朝末年，合唱这种艺术形式从西方传入中国，《送别》就是一首家喻户晓、人人传唱的合唱作品。1933年，黄自先生创作了清唱剧《长恨歌》，这是中国最早的大型合唱作品之一。1939年，作曲家冼星海带着救亡热情，克服种种困难，完成了《黄河大合唱》，唱响了全中国，这是中国近现代音乐史上里程碑式的杰作。之后，他又创作出《生产大合唱》《九一八大合唱》和《牺盟大合唱》，这些都是各具特色的合唱作品，久唱不衰。

黄河是中华民族的母亲河。在每一个中华儿女的心目中，它不仅是一条大河，还具有许多象征意义。它是民族、文化、历史和根脉的象征，孕育着灿烂辉煌的中华文明。勤劳勇敢的华夏子孙在黄河母亲的怀抱中生生不息，繁衍至今。

《黄河大合唱》是诞生于20世纪30年代的合唱作品，它以磅礴的气势和不屈的民族精神，以及悠扬的旋律和多样的音色，成为中国乐坛上经久不衰的曲目。作曲者冼星海是中国近现代音乐史上伟大的人民音乐家，早年留学法国，40岁病逝于莫斯科。毛泽东主席曾题词称冼星海为"人民音乐家"。《黄河大合唱》是冼星海在延安时期的作品，也是他的代表作。

1939年初，诗人光未然迎着硝烟奔赴延安时，途经陕西宜川县的黄河壶口瀑布。黄河的惊涛骇浪与船夫的英勇精神震撼了他，他创作了长诗《黄河吟》。这首诗激发了冼星海的创作热情，仅用了6天时间就谱写出了8首歌曲的初稿。13天后，也就是1939年4月13日，《黄河大合唱》首次在陕北公学大礼堂唱响，激越雄壮的歌声打动了每一位听众。5月11日，冼星海又亲自指挥鲁艺合唱团，用中西混合的乐队伴奏，正式演出了《黄河大合唱》，受到了毛泽东主席等中央领导人的高度赞赏。1941年春，他在莫斯科最终修改完成了乐队总谱。

《黄河大合唱》以黄河为背景，描述了战争前后黄河岸边人民生活的巨大变化，以及战争给百姓带来的深重灾难。随后又以浓重的笔墨勾画出中华儿女在民族存亡的紧要关头，反抗侵略者保家卫国的雄壮画面。整个合唱作品包括序曲和八个乐章，每个乐章的标题与内容都揭示了一定的情节，采用了独唱、重唱、齐唱、对唱、女声三部合唱、混声四部合唱等多种演唱形式，同时巧妙地运用朗诵和乐队，并从叙述者的角度将各个相对独立的乐章串联起来。特别是第七乐章《保卫黄河》，采用了齐唱与轮唱的形式。男声和女声的音色交织在一起，气势逼人，勾勒出了"风在吼，马在叫，黄河在咆哮"的生动画面，演绎出了千千万万觉醒的民众万众一心，前赴后继，保卫黄河，保卫华北，保卫全中国的壮丽场面。第七乐章《保卫黄河》中人声合唱的丰富音色唱出了中国苦难民众的心声，唱出了对侵略者的怒吼，唱出了百折不挠的中国人民必胜的信念。

2. 声势之美

声势是身体音色与节奏的完美结合，创造了神奇的身体打击乐和嗓音打击乐。身体是人类与生俱来的最珍贵的乐器。我们拍打身体的不同部位，挖掘有趣的音色，并按照节奏融合在一起。这种介于音乐与舞蹈之间的艺术方式将身体作为乐器，给人带来听觉和视觉的双重享受。

我们将捻指、拍手、拍胸口、拍腿、拍臀部、跺脚产生的不同音色与节奏组合在一起，利用声部的交替来演奏出奇妙的音乐。

近年来，厦门六中合唱团将阿卡贝拉风格的音乐作品创编成声势与演唱结合的形式，深受大众喜爱。协调的肢体动作、和谐动听的旋律和击打身体产生的不同音色，创造了极其新颖的听觉体验。

（三）听觉艺术之情感美

1. 琴瑟友之

古人把"琴、棋、书、画"称为"四雅"。古琴，也称"琴"或"七弦琴"，是我国最古老的拨弦乐器。传说神农、伏羲都曾制作古琴，舜帝甚至弹琴而使天下大治。有据可考的古琴历史已有三千余年。在中国的音乐史上，古琴主要在文人士大夫阶层流传、发展、传承，是文人音乐的杰出代表，也是文人学习音乐的必学乐器。伴随着中华传统文化的发展，西周时期出现了贵族阶层的等级划分，并建立了礼乐制度，不同等级的贵族享用不同规格的音乐。《礼记·曲礼》曾记载"士无故不彻琴瑟"，古琴是身份的象征，被排在"四雅"之首。在古代，它既可以修身养性，寄情抒怀，甚至还可以"治国平天下"。琴的形成促使了琴家的诞生。春秋战国时期的孔子、伯牙，汉末的蔡邕、蔡琰，魏晋名士嵇康、阮籍，宋代的郭楚望，明代的朱权等诸多杰出的文人雅士，他们传奇的人生都与琴息息相关。

我国第一部诗歌总集《诗经》中有很多关于琴的记载。如《诗经·周南·关雎》：

关关雎鸠，在河之洲。

窈窕淑女，君子好逑。

……

窈窕淑女，琴瑟友之。

这里所谓的交友，不仅是喜欢美丽贤淑的女子，更是要找到知音、知趣、知心的人。如《诗经·小雅·鹿鸣》中提到：

呦呦鹿鸣，食野之苹。

我有嘉宾，鼓瑟吹笙。

鼓瑟鼓琴，和乐且湛。

我有旨酒，以淑我嘉宾之心。

这里我们仿佛看到主人弹着琴，鼓着瑟，款待宾朋，大家喝着美酒，心里美滋滋的。

古人以琴传情，以琴会友。

《吕氏春秋》中曾记载了这样一段关于"知音"的故事：

伯牙鼓琴，钟子期听之，方鼓琴而志在太山，钟子期曰："善哉乎鼓琴！巍巍乎若太山。"少选之间，而志在流水，钟子期复曰："善哉乎鼓琴！汤汤乎若流水。"钟子期死，伯牙破琴绝弦，终身不复鼓琴，以为世无足复为鼓琴者。

伯牙，原名俞伯牙，是春秋时期楚国的一位大夫，也是一位古琴演奏高手。而钟子期是一位普通的樵夫。古琴的缘分，使这两位身份、地位、背景不同的人相逢、相识又相知，并结下了深厚的友谊。这段关于知音的故事也成为一段千古佳话。《高山》《流水》也从此成为后世广泛流传的古琴名曲。

2. 爱情本味

爱情是永恒的主题。从古至今，无论东方还是西方，表达爱情的音乐作品都非常多，如我们熟悉的贝多芬的《致爱丽丝》、舒曼的《梦幻曲》、王洛宾的《在那遥远的地方》

等。但有一部作品，我们一定不能忘记，那就是小提琴协奏曲《梁山伯与祝英台》，这部极富浪漫主义色彩的作品被西方人称作"蝴蝶的爱情"。

小提琴，作为西洋交响乐团中最重要的乐器之一，在西方已有几百年的历史。17世纪上半叶，小提琴得到了蓬勃发展，随之涌现出了许多作曲家，如意大利的维瓦尔第、德国的巴赫和亨德尔，他们都是小提琴作曲方面最杰出的代表。在中国近现代音乐的发展中，第一位真正在中国产生广泛影响的小提琴家是马思聪，他最为人所熟知的作品《思乡曲》一直流传甚广。

协奏曲是一种由独奏乐器与管弦乐队合作演奏的形式，带有"竞争""竞赛"之意。小提琴与协奏曲这两种西方元素，在20世纪中叶的青年作曲家何占豪和陈钢的手中开始了新的春天。很多人不知道，中国最早的一首小提琴曲于1920年创作，名为《行路难》，这首作品的创作者是著名地质学家李四光。这首作品现今陈列在上海博物馆，为小提琴协奏曲《梁山伯与祝英台》的创作者提供了灵感。

小提琴协奏曲《梁山伯与祝英台》是根据一个美丽而古老的民间传说创作的。这个故事讲述的是：古代南方有一个被称为祝家庄的村落，祝员外之女祝英台年方二八，出落得秀丽聪慧。她虽为千金大小姐，却胸怀大志，女扮男装独自去杭州求学，结识了家境贫寒且善良淳朴的书生梁山伯。同窗三载，共读共玩。毕业之际，友情已至深。一年以后，当梁山伯得知祝英台是女儿身后前去求婚时，却听说祝英台已被迫许配给豪门纨绔子弟马文才。梁山伯失意郁闷而死。祝英台得知后，在其坟前哭诉对他的思念之情。此时，天地为之动容，坟墓崩裂，祝英台毅然投入坟中。随后，云雾散去，阳光普照，二人化成一对美丽的彩蝶从墓中飞出，在花丛中翩翩起舞，形影不离。这个凄美又充满幻想的爱情故事，塑造了一对感情纯真、忠贞不渝的青年男女的艺术形象，堪称中国版的《罗密欧与朱丽叶》，千百年来不知触动了多少国人的心，赢得了多少痴情男女的泪水。

小提琴协奏曲《梁山伯与祝英台》由三个主要情节组成："草桥结拜""英台抗婚""坟前化蝶"。整首作品的曲式结构如下：

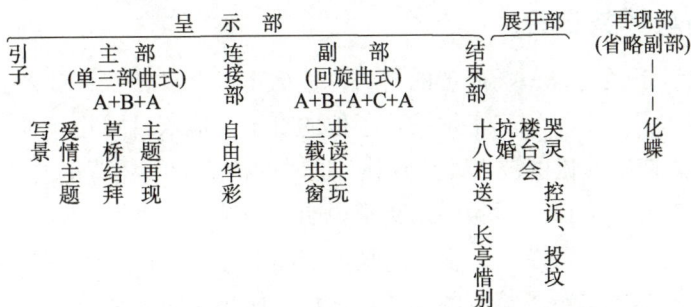

		呈 示 部				展开部	再现部(省略副部)
引子	主 部 (单三部曲式) A+B+A	连接部	副 部 (回旋曲式) A+B+A+C+A	结束部			
写景	爱情主题 草桥结拜 主题再现	自由华彩	三载共读共窗	十八相送、长亭惜别	抗婚、楼台会、哭灵、控诉、投坟		化蝶

最耐人寻味、家喻户晓的是贯穿全曲的爱情主题。独奏小提琴在明朗的高音区奏出波浪形的旋律，线条柔美缠绵，又不乏激越之情，体现着祝英台柔美婉约的古代女性形象。紧接着，沉稳的大提琴以呼应的方式奏出，仿佛与小提琴形成了对答，如同祝英台与梁山伯在互诉衷肠，倾诉爱意。最后，爱情主题再现，乐队合奏，音响连绵大气，余

音不绝于耳，表达出他们之间真挚的情感与忠贞的爱情。

　　小提琴协奏曲《梁山伯与祝英台》创作完成于1959年。作曲者何占豪和陈钢是当时上海音乐学院的两位在校学生。这首作品是在响应国庆十周年献礼的号召下，在"破"与"立"的新气象中，解放思想大胆创作的一部作品。这部作品也是在上海音乐学院管弦系"小提琴民族化实验小组"的共同努力下完成的大型民族化交响音乐作品。1959年5月27日，小提琴协奏曲《梁山伯与祝英台》在上海兰心大剧院首演，由俞丽拿担任独奏，并获得极大的成功。

　　何占豪是这部作品的主创者之一，他曾在越剧团担任乐队伴奏，后改学小提琴。另一位主创者陈钢是著名作曲家陈歌辛的儿子，是一位钢琴演奏家。陈歌辛也是我国近代流行音乐的先驱，他创作的歌曲《玫瑰玫瑰我爱你》《夜上海》等风靡一时，甚至流传欧美，被翻译成英文版本，直到现在还常常被人翻唱。美妙动听的小提琴曲《阳光照耀着塔什库尔干》也为陈钢所作。《梁山伯与祝英台》首演的时候，何占豪25岁，陈钢24岁，俞丽拿18岁。这部作品不仅是中国小提琴发展史上的经典之作，也成就了他们今后辉煌的音乐人生。这部作品是中国器乐唱片发行量最多、影响范围最广的作品之一，并于1989年获得了中国首届金唱片奖。

第三节　当艺术遇上医学

一、绘画中的医学知识

　　古埃及的壁画中既有日常生活和宗教场景，又生动描绘了医生进行手术的情景，这不仅显示了医生精湛的医术，还充满了对生命的敬畏和尊重。医学被视为一种崇高的职业，许多医生同时也是杰出的哲学家和艺术家。他们通过绘画、雕塑等形式展示人体的奥秘和医学的魅力。

（一）李唐与《灸艾图》

　　树荫下，患者正经受着一场痛苦的折磨，他袒露着上身，双臂被老农妇和一个少年紧紧地抓着，身边另一个少年牢牢地按住了他的身子。他双目圆睁、张大着嘴，声嘶力竭地叫喊着，一条伸出的腿也被人死死踩住。这时的他只能听凭背上的疮伤被艾火熏灼。那绷紧的肌肉、散乱的衣服、紧皱的眉头都说明这痛苦已达到了极点。这正是宋代李唐的《灸艾图》，又称《村医图》，描绘的是走方郎中为贫苦百姓医治疾病的画面。

　　作者用清淡的笔墨描绘了特定的场景：远处一座小木桥架在清澈的溪水上，一排村舍的土墙显示出农村村头的一角，两株粗壮阴翳的大树占据了几乎一半的画面，树根附近有几块石头和几丛花草。这是农村景象的生动写照，给人一种静谧、安宁、朴实无华的感觉，仿佛一切都是普普通通且真实自然的。平静的环境与紧张的治疗情节形成了鲜明对比。

李唐 《灸艾图》（台北故宫博物院藏）

（二）凡·高和他的《向日葵》

凡·高，一个用生命作画的画家，极富个性。他友好善良，渴望从最亲密的朋友高更那里获得关怀与温暖，但始终无所得，还总是被高更批评。二人的艺术理念和性格完全不同，凡·高感情丰沛，喜欢用大把大把的颜料堆叠作画，只为捕捉那一道光。高更脾气狂躁，作画风格却自然又克制，擅长平涂技法。最终由于画作、生活和性格上的差异，凡·高割耳宣泄。这幅价值上亿的《向日葵》是凡·高最经典的画作之一，画作的主色调为黄色，向日葵明亮、热情、奔放，如同土地里绽放的太阳。经查阅资料，那时主动要求进入精神病院的凡·高使用的主要精神类药物是洋地黄类药物，名叫地高辛。从药物治疗的角度来说，这是一种强心药物，会加速心脏收缩，其药物毒性对精神有镇静和抑制作用，而其显著的表现视黄症会让人对黄色产生倾向。或许从绘画艺术的角度，窥得医学中柔软感性的一面会对未来的医学研究有所启示。

凡·高的自画像及《向日葵》

二、《黄帝内经》的美学探析

艺术与医学看似是两个截然不同的领域，但它们的联系可以追溯到古代，并一直延续至今。《黄帝内经》作为一部跨越千年的医学巨著，不仅具有深厚的医学价值，还散发着独特的艺术魅力。

（一）语言表达的艺术

《黄帝内经》的语言表达极具诗意。它运用了比喻、象征和寓言等修辞手法，使医学理论不再是枯燥无味的教条，变得生动而富有感染力。比如，它将人的身体比作一个复杂而精致的机器，将气血的流动比喻为江河的奔流，将疾病的产生形容为风雨雷电的变化。这些形象生动的比喻不仅使深奥的医学知识变得易于理解，还增强了读者的阅读体验，使人仿佛置身于一个充满想象力的医学世界。

（二）哲学思考的艺术

《黄帝内经》展现了深刻而独特的哲学思考。它提出"天人合一"的理念，认为人与自然是和谐统一的整体，人的生命活动应遵循自然的节奏和规律。这种思想体现了对生命的敬畏和对自然的尊重，同时也展现了一种超越时代的哲学智慧。它还强调了"阴阳五行"的理论框架，认为人的身体内部各种力量之间应保持平衡与和谐，这样才能维持健康。这种整体观和动态观不仅是对医学的深入探索，也是对生命的艺术化理解。

（三）独特的艺术审美

《黄帝内经》体现了中医对生命的独特审美追求。在中医理论中，身体被视为一个有机整体，各个器官和组织之间相互联系、相互作用。这种整体观和动态观不仅是对生命的科学认识，也是对其艺术美的赞美。同时，《黄帝内经》还强调"形神合一"的观念，认为人的身体健康与心理健康是密不可分的。这种身心并重的审美追求体现了中医对生命的全面关怀和对美的独特理解。

其实在古代，艺术与医学之间就有深入的联系，主要体现在医疗实践中。比如，古代的医生常常通过绘画、雕塑、音乐、舞蹈等各种艺术形式来治疗疾病，他们相信这些艺术形式可以帮助患者放松身心，缓解疼痛，提高治疗效果。《黄帝内经》中也有关于音乐治疗的详细记载。艺术与医学结合治疗可以帮助患者表达情感、减轻压力、提高自我认知，是一种很愉悦身心的治疗方法。随着时间的推移，艺术与医学之间的联系逐渐减弱。医学逐渐发展为一门独立的科学，而艺术则更多被视为一种审美体验。然而，近年来，随着人们对身心健康和整体福祉的日益关注，艺术与医学之间的联系重新得到了人们的重视，目前已被广泛应用于心理治疗、康复治疗等领域。

三、艺术对医学教育发展的影响

在古代，医生不仅需要掌握医学方面的知识，还需要具备一定的艺术能力与素养。

他们通过绘制医学插图和手稿来记录和传播医学知识，这些绘画作品不仅具有极高的艺术价值，而且为后世的医学教育和研究提供了宝贵的历史资料。

目前，国内外一些医学院校开始将艺术课程纳入医学生的必修课，通过提高艺术修养，使医学生可以更好地理解身心之间的关系，在治疗过程中更加注重患者的情感需求，提高治疗效果。

（一）艺术教育与艺术鉴赏

艺术教育是生命教育，通过艺术的熏陶，塑造人的美好心灵，提升精神境界，促进人的全面发展。艺术教育是自由的，而非强制的，它能让人们从艺术审美中获得审美愉悦。它潜移默化地影响着人的心灵、情感、品行、个性。艺术教育除了教授艺术技能和技巧以外，更重要的是能净化心灵，提升品格，陶冶情操，完善人格，丰富精神生活。它强调以审美的眼光对待人生，正确地待人处世，学会"做人""做事"。现在一些父母盼望着子女成龙成凤，孩子从幼年开始就被强制"绑"在钢琴前，或者"困"在舞蹈练功房里。他们这么做必然会压制孩子的童真和潜能，实际上伤害了孩子的身心健康。作为一名医学生，我们更应该让自己有一个健康的身心、健硕的体魄、健全的人格。

艺术鉴赏是艺术教育的一种有效手段，是指人们在接触艺术作品过程中产生的审美评价和审美享受活动。艺术作品是反映社会、表现艺术家思想感情的一种载体，而鉴赏是判断美的一种能力。作为艺术鉴赏者，读者、观众通过阅读、聆听和观看艺术作品，从中获得审美享受和审美体验，并领悟到作品蕴含的内在意义，从而加深对生活的认知和理解，这就是艺术鉴赏。

我们可以通过聆听德国作曲家贝多芬的《第五交响曲》，感知他对命运的抗争和不屈不挠的韧劲。尽管生活让他痛苦不堪，病痛反复折磨着他，他依旧顽强坚毅地挺立着身躯。《第九交响曲》采用德国著名诗人席勒的《欢乐颂》作为歌词，这也是该作品最著名的主题："欢乐女神圣洁美丽，灿烂光芒照大地……在你光辉照耀下，我们团结成兄弟。"贝多芬创作这首作品用了将近10年的时间。创作后期，他已经耳聋，但凭借坚强的毅力，他完成了这首作品，塑造了人类顽强的形象。在58年的生命中，贝多芬创作的作品不计其数，大多数流传至今，他本人也被后人称为"乐圣"。从贝多芬的身上我们看到了人类对快乐的渴望和对生命的尊重。

艺术和医学都是对人类的探索。艺术通过表达和创新来理解和描绘人类的精神和情感，而医学则通过科学实践来研究和治疗人类的身体，两者都在各自的领域内追求着对人类的理解和帮助。

艺术教育对医学生的培养有什么作用呢？

（1）培养观察力和同理心。艺术教育可以更好地帮助医学生观察和理解患者。通过欣赏艺术作品，医学生可以学会从不同的角度看待事物，培养同理心和关怀他人的能力。这种能力在医学实践中尤为重要，因为医生需要理解和感受患者的痛苦和需求，以便提供更好的医疗服务。

（2）提高沟通能力。通过艺术表达，医学生可以更好地理解和传达自己的想法和情感，同时也可以更好地理解和回应他人的情感和需求。这对于医学工作来说至关重要，因为医生需要与患者建立信任，通过有效的沟通来确保治疗方案的顺利实施。

（3）促进自我反思。通过创作艺术作品或欣赏艺术作品，医学生可以更好地理解自己的情感和思想，从而更好地应对自己的情绪和压力。这对于医学工作来说非常有益，因为医生需要在高压的工作环境中保持冷静和理性，以便做出正确的诊断和治疗决策。

（4）激发创造力和想象力。艺术能够激发医学生的创造力和想象力，从而为医学发展带来新的思路和方法。现代医学中广泛应用的手术机器人技术就受到了科幻电影和动画等艺术作品的启发。这种跨学科的思维方式有助于推动医学领域的创新和进步。

（5）推动医学教育和普及。艺术能够以形象化、生动化的方式展现人类身体结构与功能，帮助学生更好地理解和记忆相关知识。此外，还可以以艺术作品为载体向公众普及健康知识和预防措施，提高公众的健康意识，这对于提升整个社会的健康水平和预防疾病具有重要意义。

艺术教育对医学教育的作用是多方面的，这样的教育有助于培养更加全面、有情怀的医务人员。他们不仅具备专业的医学知识和综合技能，还能够在工作中运用艺术的思维和方法更好地理解和关怀患者，提供更高质量的医疗服务，推动医学领域的创新和发展。

（二）手中的艺术

我们都知道，外科医生从事的是一种技术难度大、执业风险高且责任重大的特殊职业。临床比拼的是精细的手眼功夫，优秀的外科医师被认为应该具备"鹰眼、狮心和女性的手"。"鹰眼"即外科医生应具备的睿智、悟性，对疾病的观察和分辨能力；"狮心"即手术意志，象征着勇敢、机敏、果断；"女性的手"要求手术操作轻巧，伤口缝合美观。有人说手术是创造，是艺术，是对拯救生命付出的爱。它与一个人的经历、阅历、魄力、想象力、知识面、思维方式、心理素质、应变能力，甚至与他的情感、趣味、气质、性格、理想和追求等诸多方面有关。好的外科医生术前要有手术的构思，术中要不断地思考，及时调整和考虑下一步要做什么，还要认真观察手术的每一个细节，必要时思考替代方案，力求尽善尽美。训练有素的外科医生通过他们的双手，顺应生命本身的自然规律，恢复人体器官解剖与功能的和谐之美，创造出人间奇迹。

不同的医生有不同的治疗策略，具体到手术操作风格上的差别就更大了。外科医生做手术与画家作画、书法家写字、雕刻家雕刻作品、演员上台演戏有共通之处，同样需要全身心投入，兼顾科学的严谨和艺术的豪放。手术是创造生命之美的特殊艺术，当外科手术达到艺术境界时，外科医生也就是艺术化的医学家。

（三）艺术赋能医学，增强社会功能

跨界融合作为一种重要的发展趋势，已经在我国产生显著的影响。它涉及多个领域，

包括金融、教育、医疗、制造业和零售等，这些领域都在与科技进行深度融合，从而推动各自的转型升级。

（1）医学知识宣传。医学专家可以提供真实的医学案例，让艺术家根据这些案例创作出富有深度和情感的作品，从而让观众能够更直观地了解医学知识的实际应用。通过艺术的创意和表现力，把这些健康科普宣传作品制成展板，放置在社区或人流量较大的区域。这不仅能够吸引公众的注意力，使医学知识生动、有趣、易于理解，还能够激发他们对健康问题的兴趣和关注，推动社会对医疗资源和服务的改善。

（2）医疗设施设计。通过设计，能为医疗环境带来一种全新的氛围。设计师可以利用不同的色彩、光线、材质创造出既舒适又富有艺术感的医疗环境，从而缓解患者和医务人员的紧张情绪，提高治疗效果和效率，还可以体现出医疗机构的人文关怀和社会责任，为医疗机构塑造良好的社会形象。

（3）心理健康领域。艺术作为一种表达和沟通的工具，为许多人提供了一个释放情感、缓解压力的平台。通过绘画、音乐、舞蹈等艺术手段，人们可以更好地表达内心的情感，找到与自我和他人沟通的方式。这对于那些面临心理压力、情绪困扰甚至患有心理疾病的人来说无疑是一种有效的治疗和康复手段。而医学领域对心理健康的关注和研究，也为艺术疗法提供了更为科学和规范的理论支持和实践指导。

（4）跨文化交流。不同文化背景下的艺术作品和医学实践，都反映了人们对于生命、健康、情感等方面的独特理解和追求。通过艺术和医学的交流与合作，我们可以更好地了解不同文化之间的差异和共性，促进跨文化交流。这对于构建一个多元、包容、和谐的社会具有重要意义。

（5）可持续发展。艺术与医学的结合为我们提供了新的视角和思路。例如，在环保和健康领域，艺术家可以通过创作反映环境问题的艺术作品，引发公众对环境保护的关注和思考。同时，医学领域也可以从艺术的角度探索更加环保、健康的生活方式和医疗模式，为可持续发展作出贡献。

（6）科技创新。艺术与医学的结合推动了医疗技术的创新与发展。随着人工智能、虚拟现实等技术的快速发展，艺术与医学的结合为医疗领域带来了更多的创新机遇。例如，通过虚拟现实技术，我们可以模拟手术场景、进行医学模拟训练等，提高医疗人员的专业技能和应对复杂情况的能力。同时，人工智能在艺术创作中的应用也为医疗领域提供了新的视觉表达方式和数据分析手段。医疗与科技的跨界融合正在助力健康管理，数字化医疗的发展使医疗服务更加便捷、高效，同时有助于提高医疗质量和降低医疗成本。

当艺术遇上医学，两者之间的交汇不仅丰富了各自领域的内涵，带来了更多的机遇和挑战，也为我们提供了更多理解和改善人类生活的可能性。在未来，我们期待看到更多艺术与医学相结合的创新实践，为人类的健康福祉贡献更多力量，塑造一个更加和谐、富有同情心的社会。

本章微课视频

第八章

科 技 之 美

第一节　认识科技之美

在我们的日常生活中，科技无处不在。它不仅仅是我们的工具和设备，更是塑造人类社会的重要力量。然而，科技之美往往被人们忽视。本章将深入探索科技之美，从设计、功能、创新和影响等多个方面，展现科技如何改变我们的生活，并揭示其内在的美丽。

一、科技之美

科技之美是一种融合了创新、智慧、实用及可靠性的美学。它不仅存在于产品的外观和功能，更体现在它的创新、影响和对人类生活的改善。从蒸汽机的诞生到互联网的崛起，从基因编辑的突破到人工智能的飞速发展，科技之美体现在其不断突破边界、改变世界的能力上。我们应该欣赏科技之美，同时也要认识到科技发展带来的挑战和责任。只有在理解和掌握科技的基础上，我们才能更好地利用科技，创造更加美好的未来。

（一）创新性的璀璨

科技之美无疑首先体现在其璀璨夺目的创新性上。创新作为科技发展的核心驱动力，犹如熊熊燃烧的火焰，照亮了人类探索未知的征程，引领我们不断迈向新的高度。从古至今，从石器时代的粗糙工具到现代信息化社会的智能设备，科技的每一次飞跃都凝聚着无数创新者的智慧与汗水。

回顾历史，创新是推动科技前进的不竭源泉。它鼓励我们打破陈规，超越自然的限制，实现许多前所未有的壮举。自蒸汽机轰鸣着揭开工业革命的序幕，人类社会便踏上了科技飞速发展的征程。蒸汽机的诞生象征着人类实现了从手工劳动迈向机械生产的巨大跨越，它改变了生产方式，极大地提高了劳动生产率，为人类社会带来了巨大的物质财富。这一伟大的创新彰显了创新的无穷魅力，也预示着科技与生产力之间的紧密联系。

随着时间的推移，电力的广泛应用照亮了千家万户，将人类社会带入了电气时代。电力的普及使通信、交通等领域发生了翻天覆地的变化，人类的生活方式也因此发生了巨大的改变。电力作为现代社会不可或缺的重要能源，其广泛应用为人类社会带来了更加便捷、高效的生活方式，进一步彰显了创新的魅力。

在科技发展的道路上，航空器的出现无疑是人类的又一杰出成果。飞机的翱翔打破了地理的隔阂，让人类可以更加自由地探索这个美丽的星球。航空技术的不断进步使人们的出行方式更加多样化，也为国际贸易、文化交流等带来了极大便利。飞机的出现不仅象征着人类对天空的无尽向往，更展示了科技创新在推动人类社会发展中的重要作用。

而在当代社会，互联网的普及更是拉近了人与人之间的距离。互联网技术的飞速发展使信息传播的速度空前加快，人们可以通过网络随时随地交流、学习、娱乐，打破了时空的限制。互联网的普及不仅改变了人们的生活方式，也深刻地影响着人们的思维方式和价值观念。互联网的出现让世界变得更加紧密、更加多元，也让人们更加深刻地感受到了科技创新的巨大魅力。同时，人工智能、大数据、云计算等前沿技术的迅猛发展正在深刻改变人们的生活方式和社会结构。它们不仅提高了生产效率，丰富了人们的物质生活，更在精神层面为人们带来了前所未有的体验。例如，虚拟现实技术的出现，为人们的生活带来了全新体验；智能语音助手的普及，让人们的生活变得更加便捷高效。

科技创新正以独特的方式改善人们的生活。例如，在医疗领域，随着科技的飞速发展，先进的医疗设备和技术已经为疾病的诊断和治疗带来了革命性变革。这些技术的出现不仅极大地提高了医疗工作的效率和准确性，也为患者带来了更好的治疗体验和康复效果。同时，先进的医疗设备和技术在疾病诊断方面也发挥着关键的作用。传统的诊断方法往往依赖于医生的经验和直觉，而现代医疗设备则能够通过精准的数据分析，提供更客观、准确的诊断结果。例如，高分辨率的医学影像设备（如 MRI 和 CT 扫描仪）能够捕捉到病变组织的微小细节，帮助医生准确诊断病情。

在疾病治疗方面，先进的医疗设备和技术同样发挥着重要作用，凸显出科技创新之美。比如，在微创手术和精准治疗理念下，现代医疗技术能够以更小的创伤和更快的恢复速度实现疾病的治愈。手术机器人通过精确的机械臂操作，实现手术过程的高度自动化和精准化，并能减少手术并发症的发生。此外，新型药物和生物疗法也为患者提供了更多的治疗选择，使疾病治疗更加个性化和高效。

先进医疗设备和技术的发展同样离不开科研人员的努力和创新。通过不断研究和探索，医生和科研人员不断推动着医疗技术的更新换代，为疾病的诊断和治疗带来更大的可能性。同时，政府和社会各界对医疗科技创新的支持和投入也为医疗事业的可持续发展提供了坚实的保障。

科技之美在于其创新性，这种创新性不仅推动了人类社会的进步和繁荣，更让我们在探索未知的道路上不断前行。让我们共同期待未来科技的更多创新成果，为人类的未来描绘出更加美好的蓝图。

（二）智慧性的闪耀

"科技"这个词所蕴含的力量和魅力已经深深地渗透到我们生活的方方面面。它不仅改变了我们的工作方式，更提升了人们的生活质量。科技之美最为显著地体现在其智慧性上。智慧作为科技发展的灵魂，为科技赋予了独特的魅力，使其能够更好地服务人类，成为我们生活中不可或缺的一部分。

可以从多个方面观察到科技的智慧之美。从最初的简单工具到现代的智能设备，科技的进步始终在追求更高的智慧。例如，古代的发明家凭借精湛的技艺和卓越的智慧，创造出了石磨、木轮等实用性极强的基础工具，这些工具极大地减轻了人们的劳动负担，推动了社会生产力的提高。而到了现代，随着计算机和人工智能技术的发展，智能设备如智能手机、智能家居等已经成为人们生活的重要组成部分。这些设备不仅能够满足人们的基本需求，还能够为人们提供更加便捷、高效的服务。

科技的智慧之美还体现在其创新性和解决问题的能力上。科技发展不仅使我们能够解决一些传统难题，还能够创造出新的需求和解决问题的可能性。例如，现代医学技术的发展使许多曾经被认为是绝症的疾病得以治愈，大大延长了人类的寿命。

同时，科技也在不断拓宽我们的视野，使人们能够探索更加广阔的领域。从广阔的宇宙到微小的粒子，科技在不断帮助我们突破认知边界。科技智慧还体现在它对人类生活的深远影响上。随着科技的进步，人们的生活方式、工作方式和思维方式都在发生深刻变化。

人工智能是智能科技的一个典型代表。通过模拟人类的思维和行为，人工智能能够自主地进行学习、推理和决策，为人们提供更智能的服务。例如，在医疗领域，人工智能的应用正逐渐普及。人工智能可以协助医生进行疾病诊断，通过深度学习和大数据分析，建立起精准的诊断模型，提高诊断效率和准确性。人工智能还能为医生制订个性化治疗方案，缓解医疗资源紧张问题。人工智能在医疗领域的前景广阔，有望为人类健康事业的发展做出更大贡献。

在交通领域，人工智能的应用正在改变人们的出行方式和管理模式。通过实时监控和分析交通数据，智能交通管理系统能够优化交通流量，减少交通事故和拥堵现象。这种系统基于人工智能算法，通过传感器和摄像头收集数据，提供实时的交通信息和预测，帮助交通管理部门作出决策。人工智能还可以与自动驾驶技术结合，实现更智能、安全的交通出行。

科技之美在于其智慧性，智慧让科技能够更好地服务于人类，提升我们的生活质量。从最初的简单工具到现代的智能设备，从解决传统难题到创造新的可能性，从深刻影响人类生活到拓展我们的认知边界，科技始终在追求更高的智慧。正是这种智慧之光，照亮了人类前进的道路，让人类在探索未知的旅程中更加坚定和自信。

（三）实用性的艺术

科技作为人类文明的产物，其发展的每一步都伴随着创新与变革。科技之美并非仅仅体现在其外观或形式上，更重要的是其实用性。从功能强大的智能手机，到高效便捷、一日之内便能穿梭全国的高铁网络，再到引领全球导航技术的北斗卫星导航系统，这些科技产物都在不同层面上提升了公众"衣、食、住、行、用"的便利性。此外，科技创新在社交娱乐、电子商务、出行服务以及支付购物等领域也取得了显著成果。无论是微信、抖音等社交平台，还是网购、打车等便捷服务，抑或是街头巷尾普遍应用的快捷支付和刷脸支付技术，它们都充分展示了科技创新对民众日常生活的深刻影响。科技之美在于其实用性，这一点在日常生活、工作乃至社会的各个方面都得到了充分体现。

从人们的日常生活来看，科技的实用性无处不在。随着智能手机、家用电器、智能家居等科技产品的出现，人们的生活变得极为便利。比如，智能手机让人们可以随时随地获取信息、与人交流，成为现代生活不可或缺的一部分。同时，智能家居也已经成为现代家庭不可或缺的一部分。它将先进的科技应用于家居生活中，实现了家居的智能化和个性化控制。通过智能家居系统，人们可以通过传感器或语音等方式轻松地控制家中的灯光、空调、电视、窗帘、暖气等各种家居产品，让生活更加便捷和舒适。

同时，智能家居系统还可以与互联网连接，实现远程控制、语音控制等多种功能。人们可以通过智能音箱等设备，用语音指令控制家中的设备，提高生活的便利性和科技感。此外，智能家居系统还可以通过互联网与其他智能家居设备相连，实现设备之间的互联互通，提升家庭生活的智能化水平。

在工作方面，科技的实用之美不仅赋予工作新的意义，更为人们带来了前所未有的便利。随着计算机、互联网和大数据等技术的广泛应用，人们已经进入了一个数字化、智能化的新时代。计算机和互联网技术的出现彻底改变了人们处理和传递信息的方式。在过去，文件传递、数据处理都需要耗费大量的人力和时间，而现在只需轻轻一点，信息便能迅速地在全球范围内传递。无论是远程办公、在线会议还是电子邮件、即时通信，都已成为人们日常工作中不可或缺的一部分。这种高效的信息处理方式不仅提高了我们的工作效率，更使我们有机会与世界各地的人进行实时沟通与合作，打破了地域和时间的限制。

随着人工智能、机器学习等技术的不断发展，人们的工作方式也正在发生深刻的变化。传统许多重复性、烦琐的工作已经被机器所取代，人们可以将更多的精力投入到创新和价值创造上。这种变革不仅提高了工作效率，更使人们有机会去探索更加广阔的领域，实现自我价值的最大化。

科技在工作领域的实用性是不言而喻的。它不仅提高了人们的工作效率，更使人们有机会去拓宽视野、探索未知、实现自我价值。在未来的工作中，人们应该更加积极地拥抱科技、利用科技，让科技更好地服务于我们的工作和生活。

（四）可靠性的坚固

科技作为现代社会的基石，不仅塑造了人们的生活方式，更在某种程度上定义了我们的时代。科技之美不仅仅体现在其外观设计和交互体验上，更在于其内在的逻辑、原理和可靠性。科技的可靠性，可以说是科技之美的重要组成部分，它像是一座坚固的桥梁，连接着人类的现在与未来，确保人们在追求美好生活的道路上不断前行。

科技的可靠性之美首先体现在科学技术坚实的基础上。无论是智能手机、互联网、云计算还是人工智能，其背后都有着庞大的技术体系和算法支撑。这些技术经过严格的测试和验证，尽可能确保在各种情况下都能稳定运行，为用户提供稳定可靠的服务。正如一座高楼大厦需要坚实的地基一样，科技产品也需要牢固的技术支持，这样才能确保其可靠性。

科技的可靠性之美还体现在其对用户体验的关注和优化上。科技的最终目的是为人们提供更高质量的生活，因此，用户反馈成为衡量科技可靠性的重要指标之一。无论是操作系统的流畅度、应用程序的易用性还是设备的耐用性，这些都直接关系到用户的体验。各类公司在研发新产品的过程中，始终将用户体验放在首位，通过不断优化和改进，确保用户能够享受到稳定、便捷、高效的服务。

科技的可靠性在智慧医疗领域的表现尤为突出。随着信息技术的不断进步，智慧医疗已经成为医疗服务领域的重要发展方向，为医疗质量和效率的提升做出了重要贡献。

通过先进的信息技术手段，将医疗服务与信息技术相结合，实现医疗资源的高效配置和服务流程的便捷。近年来，大数据、云计算、物联网等技术的迅猛发展，为智慧医疗的广泛应用提供了有力支持。

传统的医疗诊断主要依赖于医生的专业知识和经验，而智慧医疗则通过引入人工智能、机器学习等先进技术，显著提高诊断的准确性和效率。例如，利用深度学习和大数据分析，智能诊断系统能够帮助医生更精确地识别疾病类型、分析病情发展趋势，从而为患者提供个性化的治疗方案。

科技可靠性在智慧医疗领域还体现在对医疗安全的强化保障上。通过引入物联网技术，医疗设备能够实现实时监测和预警，及时发现并处理潜在的安全隐患。此外，智慧医疗系统还能对医疗过程进行全程记录和分析，有助于提高医疗质量、减少医疗事故的发生。通过智慧医疗的发展和应用，人们不仅能够提高医疗服务的精确性和便捷性，还能更好地保障医疗安全。相信在不久的将来，智慧医疗将成为医疗服务领域的重要支柱，为人们的健康保驾护航。

科技的可靠性还体现在其对社会发展的推动作用上。科技作为第一生产力，对于推动社会进步、提高生产效率具有不可替代的作用。无论是工业互联网、智能制造还是智慧城市，这些领域都以科技的可靠性作为支撑。通过不断推动科技创新和应用，科技不仅为人们提供了更加便捷的生活方式，更为社会的可持续发展提供了强大的动力。

科技的可靠性不仅是科技之美的重要组成部分，更是现代社会发展的基石。人们应该充分认识到科技可靠性的重要性，积极推动科技创新和应用，为人类创造更加美好的未来。

二、科技设计之美

科技设计之美在于它融合了创新思维与实用性，不仅满足了人们的基本需求，还不断引领着时尚潮流和审美趋势。首先，科技产品的设计之美表现为功能的强大与直观。如华为 Watch 4 Pro 智能手表，从太空探索中汲取灵感，将火箭的拉瓦尔喷管这一关键部件的设计元素融入产品之中，象征着引领人们进入新的太空旅程的力量。它的设计不仅具有高度的美学价值，而且在功能上也体现了科技带来的便利与效率。其次，科技展厅的设计之美在于它突破了传统的展示方式，通过互动性与体验性，让人们能够更深入地理解科技产品与技术。这种展示不是静态的，而是一个动态的交流过程，它强化了区域发展的科技信息优势，提升了企业或政府的形象，同时也普及了科学知识，增强了科技行业的吸引力。最后，科技园等科技建筑的设计之美在于它打破了人们对科技空间的刻板印象，将艺术与自然融入其中，创造了一个既现代又不失温馨的工作与生活环境。如同广州归谷科技园·山顶小筑的设计，不仅考虑到了建筑的功能性，还注重与周围环境的和谐共生，体现了设计的人文关怀和生态意识。

科技设计之美是多维度的，它既包含了产品的实用性、先进性，也融合了艺术性、创造性，以及与环境的协调性，这些维度共同塑造了一个富有时代感和未来指向的科技新视野。

（一）科技设计的简约与优雅之美

科技设计之美在于其简约与优雅的交融。这种美不仅体现在设计的外在形式上，更体现在其智慧和功能性的完美结合。

科技产品的设计通常追求简约和优雅，无论是苹果公司的 iPhone 还是特斯拉的汽车，它们的设计都展示了科技与艺术的完美结合。简约的线条、流畅的曲面、精致的细节，都体现出设计师的匠心独具和对美的追求。

简约是科技设计的一大特色。它倡导一种"少即是多"的设计理念。设计师通过剔除多余的元素，突出核心功能，使产品更加简洁、明快。如华为的问界 M9 SUV，其外观设计遵循了极致、简约、纯净的美学原则，将先进科技与优雅设计完美结合。它的鲲鹏展翼式前脸设计和天际线分割，既彰显了豪华格调，又不失文化内涵。

优雅是科技设计的另一种美学表达。它强调的是一种和谐、平衡的美。设计师在保证产品功能性的基础上，通过线条、色彩、材质的巧妙运用，使产品呈现出一种优美的姿态。例如，帝豪的设计手稿就强调了简约风格和科技感的融合，中控区的一体式设计、连贯的仪表台和悬浮中控大屏，都给人以优雅、精致的感觉。

科技设计之美还体现在其前沿的技术应用上。如问界 M9 SUV 的座舱搭载了全新的 HarmonyOS 4 智能座舱系统，实现了多人、多屏、多设备的交互，满足驾驶、娱乐和工作的全场景需求。而其音响系统首次搭载的 HUAWEI SOUND 卓越系列则为用户带来了沉浸式的听觉体验。

科技设计之美是简约与优雅的完美融合，也是智慧和美感的完美结合。这种美不仅体现在产品的外观上，更体现在其深层的用户体验上，使人们在享受科技带来的便捷和舒适的同时，也能感受到设计的魅力和温度。

（二）科技设计的人性化之美

科技设计的人性化设计之美，是指在科技产品的设计过程中，充分考虑人的需求和使用习惯，使产品不仅具有美观的外表，更具有实用的功能和舒适的体验。

首先，科技产品的设计注重人性化，它们不仅美观，而且易于使用。例如，智能手表的界面设计考虑了用户的操作习惯，使用户可以轻松查看时间、健康数据和接收消息。这种设计使科技产品更加贴近人们的生活，增强了用户体验。

人性化设计注重产品的实用性。设计师会在保证产品功能的基础上，尽量简化操作流程，使产品易于理解和使用。例如，苹果公司的 iPhone 手机界面设计简洁明了，操作直观易用，让用户可以快速上手。

其次，人性化设计注重产品的舒适性。设计师会充分考虑人在使用产品时的感受，通过优化产品的设计和功能，使产品更符合人的使用习惯，带来更好的使用体验。例如，微软的 Surface 笔记本电脑，其人体工学设计的机身和键盘，使用户在长时间使用过程中感到舒适和轻松。

再次，人性化设计还注重产品的安全性。设计师会在产品设计中充分考虑人的安全需求，通过采用环保材料、采取严格的产品质量管控等措施，确保产品的安全使用。例如，戴尔的 Inspiron 系列笔记本电脑，其电池设计符合严格的安全标准，有效防止了电池起火等安全事故的发生。

最后，人性化设计注重产品的个性化。设计师会根据不同用户的需求和喜好，提供多种定制化的产品选项，使产品更具个性化和独特性。例如，谷歌的 Nest 智能家居产品，用户可以根据自己的需求选择不同的智能设备和功能，打造专属于自己的智能家居系统。

科技设计的人性化设计之美，就是以人为中心，充分考虑人的需求和使用习惯，使产品不仅具有美观的外表，更具有实用的功能和舒适的体验。这种设计理念不仅提高了产品的使用价值，也使科技产品更具吸引力和竞争力。

（三）科技设计的可持续设计之美

科技设计的可持续设计之美，是指在科技产品的设计和生产过程中融入环境保护和资源可持续利用的理念，使产品不仅在功能和外观上具有吸引力，而且在环境影响、资源利用和循环再利用方面表现出色。例如，华为公司在其产品设计中强调了可持续性，推出了多项环保计划，包括使用可回收材料、提高产品的能效和可回收性等。比亚迪电动汽车的设计不仅注重性能和美观，也强调了能源的可持续性和环境友好性。

可持续设计的核心要素包括：

（1）环境友好型材料：在产品设计中使用可再生、可回收或生物降解的材料，以减少对环境的负面影响。例如，使用竹子、再生塑料或有机棉等材料替代传统的不可持续材料。

（2）减少资源消耗：通过优化设计，减少产品的整体资源消耗，包括原材料、能源和水资源。例如，设计节能电子产品以减少能源消耗，或者设计用水量更低的家用电器。

（3）提升能效：在产品设计中注重能效的提升。例如，开发更加节能的芯片、电池或其他组件，以降低产品的整体能耗。

（4）易于回收：设计产品时考虑到其生命周期结束后的回收处理，使产品易于拆解和回收。这有助于减少电子垃圾，并提高资源的循环利用率。

（5）延长产品寿命：通过设计耐用的产品，延长其使用寿命，减少对替代产品的需求。例如，设计出更加结实的机械设备或电子产品。

（6）减少有害物质：在产品设计和供应链管理中减少或消除有害物质的使用。如禁止或限制使用铅、汞、镉等有害材料。

（7）社会责任：在设计过程中考虑产品对社会的影响，包括确保供应链的公平和透明以及产品使用过程中对用户健康的影响。

可持续设计的实践不仅有助于减少科技产品对环境的负面影响，而且能够促进资源的可持续利用，符合联合国可持续发展目标（SDGs），有助于构建一个更加可持续的未来。

随着环保意识的增强，科技产品的设计也逐渐向可持续发展方向靠拢。许多科技公司开始采用可回收材料，降低能耗，减少污染。这种设计理念不仅提升了产品的美观性，也为地球的美好未来做出了贡献。

（四）科技设计的功能之美

科技设计的功能之美，强调的是科技产品在实现其基本功能的同时，所带来的便捷、高效和智能化体验。这种美感不仅仅体现在产品外观的设计上，更多的是对产品内在技术和功能的优化和创新。

以下是体现科技设计功能之美的例子。

（1）用户体验（UX）设计：在科技产品中，用户体验设计是一个关键的方面。它涉及产品的界面设计、操作流程、交互逻辑等，目的是让用户在使用产品时感到直观、便捷和愉悦。例如，智能手机的触摸屏操作、智能家居的语音控制等，都极大地提升了用户的使用体验。

（2）智能化功能：随着人工智能技术的发展，许多科技产品都集成了智能化功能。比如，智能助手可以帮助用户完成日常任务，智能家居系统可以自动调节室内温度、照明和安全等。这些功能不仅实用，而且增强了产品的科技感。

（3）高效性能：科技设计的功能之美也体现在其高效的性能上。无论是处理器的运行速度、存储容量还是电池寿命，高效性能都能为用户带来更好的使用体验。例如，最新的处理器可以在短时间内完成复杂的计算任务，高速的固态硬盘（SSD）能大幅提高数据读写速度。

（4）创新技术整合：科技设计之美也在于它们能够整合创新技术。例如，可折叠屏手机结合了柔性显示技术和精密的机械设计，不仅提供了新的使用体验，也是技术进步的体现。

（5）个性化服务：随着技术的发展，科技产品能够提供更加个性化的服务。例如，智能穿戴设备可以根据用户的健康状况和活动习惯，提供定制化的健康建议和锻炼计划。

（6）节能环保：科技产品在功能设计上也开始注重节能环保。例如，节能型家电在保证正常使用功能的同时，减少能源消耗，体现了科技对可持续发展的贡献。

（7）美观与功能的结合：科技产品不仅要具有吸引力的外观设计，还要在细节上体现对功能的深思熟虑。如无缝拼接、隐藏式按键等设计元素，都能提升科技产品的美感。

科技设计的功能之美在于产品在满足用户需求的同时，提供超出预期的体验和创新。这种美不仅仅是技术的堆砌，更是一种对用户生活方式的深刻理解和改善。

（五）科技设计的便捷与高效之美

近年来，随着空间信息科学、计算机技术、遥感技术、5G、人工智能等的快速发展，科技设计变得更加便捷和高效。新科技的应用使铁路规划设计、手机设计等领域实现了数字化、智能化，大幅降低了人工成本，缩短了设计工期，提高了设计效率。科技产品的功能设计旨在提高人们的生活效率和质量。例如，智能家居系统可以自动调节室内温度、灯光和音响，让人们在家中享受到舒适的生活环境。这种功能设计不仅方便了用户，也为人们的生活带来了更多的舒适和便利。

在铁路规划设计方面，新技术和新设备的应用实现了勘察、选线、设计全流程的数字化和智能化。例如，无人机、无人船等新设备的使用提高了勘察效率；基于地质勘探人工智能管理系统的机器人可以在不到现场的情况下获取勘探信息。此外，智能选线系统的开发使设计方案更加高效、便捷、精准。这些智能系统的应用不仅提高了设计师的工作效率，还降低了协同成本，使铁路设计更加高效、便捷、精准。

在手机设计方面，新科技的应用也使手机更加便捷和高效。例如，华为 Hi 畅享 70 Pro 5G 手机采用中轴对称式设计，并以"穹顶星环"为设计概念，体现了欧洲古典建筑的元素。手机具有防诈保护、隐私保护和家庭保护三重鸿蒙安全守护功能，还支持小艺智慧助手、超级终端、畅连通话、万能卡片、AI 字幕、智慧视觉、智慧多窗等鸿蒙特性，实现了无缝连接鸿蒙生态。在实用性方面，手机配置了 6.7 英寸超清 LCD 大屏，支持屏幕智能调光、夜光屏和电子书模式，搭载了 5000 mAh 大电池和 40 W 超级快充，具备出色的续航能力。此外，手机还搭载了 5000 万像素 AI 超清影像系统，能清晰捕捉各种场景下的画面。此外，精研科技还取得了手机充电口整形系统专利，实现高效便捷的整形。这项专利将多个整形工位集成到一起，并通过自动化设计实现高效且便捷的整形。

科技设计的便捷与高效得益于各个领域科技的快速发展。新科技的应用使设计工作更加数字化、智能化，提高了工作效率，降低了成本，为用户带来了更好的使用体验。

（六）科技设计的创新与突破之美

科技设计之美在于其不断推动创新与突破的力量。随着科技的飞速发展，设计师有了更多的创新工具和平台，可以实现前所未有的设计理念和创意。科技产品的功能也不断创新和突破。例如，虚拟现实技术可以让人们身临其境地体验游戏、旅游和教育。这种创新的功能设计不仅拓宽了人们的视野，丰富了人们的体验，也为各个领域带来了新的机遇和挑战。

以下是一些科技设计之美在创新与突破方面的体现。

（1）材料科学创新：新材料的开发和应用为产品设计带来了革命性的变化。例如，石墨烯、碳纳米管等新材料因其独特的物理和化学性质，被广泛应用于电子设备、航空航天、生物医学等领域，极大地提升了产品性能。

（2）智能化与自适应设计：人工智能、机器学习和大数据技术的应用使产品能够根据用户需求和环境变化自我调整。例如，智能家居系统能够自动调节室内温度、照明和安全，而自适应机器人能够根据任务需求改变其结构和功能。

（3）数字设计与3D打印：数字设计和3D打印技术的发展使设计师能够直接利用数字模型制造出实体产品，极大地缩短了产品从设计到生产的周期。这种技术还被用于生物医学领域，如打印出人体组织和小器官。

（4）人机交互与界面设计：随着虚拟现实（VR）、增强现实（AR）和自然用户界面（NUI）等技术的发展，用户与设备的交互方式变得更加自然和直观。这不仅提升了用户体验，也为设计提供了新的表达方式。

（5）可穿戴技术：可穿戴设备如智能手表、健康监测系统等，不仅能够提供即时的健康和运动数据，还能够成为时尚的配饰。设计师正在探索如何将科技与时尚更好地结合，创造出更多优秀的作品。

（6）可持续设计：随着全球对环境保护意识的提高，可持续设计成为一个重要的趋势。设计师正在开发更加环保、可回收的材料和生产工艺，以减少产品生命周期对环境的影响。

科技设计之美在于它不断推动技术的边界，创造出更加智能、高效和美观的产品和服务。这些创新和突破不仅提升了生活质量，也为设计师提供了更多的创作可能性。

（七）科技设计的智能与互联之美

科技产品的功能越来越智能和互联。例如，智能手机可以通过语音控制家电、预订餐厅和查询天气。这种智能和互联的功能设计使科技产品更加智能化，也让人们的生活更加便捷和舒适。

科技设计的智能与互联之美体现在多个方面。

首先，智能家居系统使家庭设备能够通过互联网连接起来，实现远程控制和自动化管理。例如，智能照明系统可以根据用户的作息时间自动调节亮度，智能空调可以根据室内温度和湿度自动调节，智能冰箱可以监测食品新鲜度并提供购物建议。这些系统的集成和互联，使家庭生活更加便捷、舒适和节能。

其次，智能交通系统通过互联网和传感器技术，实现了车辆与路况、车辆与车辆之间的实时通信。这可以有效减少交通拥堵，提高道路通行效率，并降低交通事故发生率。智能驾驶技术的发展，更是使无人驾驶汽车成为可能，为未来交通提供了全新的解决方案。

再次，智能制造系统的应用，使生产过程更加智能化和高效。通过互联网和大数据技术，工厂可以实现生产数据的实时监控和分析，优化生产流程，提高生产质量和效率。同时，智能制造系统还可以实现设备的远程维护和故障诊断，减少维护成本。

最后，在智慧城市方面，通过互联网和物联网技术，城市基础设施和公共服务能够实现高效管理和优化。例如，智慧能源管理系统可以实现对能源的实时监控和优化分配；智慧排水系统可以实时监测和调节城市排水情况，避免洪水灾害。

科技设计的智能与互联之美，使科技产品和服务更加人性化、便捷和高效。它不仅提升了生活质量，也为可持续发展提供了新的解决方案。在未来，随着技术的不断进步，智能与互联将成为科技设计之美的重要趋势，为人类带来更多创新和突破。

（八）科技设计的创新之美

科技设计的创新之美，主要体现在以下几个方面。

（1）材料创新：科技的进步推动了新材料的研发和应用，这些新材料不仅具有更高的性能和更好的环境适应性，还能够带来全新的设计可能性。例如，石墨烯因其出色的导电性和透明性，被广泛应用于智能手机和可穿戴设备中，极大地提升了产品的科技感和使用体验。

（2）工艺创新：随着制造技术的进步，电子产品的制造工艺也在不断创新。例如，半导体制造工艺的不断进步，使芯片的集成度越来越高，体积越来越小，性能也越来越强大。此外，3D打印技术的应用，使产品设计可以更加自由灵活，大大缩短了产品从设计到生产的周期。

（3）设计创新：设计师不再仅仅追求产品的功能性和实用性，而是更加注重产品的设计感、用户体验和情感表达。例如，智能手机的设计越来越注重人体工程学，界面设计更加简洁直观，使用户能够更轻松地使用产品。

（4）系统创新：随着互联网、物联网、人工智能等技术的发展，产品的系统设计也在不断创新。例如，智能家居系统通过将各种家电产品连接起来，实现了家居设备的远程控制、自动化管理和智能互动，极大地提升了居住的舒适性和便捷性。

（5）可持续发展：设计师在设计产品时，不仅考虑产品的性能和美观，更加注重产品的环保性和可持续性。例如，采用可回收材料制造产品，设计节能降耗的产品，减少电子垃圾等。

科技设计的创新之美，体现为科技产品在材料、工艺、设计、系统和可持续发展等方面的不断创新。这些创新不仅提升了产品的性能和外观，也为人类生活带来了更多的便利和舒适。

（九）科技设计的颠覆与革新之美

科技创新不断颠覆传统行业和思维模式。例如，区块链技术的出现颠覆了金融行业的传统模式，为人们提供了更加安全、透明和去中心化的交易方式。这种创新不仅推动了行业的发展，也为社会带来了更多的公正和公平。科技设计的颠覆与革新之美体现在多个层面，包括设计理念、用户体验、技术创新、市场策略和可持续发展等。以下是一些具体的例子。

（1）设计理念的突破：传统的设计理念强调功能性和实用性，而现代科技设计则更加注重用户体验、美学价值和情感表达。例如，苹果公司的产品设计以其简洁、优雅而闻名，不仅提升了产品的使用体验，也成为时尚的象征。

（2）用户体验的创新：科技进步使产品设计能够更好地满足用户的需求和期望。例如，虚拟现实和增强现实技术的应用，为用户提供了沉浸式的体验，改变了传统的信息获取和交互方式。

（3）技术创新的突破：新材料、新工艺和新技术的出现，不断推动科技产品的创新。例如，柔性显示技术的发展，使智能手机和可穿戴设备能够实现更薄、更轻、更大屏幕的设计，提高了便携性和使用体验。

（4）市场策略的创新：科技公司的市场策略也在不断变化，从单一产品的销售到生态系统建设的转变，为用户提供了更加全面和便捷的服务。例如，小米公司通过构建智能家居生态系统，提供一系列互联的产品，提升了用户的生活品质。

（5）可持续发展的重视：随着环境保护意识的提升，科技设计也越来越注重可持续性。例如，特斯拉电动汽车的设计不仅考虑了性能和美观，还使用清洁能源并注重可持续性，符合现代社会对绿色出行的需求。

科技设计的颠覆与革新之美体现在对传统设计理念的挑战和超越、对用户体验的不断追求、对技术创新的积极探索、对市场策略的灵活调整以及对可持续发展的重视等方面。这些变化不仅提升了产品的性能和美观，也为用户带来了更好的体验，改善其生活品质。

（十）科技设计的跨界与融合之美

科技创新也在促进不同领域的跨界和融合。例如，人工智能技术与医疗行业的结合，可以帮助医生更准确地诊断疾病和治疗患者。这种跨界和融合的创新不仅促进了各领域的发展，也为人们的生活带来了更多的希望和可能。科技设计的跨界与融合之美是指将不同领域的技术和元素结合起来，创造出全新的产品、服务和体验。这种跨界与融合的趋势体现在以下几个方面。

（1）跨学科的融合：科技设计之美不再局限于单一的学科领域，而是融合了工程、艺术、心理学、社会学等多个学科的知识和技术。例如，在智能手机的设计中，除了硬件技术的创新，还融入了用户体验设计、界面设计、交互设计等艺术和心理学的元素，使产品不仅功能强大，而且使用便捷、美观。

（2）跨界合作：科技公司与艺术家、设计师、建筑师等不同领域的专家合作，创造出独特的产品和体验。例如，一些科技公司在产品设计中引入了艺术家的创作，使产品具有独特的艺术风格和个性化设计。

（3）跨媒介融合：科技设计之美也体现在跨媒介的融合上，将不同媒介如视觉、音频、触觉等结合起来，创造出沉浸式体验。例如，虚拟现实和增强现实技术的发展，使用户在虚拟世界中能够体验到更加真实和丰富的感官体验。

（4）跨界创新：科技设计之美还体现在对传统产品和服务的创新上，通过引入新技术和设计理念，创造出全新的产品和服务。例如，共享经济的发展就是对传统交通工具、住宿等服务的创新。

科技设计的跨界与融合之美体现了对不同领域知识和技术的整合与创新，对传统产品和服务的改进与提升，以及对用户体验和感官体验的追求。这种跨界与融合不仅推动了科技产业的发展，也为人们的生活带来了全新的体验和便利。

（十一）科技设计的探索之美

科技创新不断探索未知领域与未来趋势。例如，太空探索与人工智能技术的发展，可以帮助人类更好地了解宇宙与自身。这种探索与创新不仅拓宽了人类的知识边界，也为人类的未来带来了更多的机遇与挑战。科技设计的探索之美是一个不断进化的过程，它受到技术创新、人类需求变化和社会发展的深刻影响。下面对科技设计的未来探索进行展望。

（1）个性化与定制化：随着人工智能与大数据技术的发展，科技设计将更加注重个性化与定制化。未来的设计将能够根据用户的行为、喜好与需求自动调整，提供更加个性化的用户体验。

（2）智能化与自动化：智能化设计将使产品和服务能够自主适应环境变化和用户需求，实现自动化操作。例如，智能家居系统能够自动调节室内温度、光线和安全性，而智能交通工具能够自动导航和驾驶。

（3）融合感官体验：随着虚拟现实、增强现实和混合现实（MR）等技术的发展，未来的科技设计将更加注重融合感官体验，创造沉浸式的环境，让用户能够在虚拟世界中体验到更加真实和丰富的感受。

（4）可持续性与环保：未来的科技设计将更加注重可持续性和环保。设计将考虑产品的整个生命周期，包括材料的选用、生产过程、使用寿命和废弃物处理，以减少对环境的影响。

（5）跨界融合与创新：未来的科技设计将继续跨界融合，将不同领域的技术和元素结合起来，创造出全新的产品和服务。这可能涉及生物学、心理学、艺术、建筑等多个领域的知识和技术。

（6）人机交互的进化：随着机器学习和自然语言处理技术的发展，未来的人机交互将更加自然和直观。设计将更加注重人类的使用习惯和情感需求，使机器能够更好地理解和满足人类的需要。

（7）隐私保护和数据安全：随着物联网和互联网技术的发展，未来的科技设计将更加注重隐私保护和数据安全。设计将采取措施保护用户的个人信息和数据不被非法获取和使用。

科技设计的探索之美将是一个多元化、智能化、个性化、可持续和人性化的方向。它将不断推动科技的发展，改善人们的生活质量，并为人类社会带来新的机遇和挑战。

（十二）科技设计的影响之美

科技设计之美也在于其影响之美，即科技在设计中的应用和创新能够塑造和提升产品、系统和环境的外观和功能，为用户带来更好的体验。

（1）材料创新：科技进步推动了新材料的研发，如轻质高强度的合金、导电导热的纳米材料、自愈性材料等。这些材料不仅赋予产品新的外观和质感，也提升了产品的性能和使用寿命。

（2）数字工艺：数字技术的应用，如 3D 打印、激光切割和数控加工等，使产品设计和制造更加灵活和精细，能够实现复杂的几何形状和结构，创造出独特的视觉效果。

（3）人机交互：人机交互技术的发展，如触摸屏、语音识别和手势控制等，使产品界面更加直观和易用，提升了用户体验，同时也为设计提供了新的表达方式。

（4）智能系统：智能系统和技术，如物联网、人工智能和机器学习等，使产品能够自主学习和适应用户需求，实现智能化和自动化功能，为用户带来更加便捷和个性化的体验。

（5）环境感知：环境感知技术，如传感器和摄像头等，使产品能够感知和响应外部环境，如光线、声音、温度等，实现与环境互动的功能，创造出更加智能和适应性更强的设计。

（6）数据可视化：大数据和数据可视化技术的发展，使复杂的数据能够以直观和美观的方式呈现，如动态图表、信息图和交互式界面等，帮助用户更好地理解和处理信息。

（7）可持续性：科技的发展也推动了可持续设计的发展，通过优化能源利用、减少材料浪费和降低环境影响等方式，创造出既美观又环保的产品和服务。

科技设计之美在于科技与设计的融合，通过科技的创新和应用，设计能够突破传统的限制，实现前所未有的美观性和实用性，为人们的生活带来新的价值和体验。

（十三）科技设计的社会与文化影响之美

科技的影响不仅局限于产品本身，更深远的是它对社会和文化的影响。例如，社交媒体的兴起改变了人们的沟通方式和社交习惯，同时也带来了信息泛滥、隐私泄露等问题。科技设计之美不仅仅是一种视觉效果，它还具有深远的社会与文化作用。以下是科技设计之美在社会与文化层面上的几个重要作用。

（1）提升生活品质：科技设计之美通过创新产品和服务，改善了人们的生活环境和生活方式。例如，智能家居系统使家庭更加便捷、安全和舒适，而美观的设计则提升了人们的居住体验。

（2）促进技术普及：外观美观、设计巧妙的科技产品更容易被消费者接受，这有助于新技术的推广和普及。例如，苹果公司的 iPhone 就是通过其独特的设计和用户体验，推动了智能手机的普及。

（3）塑造品牌形象：科技设计之美是企业品牌形象的重要组成部分。一个公司的产品如果能够展现出卓越的设计美学，就有助于树立高端、专业的品牌形象，从而提升品牌价值和市场竞争力。

（4）激发创新思维：科技设计之美鼓励人们思考科技如何更好地服务于人类，这种思考本身就是一种创新。设计之美能够激发灵感，促使科技人员和企业不断探索新的解决方案。

（5）强化文化认同：在某些情况下，科技设计之美也能够体现和强化特定的文化价值观。例如，一些设计可能会融入本土文化元素，通过科技产品展现文化的独特性和连续性。

（6）促进跨文化交流：科技设计之美是全球性的，优秀的设计作品可以突破文化和语言的界限，被世界各地的用户所欣赏。这有助于不同文化之间的理解和交流。

（7）推动教育与启发新一代：科技设计之美还能够激发年轻一代对科技和设计的兴趣。通过设计教育，可以培养未来的设计师和工程师，让他们了解如何将美学和实用性结合起来，创造出更好的产品。

（8）增强环保意识：随着可持续设计的重要性日益增加，科技设计之美也在推动社会对环境保护的关注。设计美观且环保的产品可以引导消费者选择对环境友好型产品。

总之，科技设计之美不仅仅是技术的副产品，它还是一种有意识地融入设计过程的价值追求，能够在社会和文化层面产生积极的影响。

（十四）科技设计之美对经济和产业的影响

科技的进步也深刻影响了经济和产业。例如，电子商务的崛起改变了人们的消费方式和商业模式，同时也带动了物流、支付等相关产业的发展。这种影响既促进了经济的繁荣，也带来了市场竞争和就业压力等问题。科技设计之美对经济和产业有着显著的推动作用，具体体现在以下几个方面。

（1）提高产品附加值：良好的设计能够提升产品的市场竞争力，使其在众多竞品中脱颖而出。这不仅可以提高产品的销售价格，还可以增加产品的附加值，从而为企业及国家创造更多的经济效益。

（2）促进消费升级：随着人们生活水平的提高，消费者对产品的要求不再局限于功能，而更注重产品的审美和设计。科技设计之美满足了新时期消费者对高品质生活的追求，推动了消费升级。

（3）带动相关产业发展：科技设计之美不仅体现在终端产品上，还涉及设计工具、软件、材料等众多相关产业。这些产业的发展为科技设计提供了强大支持，形成了一种产业联动效应。

（4）吸引投资和人才：一个国家的科技设计水平是其综合国力的重要体现。能设计出优美科技产品的企业更容易吸引投资和人才。对于创新型城市和产业园区来说，科技设计之美更是吸引创新资源的关键。

（5）促进产业链整合：科技设计之美要求上下游产业链的紧密配合，从材料供应、生产制造到销售服务，每一步都需要精心设计和打磨。这种要求推动了产业链的整合和优化。

（6）提升国家形象：科技设计之美也是国家创新能力和文化软实力的体现。设计优秀的科技产品在国际市场上能够获得更高的认可，提升国家形象和国际竞争力。

（7）培育新市场和新商业模式：科技设计之美常常能够催生新的市场和商业模式。例如，苹果公司的设计引领了智能手机市场的爆发式发展，同时也催生了围绕其产品的生态系统。

（8）促进国际贸易：设计优美的科技产品在国际市场上具有较强的竞争力，有助于扩大出口，增加外汇收入。同时，科技设计之美也是外国消费者认识和接受中国文化的重要窗口。

科技设计之美对经济和产业的影响是全方位的，它不仅能够提升产品竞争力，还能够带动产业发展、吸引投资和人才、提升国家形象，是一种重要的经济和文化资源。

（十五）科技设计之美对教育和人才的影响

科技设计之美也作用于教育和人才培养。例如，在线教育的普及使知识和教育资源更加广泛和公平，同时也带来了教育质量、学习效果等问题。这种影响既拓宽了教育的渠道，也引入了新的教育理念和方法。科技设计之美对教育和人才培养的影响是深远和多方面的，具体体现在以下几个方面：

（1）激发创新思维：科技设计之美强调创新和独特性，这能够激发学生在学习和研究中的创新思维。学生在与美的互动中更容易产生新的想法和解决问题的方法。

（2）提高审美能力：科技设计之美有助于提升学生的审美能力。在科技设计的学习和实践中，学生能够培养对美的敏感性和鉴赏力，这对于他们的全面发展具有重要意义。

（3）培养实际操作能力：科技设计之美不仅仅是一种理论，更是一种实践。在学习科技设计的过程中，学生需要动手实践，这有助于提高他们的实际操作能力和解决实际问题的能力。

（4）强化跨学科知识融合：科技设计之美通常需要多学科知识的融合，如工程、艺术、心理学等。这种跨学科的学习和设计能够培养学生的综合素质，使他们成为复合型人才。

（5）增强团队协作能力：科技设计之美往往需要团队的共同努力。在学习科技设计的过程中，学生能够学会与他人协作，提高团队协作能力。

（6）提升就业竞争力：科技设计能力在就业市场中具有较强的竞争力。具备科技设计能力的人才更容易找到工作，并且在工作中具有更高的竞争力。

（7）促进人才培养模式的改革：科技设计之美会对教育体制和人才培养模式产生影响。教育部门和学校可能会根据科技设计之美调整课程设置和教学方法，以培养更多具备科技设计能力的人才。

（8）影响人才价值观：科技设计之美强调创新、独特和实用，这有助于培育学生的社会主义核心价值观，使他们成为有益于社会和国家的人才。

科技设计之美对教育和人才的影响是全方位的，它能够激发创新思维，提高审美能力，培养实际操作能力，强化跨学科知识融合，增强团队协作能力，提升就业竞争力，促进人才培养模式的改革，以及影响人才价值观。因此，重视科技设计之美在教育和人才培养中的作用具有重要意义。

第二节　医学技术创新中的美学思考

一、人文关怀仁心美

（一）医学人文理念更迭

《淮南子》中提到："医者父母心，急患者之所急。医为仁人之术，必具仁人之心。"孟子认为："恻隐之心，仁之端也。"怀有仁爱之心，把患者当作亲人，对患者的痛苦感同身受，"见彼苦恼，若己有之"，才能心底无私，一心赴救，成为一名合格的医生。很多人都有患病的经历，都曾经拥有患者的身份，能体会到患病期间不仅有肉体的痛苦，更有精神方面的无助。治疗的过程不仅是摆脱肉体痛苦的过程，也是获得心灵慰藉的过程。这要求医生不仅要医病，更要"医心"。然而，医学作为一门科学，并非万能。它的发展过程和人类进步的形态一样，依然在曲折中不断前进。无论人类社会发展到何种程度，我们都无法用医学抵挡死亡和病痛的来临。即使医学发展可以推迟死亡的期限，但病痛带来的精神打击依旧令多数患者深受折磨。医学绝不仅仅是针对身体的诊疗手段，医生对患者的精神治愈对于患者战胜病魔、促进康复治疗往往有着巨大的辅助作用。因此，人文关怀在诊疗过程中的重要性不言而喻。北京协和医院作为中国医疗界的文化标杆，"待患者如亲人，提高患者满意度；待同事如家人，提高员工幸福感"的办院理念尽显人文关怀，体现了一种以人为本的美学追求。这种对于人际关系的重视和对于工作氛围的塑造，在美学上展现了一种和谐共生的美感。

近代"临床医学之父"、医学教育家、医学活动家威廉·奥斯勒对于医学人文领域非常关注，他曾提出："行医是一种艺术而非交易，是一种使命而非生意。因为医学的存在并不全然是为了延长生命，而是要让生命获得更大的快乐。"近年来，随着对古典人文主义的研究不断深入，医学人文理念也随之不断发展，临终关怀（安宁疗护）也被列为医学人文关怀的重要领域。

每年全球约有 5600 万人去世，每起事件会影响大约 5 个亲人朋友的心情和生活质量。当前，中国的临终关怀服务处于稳步发展阶段。2023 年，中共中央办公厅和国务院办公厅印发的《关于进一步完善医疗卫生服务体系的意见》提出，要扩大安宁疗护等服务供给。《"健康中国 2030"规划纲要》明确要求为老年人提供治疗期住院、康复期护理、稳定期生活照料、安宁疗护一体化的健康和养老服务。由此可见，国家对安宁疗护的重视程度不断提高。自 2017 年以来，国家级安宁疗护试点已进行三批，覆盖全国 185 个市（区），设置安宁疗护科的医疗卫生机构达到 4000 家，泰康公司等机构也参与其中。安宁疗护不同于安乐死，因为它既不促进患者的死亡，也不延迟患者的死亡。它的主要任务包括对症治疗、家庭护理、症状缓解、疼痛控制、减轻或消除患者的心理负担和消极情绪。安宁疗护常由医生、护士、社会工作者、家庭成员、志愿者、营养师和心理工作者及其他人员参与，以提高患者的生活质量，消除或减轻其疼痛等身体症状，解决其心理问题，缓解焦虑情绪，最终帮助患者平静地面对死亡。同时，临终关怀也能帮助患者的家人缓解疲劳和压力。目前，综合医院采用临终病房模式、宁养院模式、社区医院模式和家庭病床模式等临终关怀服务模式，以个性化服务满足不同患者的需求。通过提供临终关怀来展现社会对生命末期患者的深切关怀和对人的全面尊重，这不仅是对患者和家属的支持，也是医疗体系人文关怀的一种提升。安宁疗护有助于社会参与养老送终，这是社会治理的现实需求，也是人性化医疗的重要体现，有利于提升人民幸福感，体现了对生命的尊重。

（二）医院人文环境建设

医学的人文关怀之美在推动医疗环境建设上也催生了不少可圈可点的亮点。目前，对于医疗环境美学的思考并非仅仅局限于对美的追求，更关注如何通过技术创新和人性化设施来打造一个更加温馨、舒适、美观的医疗环境，提升患者的就医体验，展现医院对患者的人文关怀。

以往患者对医院的印象是压抑的蓝白配色、嘈杂的环境、无处不在的消毒水气味以及不苟言笑、行色匆匆的医生和护士。而这种充满压力的环境暗示会使患者的压力倍增。优美的就医环境对患者的治疗和康复有着积极的影响，不仅能营造正面的视觉感受和心理暗示，还能促进疾病的恢复。

近年来，国内各家医院愈加重视人文关怀，致力于改善就诊环境，从而安抚患者情绪。例如，江苏省兴化人民医院非常重视环境的"人文质感"：门诊大厅采用通高三层（高25.8 米）的钢结构玻璃顶，抚慰患者压抑的情绪；六个中庭及带型窗、幕墙的巧妙设计，使各区域充分享受自然通风与采光，通透的阳光抚慰患者就诊时的压抑情绪。候诊区设计绿植竹影景观区，在保护患者隐私的同时为医院增添一丝温馨。每层设置大空间家属休息区，配备大桌椅和充电区域，方便陪诊家属休息和工作。在装修色彩上，多采用暖色调地板、灯光和岛台，营造家庭氛围。合理进行医院格局布置，并针对不同科室设置不同的指示符号和主题颜色。门诊、医技科室以诊疗岛分列两侧，清晰明了。同时，按照系统分科原则，针对学科交叉融合的需要进行分布，使大量门诊患者诊断与检查在同层水平移动，实现最短的就医路径和高效的设备共享，为就医患者提供了极大的便利。国内首家泰康口腔诊所打破传统诊所的封闭空间，将"廊"转化为开放的"厅"，患者的视野更加开阔，并打造集宣讲、交流、互动、艺术品鉴等多种功能于一体的活动空间，使患者感觉宾至如归。每个诊室几乎均配备落地窗，使患者仿佛置身云端，消除诊疗过程中的焦虑感。同时，医院设置了考虑诊疗与咨询的私密空间，以及充满童趣的儿童专用诊疗室。整体设计注重艺术感，结合柔和灯光，创造安心、放松的就诊环境，提升患者的就医体验。以上种种无不体现了医院在环境建设上的人文关怀。

（三）医院服务功能提升，更加人性化

新时代中国人民生活节奏加快，各就医场所通过优化门诊服务，使就医更高效便捷。多家医院推出了一系列快速体检服务，体检预约、缴费、发放报告、各项基础检查等均可在同一楼层完成，使体检人员节约了奔波时间，减少了往返次数，提高了效率。此外，还专门配备了营养早餐，供体检人员用餐。国内多家医院，如百色市中医医院，在门诊、病房等地配备专用电梯、中央空调、电子呼叫等各类功能完善的医用服务设备，每个病房都没有宽敞的阳台和卫生间，提供全天 24 小时热水，定期进行清洁和消毒。舒适的休息区域、便捷的导诊服务、无障碍设施等均为患者创造了安全便捷的就医环境。儿童医院和妇产科医院纷纷设立了儿童游乐区和母婴休息室，致力于为患者提供更加舒适的就医体验，提升医院的服务质量，将人文关怀落实到每一位就诊患者身上。

医学充满着仁爱之美，并非只是冷冰冰的科学。为了维护医学使命、责任和艺术兼具的特性，无论何时，人文关怀都要参与诊疗的全过程。人文关怀不仅体现为医生在治疗过程中表达方式的巧妙运用，还包括帮助患者树立"医学并非万能"的合理观念，减少由于对医生职业的过度"神化"而导致的误解和冲突。同时，医院应坚持以人为本的医学理念，持续推进医疗人文环境建设，致力于从细微处全面减轻患者就医的压力。这些人文关怀的表现，无不展示出医学的仁心之美。

二、学科融合创新美

医学科技创新如同璀璨的星辰，照亮人类健康之路。它不仅是科技进步的展现，更是对生命之美的探索与追求。当我们深入剖析数字化成像技术、医工交叉领域的创新以及医疗创新中的美学思考时，不禁为医学科技创新的魅力所折服。

（一）"人工智能+医学"

2023 年首届全球手术机器人大会（Global Medical Robotics Conference 2023）在北京市中关村自主创新示范区展示中心盛大召开。会上对医工交叉创新领域进行了深入探讨，尤其是对手术机器人的讨论引起了医学界的广泛关注。目前，医学界已经在机器人自主

性、远程操控技术以及机器学习方面取得了显著成果，手术机器人已经实际应用于手术中。现代手术机器人可以利用高清摄像头、3D 成像技术和机器视觉算法来获得对手术场景的深度感知。比如，在超高精度手术中，手术机器人可以模拟甚至超越人类医生的视觉识别能力。机器人视觉系统能提供实时、高清、三维的手术图像，并借助先进的控制算法精确地操控手术工具。此外，通过集成人工智能（AI）和机器学习（ML），手术机器人能够从每次手术中学习，不断优化其性能，实现医学智能化和自动化技术的融合。不仅如此，由于手术机器人能够使用更加精细的工具，进行更为精准的操作，患者的创伤和恢复时间已经大大减少，实现了微创手术的革新。

智能手术导航机器人 IQQA®-Guide 在 2023 年第八届肝癌介入与多学科诊疗论坛、第九届广州介入论坛等大会中亮相，并获得高度关注。它以"IQQA 个性化 3D 全量化脏器电子地图"为核心技术，应用于穿刺、化疗药物注射等多种微创介入及机器人手术中。通过影像实时交互定量化技术跟踪手术目标，实现精准定位、引导和监控，为医疗智能化机器人增加智慧大脑和透视眼，提高穿刺手术成功率，减少进针次数，减轻患者就医痛苦，探索医疗科技智能化之美。由此可见，手术机器人在未来将成为医疗团队不可或缺的一员，其发展将围绕几个核心方向进行：首先是增强现实和虚拟现实技术在手术规划和模拟中的应用，将为手术机器人提供更为直观的操作界面；其次是通过深度学习和大数据分析进一步提升机器人的智能化水平，实现更加复杂的手术任务；最后是关于机器人的微创化和柔性化，以适应更多种类的手术需求。

（二）"互联网+医疗"

随着互联网领域的不断深耕，"互联网+医疗"手段近年来也逐渐进入各大医院，成为医生的好帮手。5G 时代的到来直接推动了智能化医疗的进步，目前已实现超远程为山区、海岛等远距离患者进行手术。浙江省人民医院率先行动，2023 年，该院副院长、泌尿外科学科带头人张大宏及其团队成员曾为新疆阿克苏患者进行超远程机器人辅助腹腔镜手术，为贵州毕节患者进行国产机器人辅助腹腔镜左肾肿瘤根治术，从精准外科时代跨越至未来外科时代。互联网与医疗领域结合，实现医疗界人工智能之美。在哈尔滨市级医院及其乡镇医院已建立智慧病房。患者从扫码结账到药品配齐送至患者手中，仅需 30 秒即可实现，极大地缩减了取药时间，降低人工取药成本。同时，还可通过机械臂智能化摆放药品，根据用药类别进行排列，对用药量和剩余量进行智能化监测，并及时补给。初步诊疗过程还实现远程超声问诊。在上级医院放置专家端机器，在乡镇医院放置患者端机器，专家通过超声扫描手法采集器操作操纵杆，患者端的协同机械臂同时接受指令并移动，将相关图像、语音和视频等信息远程传递给专家端，从而实现远程智能化就诊。

（三）"精准诊断+个性化治疗"

在精准诊断和个性化治疗方面，医疗科技创新的魅力尤为突出。通过先进的医疗设备和仪器，医生能够以前所未有的精度和深度洞察患者的病情。这一方面为医生提供了更加全面、准确的数据支持，使治疗方案更加精准、个性化；另一方面，在很大程度上提高了治疗效果和患者的生存率，以个性化的医疗服务展现了医疗科技创新的精准之美。在减少手术创伤和提高治疗效率方面，医疗科技创新同样展现出了卓越的能力。借助先进的医疗设备和技术，医生能够以前所未有的精细和微创方式进行手术操作，极大地减轻了患者的痛苦并缩短了康复时间。同时，这些创新还提高了医生的工作效率，使更多患者能够在更短的时间内得到有效治疗。这种高效、微创的医疗服务不仅彰显了医疗科技创新的卓越之美，更为医疗行业带来了更加广阔的发展前景。

（四）数字化医疗

数字化摄影技术为医学影像领域带来了革命性的变革。它将传统的医学影像转化为数字化形式，使医生能够更加清晰、准确地观察患者的病变情况。这种技术不仅提高了诊断的精确性，还为后续的治疗提供了更加翔实的数据支持。数字化摄影技术的美学意义在于，它通过技术手段，将生命的奥秘和美丽呈现在医生眼前，使医生能够更好地理解和治疗疾病。医学影像如 X 光、CT 扫描和 MRI 等借助数字化摄影技术，揭示人体结构奥秘，兼具科学性和艺术性；借助医学影像片子，医学教育变得更加直观易懂，学生在求学过程中能清晰理解人体结构和病理变化；医学影像如彩色多普勒超声图像显示血流情况，使患者对个人情况有具象化了解，增强对自身健康状况的认知；在微创手术和机器人辅助手术中，该技术广泛应用，实现了术前模拟，减少了手术中的创伤，更精准地锁定治疗手段，提高了手术成功率；在医学美容中，通过对比前后照片，能更客观地评估患者外观的改变和治疗效果。数字化摄影技术在医学领域的美学探寻涉及多个层面，从提高诊断和治疗的准确性，到增强医患沟通，再到推动生物医学研究和医学教育的发展，其作用显著。

（五）量子医学

量子医学应用、基因编辑技术等在医工交叉领域实现了医学技术的融合创新。这些创新技术的价值在于它们充分将人的需求放在首位，将医学与工程学、物理学、计算机科学等多个学科相结合，通过交叉融合，创造出全新的医学解决方案，为人类的健康事业注入了新的活力。在康复工程与辅助设备方面，同时关注外观、功能及其佩戴的舒适度。例如，假肢设计更倾向于个性化定制，注重为每一位患者模拟真实假肢的外观和动作，满足对美观和自然的需求；医学美容技术如激光治疗、微针美容等均属于医工交叉领域，既改善人的外貌，维持原有的美好状态，又具备现代科技的美感。量子医学将量子力学原理应用于医学领域，以探索和解释生物体内部的微观现象，以系统观和整体观来揭示微观状态下粒子运动的规律，从而理解生命过程中的微观变化。量子共振检测仪等技术应用于早期检测癌症、糖尿病、心脑血管等疾病，还可在肿瘤、心脑血管疾病、病毒感染等领域的专项检查中发挥作用。通过优化医疗流程、提高医疗服务质量、改善医疗环境等方式，医疗创新为患者带来了更加舒适、便捷的医疗服务体验，不仅解决医学问题，还关注患者的需求和感受。这种美学追求体现了对生命的尊重和对患者的关爱，让医疗服务更加人性化。

（六）智能护理

随着我国老年人口数量的增多，医疗护理行业的人员需求逐渐增加。传统人工护理主要依靠护工，其专业性参差不齐。因此，国家提出了智能化养老服务的建设和发展，护理机器人的发展前景广阔。河南商丘福满堂养老院已引入智能护理机器人，与护工人员一同保障老年人的生活便利。多功能位移机为瘫痪、腿部受伤的患者或老年人设计，能够在轮椅、座椅、坐便器之间安全转移，使老年人能够正常活动，享受外界的美好景色，增加与家人、朋友的互动，提升生活幸福感。洗浴机器人通过移动式洗浴系统，使老年人坐着或躺着都可以洗澡，无须转移到浴室，降低摔倒的风险。智慧护理平台的实施有望成为智能护理行业的独角兽，提高养老生活质量，降低社会养老压力。

三、医患关系和谐美

医患关系的和谐美体现在医疗服务过程中对患者全面、细致、人性化的关照等各个方面。每位患者都被视为独特的个体，医生在治疗时不仅关注疾病本身，还尊重患者的个人习惯、信仰和价值观。医生借助倾听、同理心和关心，与患者建立起情感联系，使患者在面对疾病时感受到温暖和支持。同时，鼓励家庭成员参与患者的治疗过程，了解家庭背景和需求，共同为患者的康复努力。这些举措不仅体现在医生不断精进医疗水平、减轻患者病痛的技术层面，更表达了医生内心对患者的真挚关爱和责任感。这种人性化、细致化的医疗服务可以增强患者的信任感和满意度，促进医患关系的和谐发展。

医患关系中蕴含着沟通的艺术。医生通过言谈举止展现出的专业、耐心和细致，让患者感受到被重视和理解。医生应尊重并理解具有不同文化背景的患者，了解其特殊需求和习俗，提供相应的医疗服务。相对于医生的专业知识，患者对于自身病情的了解是有限的，因此沟通显得尤为重要。数据显示，70%的医疗纠纷其实与治疗效果无关，而是沟通环节出现问题：患者认为自己的精神或利益受到了医生的伤害。"德不近佛者不可以为医，才不近仙者不可以为医。"此话出自华中科技大学同济医学院名誉院长、中国科学院院士、著名医学家裘法祖先生。裘老一生奉献给医学事业，后世对其高山仰止，其中医患沟通的艺术是重要原因之一。裘老在诊断时总会根据患者年龄亲切地称呼他们"老大爷""姑娘"或者"小伙子"，拉近与患者的距离，减少患者面对医生的紧张情绪。在讲述病情时，裘老会通过比喻或者讲故事的方式来告知患者病情。若患者一时不明白，裘老也会不厌其烦，反复阐述。治疗时，裘老还会告诉患者："咱们一起努力，同舟共济。"无论最终康复与否，患者总是对裘老充满信心，也就能积极配合治疗。裘老注重医患沟通的做法，正是人文关怀最鲜明的体现。正如希波克拉底所说："医生有三件法宝，第一是语言，第二是药物，第三是手术刀。"

医生对患者的关爱之心也时常令人感动。一则《长沙未婚男医生当奶爸 抱着被遗弃宝宝写病历》的新闻对医生这个职业背后的仁爱之心进行了完美诠释。湖南省人民医院普外科医生薛挺成在行医时抱着被遗弃的婴儿写病历，被网友拍下上传网络后，被大家形象地称为"超级奶爸"。遗弃的婴儿是由福利院送到医院进行治疗的，没有家人陪护。薛挺成放心不下孩子，一直格外关心，平时也会抽出休息时间亲自照料，给孩子购买玩具和衣物。由于工作繁忙，有时他只能在写病历的时候抱抱孩子，于是就有了流传网络的照片。因为薛挺成和其他医护人员的精心照顾，做了一次大手术的孩子不仅体重没有减少，还比入院时重了一公斤。薛挺成所在科室每年都会收治几十位来自福利院的孩子，这些孩子都得到了医护工作者的格外关怀，同院的患者得知医护对孩子悉心的照料，都纷纷点赞。这种人文关怀和真诚服务让患者如沐春风，医患关系自然融洽。

在我国，医患关系紧张主要表现为医患双方缺乏信任、医疗服务过程中医患双方地位不平等、患者缺乏权利意识。主要原因是医疗资源不平衡、医务人员职业地位不平等、医生工作的高风险性和高不确定性等。要想改善医患关系，必须从构建医患共同体入手。医患共同体意味着医生和患者的立场一致，始终在统一战线对抗"病魔"，而不能因为误解和矛盾导致医患关系对立，其价值取向是以尊重人为核心的生命价值观、以生命价值为核心的人道主义价值观、以权利和义务对等为核心的公平正义观。因此，在强化医患信任关系、强化医务人员的职业责任感和荣誉感并提升医生职业尊严和社会地位方面，正确处理患者、医生、医院三者之间的利益冲突显得尤为重要。

第一，要构建医患关系的和谐之美，必须建立医患互信。医护人员应当主动了解患者的基本情况，尊重患者的知情权，重视患者对医学知识的需求。在患者就诊时，医护人员应当主动介绍所需的医疗服务和所能达到的预期效果。对患者提出的问题应当耐心解答，对病情变化、治疗方案、用药情况、治疗效果等应当如实告知。

第二，医护人员应重视医患沟通，注重沟通的艺术。与医生的专业知识相比，患者对自身病情的了解有限。一位合格的医护人员不仅需要在临床上是一名合格的医师，更应该是一位患者心灵的观察者、倾听者和交谈者，因此愉快的沟通显得尤为重要。医生在问诊过程中应让患者对病情有充分的了解。在患者需要帮助时，医护人员应主动提供帮助，让患者感受到医患之间的信任和尊重。

更为重要的是，构建和谐的医患关系对医生的高尚医德提出了更高的要求。唐代医家孙思邈的《备急千金要方》卷一《大医精诚》中论述了有关医德修养的两个问题：一是"精"，即精湛的医术；二是"诚"，即高尚的医德。书中对医生的劝诫和要求言辞恳切，体现了中医对医道精微、心怀至诚、言行谨慎的追求。"若有疾厄来求救者，不得问其贵贱贫富，长幼妍媸，怨亲善友，华夷愚智，普同一等，皆如至亲之想，亦不得瞻前顾后，自虑吉凶，护惜身命。"健康所系，性命相托。在多年的行医生涯中，孙思邈秉持尊重生命、敬畏生命的理念，对病患满怀怜恤，没有丝毫厌恶排斥。在行医过程中，孙思邈不惧感染，曾治疗600多例麻风患者，并将重病患者带入太白山中调养护理。90岁高龄的孙思邈在光德坊尽心竭力安慰和诊治患有麻风病的年轻诗人卢照邻的事迹，千百年来被传为佳话。

由此可见，医患关系虽然有时充满挑战，但培育和谐之花是与医护人员的专业素养和人文关怀密不可分的。2021年3月6日，习近平总书记在看望参加全国政协十三届四次会议的医药卫生界教育界委员时的讲话中指出："广大医务工作者要恪守医德医风医道，修医德、行仁术，怀救苦之心、做苍生大医。"医护人员不仅需要具备丰富的医学知识和技能，同时也需要具备高尚的医德、良好的沟通能力和人文关怀。只有将专业的医疗技术和温暖的人文关怀相结合，才能真正实现医患关系的和谐之美，让每一位患者都感受到来自医护人员的关爱和温暖，自觉推动医患关系的良性循环发展。

四、医疗产品设计之美

医学和美学的融合更加丰富了医学作为"人的科学"的现实含义，使医学技术不仅仅是冰冷的工具，更是一种关怀与温暖。在医学美学的引导下，医学技术领域的创新追求的不仅是诊疗的精准和效率，更是患者的自信和幸福。美学与医学的密切结合中，医疗产品设计是重要方面之一。医疗产品作为服务型产品，在设计过程中，产品的美学设计和用户体验设计被充分结合，设计出集功能性、实用性和体验感于一体的人性化产品。医疗产品不仅是简单的工具，更是承载着对患者生命责任和关爱的载体。医疗器械设计之美涉及外观、功能、操作、安全等多个方面。这种美学与医学结合的产品，是对患者的一种尊重和关怀，同时也是医护工作者提升医疗服务质量和工作效率的重要帮手，为医院等机构的整体公众形象和影响力塑造提供了有力支持。

一款符合现代医学创新要求的医疗产品，首先需要在专业化设计中更加细致地考虑产品外观、材质、颜色等方面，充分考虑医疗产品的特殊性。产品外观追求简洁，从而减少潜在的安全问题的产生；色彩搭配和谐，尽量优化操作程序、提升器械触感，给患者和医生带来视觉上的舒适感和美感。例如，米家iHealth医用数字温度计以极简主义为设计理念，采用白色，营造出纯粹而友好的视觉体验。其形状由赛道圆圈和平滑曲线勾勒，握柄处光滑圆润，按键稍有凹陷，便于在黑暗中触摸定位，丰富了产品的使用场景。

但医疗器械设计的创新迭代远远不止于外观的美观和功能的强大。医疗器械设计应追求信任之美。患者来到医院，往往带着对医生和医疗设备的信任。良好的医疗产品设计不仅满足患者对设备本身的舒适性、安全性和高灵敏度的需求，更能有效降低其使用过程中的不安情绪，从而提升用户体验，满足其生理和心理的双重需求。在设计过程中，需要考虑到产品的每一个细节，包括功能的实用性、操作的便捷性、安全的保障等与患者体验密切相关的部分，让医疗产品不仅能够有效地辅助医生进行诊断和治疗，更能够让患者感受到治疗的舒适和安全，体现对患者的尊重和关怀。在家用医疗产品中，由于患者并非专业人员，因此对于产品的交互设计提出了更高的要求。例如，Edan F15母婴监护仪提供了双重实时数据监控，以确保母婴的健康和安全。它拥有可调节的全尺寸触摸屏，将所有患者信息集成在直观的工作流程屏幕中。这样的设计充分考虑了操作人员的便利性和舒适性。

进入智能化时代以来，医学也走在了数字化和智能化的前列。医疗方式的变革催生了医疗器械产品的科技化变革，医疗产品的更新迭代，更加注重人体工程学和人机交互原理，采用先进技术，提供舒适的操作界面和使用体验，使产品更贴合用户需求，提高诊断和治疗的准确性与效果，将产品设计推向新高度，改变人们的健康生活方式，提升人们的生命质量。复旦大学附属眼耳鼻喉科医院陶磊教授团队与博恩思机器人团队合作，自主研发出全球全新的经口手术机器人（TORS），主要用于咽喉头颈外科微创手术，在狭小空间内实现精准操作，打破传统微创外科手术的空间与精度局限，降低传统经口手术对患者颌面等部位软组织的创伤风险，还可实现柔性影像智能控制系统等多项人工智能外科新技术，精确定位、快速切换、协同控制，有利于完成高难度手术操作。在使用医疗器械的过程中，如果医疗设备发出的噪声过大或产生的振动让人感到不适，不仅会使患者的体验感不佳，也会对医护人员的情绪和工作效率造成一定的不良影响。因此，通过更加智能化的设计，减少噪声和振动，降低操作难度和使用时间，不仅可以提高医护人员的工作效率，还能让他们在工作中感到更加轻松和愉悦，减轻医护人员的工作负担，提升他们的工作效率和职业满意度，为医疗服务的持续改进和提升做出贡献。

人体美学领域关注的是如何通过技术创新来更好地改善人体的形态美，如通过整形手术、塑形技术等手段来修复或改善人体的缺陷，使人体更加美观。随着医疗技术水平的不断提升和医疗产品的更新迭代，关于美学的探讨也更加深入。这些思考不仅限于对美的追求，更关注如何通过技术创新来改善和提升人们的幸福感和尊严感。对残疾人需求的关注也在不断增强，医疗产品的设计关注和回应残疾人在生活中所面临的挑战，体现了对他们身心健康的关怀和尊重。目前，全球范围内对残疾人假肢的研究正朝着高度个性化和技术革新方向发展。这些设计考虑到用户的特定生活方式、活动水平和身体特征，以提供最佳的适配和功能。现代假肢研究涉及机械工程、生物力学、材料科学和神经科学等多个领域。例如，一些假肢现在能够通过肌肉电信号进行控制，实现更自然的运动。现代假肢的设计不仅注重模仿自然肢体的外观和功能，还致力于提高助力性能和能量效率，使用户在活动中感到更加轻松和自如，提高人机协调性，使假肢的动作更加流畅和自然。随着技术的不断进步，未来的假肢将更加智能化、个性化，为截肢者提供更好的生活质量和更多的生活可能性，帮助他们重新融入社会生活，重塑自信和自尊以及积极乐观的人生态度。

第三节　艺术疗愈：创造生命奇迹

医疗辅助疗法在现代医疗体系中扮演着越来越重要的角色。它不仅能提升治疗效果，还可以缓解疾病症状、促进患者康复，并在多方面改善患者的生活质量。

目前国内医疗辅助疗法的突出表现主要体现在以下方面：提升治疗效果、缓解疾病症状、促进患者康复、减轻心理负担、弥补药物不足、强调整体治疗、制定个性化治疗方案、提升生活质量。医疗辅助疗法，如物理治疗、心理治疗等，能够与传统药物治疗相结合，从而提升整体治疗效果。多维度、多手段的治疗方式可以更有效地控制病情，加速患者康复。许多医疗辅助疗法，如按摩疗法、针灸疗法等，能够直接针对患者的症状进行干预，有效缓解疼痛感和不适感。这些方法能够迅速减轻患者的痛苦，提高他们的生活质量。康复锻炼、营养支持等医疗辅助疗法对于患者的康复至关重要，可以帮助患者重建身体功能，提高身体素质，从而更快地恢复到健康状态。心理治疗、疼痛管理等医疗辅助疗法不仅关注患者的身体状况，还关注他们的心理状态。这些疗法能够帮助患者减轻焦虑、抑郁等负面情绪，增强他们的心理承受能力，从而更好地应对疾病带来的挑战。

药物治疗虽然是主流治疗方式，但药物并非万能。医疗辅助疗法可以弥补药物治疗的不足。例如，针对某些无法通过药物缓解的症状进行干预，或者为患者提供非药物的治疗方案。医疗辅助疗法强调整体治疗理念，即综合考虑患者的身体状况、心理状态、社会环境等多方面因素，为患者制定全面的治疗方案。这种治疗方法更符合现代医学模式的转变，即从单纯的疾病治疗转向全面的患者管理。医疗辅助疗法通常需要根据患者的具体情况制定个性化的治疗方案。这种个性化治疗能够更好地满足患者需求，提高治疗效果和患者满意度。

医疗辅助疗法的目标是提升患者的生活质量。通过缓解疾病症状、促进康复、减轻心理负担等多种方式，医疗辅助疗法帮助患者更好地应对疾病带来的挑战，提高他们的生活质量和幸福感。

医疗辅助疗法在现代医疗体系中发挥着不可或缺的作用。它不仅提升治疗效果，缓解疾病症状，促进患者康复，还减轻心理负担，弥补药物不足，强调整体治疗，提供个性化治疗方案，并最终提升患者生活质量。因此，我们应该充分认识和重视医疗辅助疗法的重要性，为患者提供更加全面、有效的治疗服务。

医疗辅助疗法中的艺术疗愈是通过艺术手段来达到治愈心灵的效果。它运用绘画、音乐、舞蹈等艺术形式，帮助人们释放内心的压力、焦虑和抑郁等负面情绪，从而改善患者的心理状态，促进身心健康。艺术疗愈的原理基于大脑的神经可塑性，即大脑可以通过不断的刺激和训练重新建立神经网络，以适应不同的心理状态。通过艺术创作，人们能够激发右脑的创造力，平衡左右脑的发展，进而实现身心的和谐统一。

在古老而博大的中医典籍《黄帝内经》中，音乐治疗被赋予深刻的内涵和独特的地位。该经典以五行学说和天人相应为基础，将音乐与人的身心健康紧密相连，揭示了一种形神合一、天地人和的疗愈智慧。

书中精妙地阐述了五音——宫、商、角、徵、羽，与人体五脏——心、肝、脾、肺、肾之间的对应关系。这种关系并非偶然，而是基于古人对宇宙万物间相互联系、相互影响的深刻理解。正如经中所言："天有五音，人有五脏；天有六律，人有六腑……此人与天地相应者也。"通过音乐来调节身心，实则是借助天地之音，来达到和谐人体内部脏腑的目的。

《黄帝内经》详细描述了五音对人的身心健康产生的具体影响。宫音，以其庄重宽宏的特质，使人感到温暖舒适，心境开阔；商音，悲壮而哀郁，能够激发人的正义感，使人变得刚正而义气；角音，悠扬而圆润，激发人内心深处的恻隐之心，使人更加有爱；徵音，婉转而愉悦，能够促使人乐于行善，慷慨施舍；羽音，高亢而纯净，使人的举止行为更加得体、尊重礼仪。

这些音乐对人的身心产生的正面影响，不仅是中医对身心健康的独特认识，也是音乐治疗能够成为传统疗法的重要基础。音乐的旋律、节奏、和声等元素，能够引起人的情感共鸣，进而影响人的生理状态，达到调和气血、平衡阴阳的目的。

《黄帝内经》中的音乐治疗理论，是一种古老而深邃的医学智慧。它将音乐与人的身心健康紧密相连，通过五音调节人体内部脏腑，达到身心和谐、形神合一的境界。这一理论不仅为我们提供了一种全新的视角来理解和应用音乐，也为现代音乐治疗学的发展提供了宝贵的启示。

艺术疗愈有多种形式，包括音乐疗法和舞蹈疗法等。音乐疗法运用各种音乐元素，如节奏、旋律、和声等，来调节参与者的情绪状态。治疗师会根据参与者的需求，选择合适的音乐曲目，帮助他们放松身心、缓解焦虑。舞蹈疗法则是一种动态的艺术形式，通过身体的运动来释放内心的情感。参与者可以通过自由舞蹈、即兴舞蹈等创作活动，释放内心的压力和负面情绪。

一、舞蹈疗法

艺术疗愈中的舞蹈疗法是一种独特而有效的治疗方式，它结合艺术与医疗手段，为患者提供了一个全新的康复途径。舞蹈疗法通过舞蹈动作、节奏和韵律来影响人们的身体、心理和情绪状态，从而达到治疗的目的。

（一）舞蹈疗法的益处

（1）身体层面的益处。舞蹈疗法能够锻炼身体的柔韧性和协调性，增强肌肉力量和耐力。通过舞蹈动作的训练，患者可以改善身体姿势和平衡能力，减轻慢性疼痛和身体紧张。此外，舞蹈疗法还能够提高循环系统及呼吸系统的功能，从而促进整体健康。

（2）心理层面的益处。舞蹈疗法在心理层面具有显著的疗效。通过舞蹈表达，患者可以释放内心的压力和情绪，缓解焦虑和抑郁症状。舞蹈疗法还能够增强患者的自我认知和自我价值感，促进心理健康。

（3）社交层面的益处。舞蹈疗法通常采用团体治疗的形式，这为患者提供了一个与他人交流和互动的平台。通过舞蹈的社交功能，患者可以建立新的社交关系，增强社交技能，从而减轻孤独感和缓解社交障碍。

舞蹈疗法的起源可以追溯到 20 世纪初的美国，最初它主要被用于治疗精神疾病患者，作为一种创新的康复手段。随着时间的推移，舞蹈疗法的应用领域不断拓宽，逐渐发展成为一种独立的治疗方法，并在心理治疗、康复医学、特殊教育等领域中发挥了重要作用。

舞蹈疗法的魅力在于它能够将个体的内心情感通过舞蹈动作进行表达。在舞动的过程中，人们可以尽情地释放内心的压力、焦虑和负面情绪，感受到舞蹈带来的愉悦和满足感。舞蹈动作的多样性和变化性不仅能够提高个体的身体协调性和灵活性，还能在舞动的过程中培养个体的创造力、自信心和社交能力。

在舞蹈疗法的实践过程中，治疗师会根据个体的需求和特点，为他们量身定制适合的舞蹈动作和节奏。他们会引导个体在舞蹈中逐渐放松身心，感受到舞蹈带来的舒适和愉悦。通过舞蹈的律动和节奏，个体可以在舞动的过程中与他人建立更加亲密的联系，增强社交互动能力，进一步提升自我认知和自我价值感。

舞蹈疗法在多种心理疾病和身心障碍的治疗中展现出显著的效果。例如，对于抑郁症患者来说，舞蹈疗法能够帮助他们释放内心的负面情绪，提升自我认知和自我价值感，重新找回生活的乐趣。对于孤独症患者来说，舞蹈疗法可以作为一种非语言的沟通方式，帮助他们建立与他人之间的连接，提高社交互动能力。此外，舞蹈疗法还可以应用于焦虑、失眠、创伤后应激障碍等多种心理疾病的治疗，为个体提供全面的心理支持。

对舞蹈疗法的研究也在不断深入，为其应用提供了更多的科学依据。心理学家和舞蹈家通过实证研究，探索舞蹈疗法的作用机制和效果。他们发现，舞蹈疗法不仅能够改善个体的心理状态，还能提高身体健康水平，促进个体的全面发展。这些研究成果为舞蹈疗法在心理治疗领域的应用提供了有力支持，也进一步推动了舞蹈疗法的发展和创新。随着人们对舞蹈疗法认识的加深和研究的推进，相信舞蹈疗法将在未来发挥更加重要的作用，为更多需要心理支持的患者带来希望和勇气。

（二）舞蹈疗法案例分析

舞蹈疗法是一种具有创新性和独特性的治疗方法，它结合了舞蹈的动态美和心理学的智慧，让参与者在舞动中找到内心的平静与力量。下面通过一个详细的真实案例，展示舞蹈疗法如何帮助个体战胜困境，重塑自我。

艾米丽，一位曾遭受严重心理创伤的女性，因一场意外而陷入了自我封闭的状态。她变得寡言少语，对日常生活失去兴趣，甚至在工作中也难以集中精力。面对这样的困境，医生向她推荐了舞蹈疗法，希望能够帮助她找回自信和生活乐趣。

最初，艾米丽对舞蹈疗法持有抵触和怀疑的态度。她觉得自己没有舞蹈的天赋，也不认为自己能够通过跳舞来改善心理状态。然而，在治疗师的耐心引导和鼓励下，她逐渐放下了心中的顾虑，开始勇敢地尝试各种舞蹈动作。

随着时间的推移，艾米丽在舞蹈的世界里逐渐找到了自己的节奏和韵律。她发现，通过舞蹈，她能够以一种独特的方式表达内心的情感和感受，这让她感到前所未有的舒适和放松。在舞动的过程中，她逐渐释放了内心深处的恐惧和不安，取而代之的是积极向上的能量和活力。

除了心理上的改善，舞蹈疗法还对艾米丽的身体协调性产生了积极的影响。在舞蹈的训练中,她需要不断地调整自己的身体姿态和动作,这使她的身体变得更加灵活和协调。这种身体上的变化进一步增强了她的自信心,使她在日常生活中也变得更加自如和自信。

随着时间的推移,艾米丽不仅逐渐克服了心理上的障碍,还在舞蹈的世界里找到了属于自己的舞台。她开始更加积极地参与各种舞蹈活动,甚至在一次次表演中展现出自己的才华和魅力。她的生活也因此变得更加充实和有意义。

这个案例充分展示了舞蹈疗法在心理健康领域的独特魅力和价值。通过舞动,人们可以释放内心的情感、改善身体协调性、增强自尊心和自信心。虽然舞蹈疗法并不是适用于所有人的治疗方法,但它确实为那些受到心理创伤或自信心不足的人提供了一种全新的康复途径。因此,我们应该更加关注和推广舞蹈疗法这一具有创新性和独特性的治疗方法,让更多的人能够从中受益。舞蹈疗法适用于各个年龄段的人群,特别是那些在身体、心理或社交方面存在困难的人,例如青春期的青少年、成年精神病患者、老年人以及身体患有疾病的患者等。此外,舞蹈疗法还可以与其他养生方法相结合,如瑜伽、冥想和呼吸训练等,从而构建全方位的身心修炼体系。

在日常生活中,我们可以将舞蹈疗法融入生活场景中。例如,利用简单的舞蹈动作进行晨间唤醒和睡前放松,或者参加社区舞蹈课程等。这些活动不仅能够帮助我们保持身体健康,还能够提升心理和情感层面的幸福感。

艺术疗愈中的舞蹈疗法是一种独特而有效的治疗方式,它能够在身体、心理和社交等多个方面为患者带来益处。通过舞蹈疗法,我们可以帮助自己和他人更好地应对生活中的挑战和困难。

二、音乐疗法

艺术疗愈中的音乐疗法是一种非常独特且有效的治疗方法,它利用音乐的力量来帮助个体达到身心康复的目的。音乐疗法结合了音乐、医学和心理学等多个学科的知识,通过音乐的影响和作用来改善个体的生理、心理和情绪状态。音乐疗法是一种利用音乐声波的频率和声压来引起生理上的反应,从而达到治疗目的的方法。对于孤独症患者来说,音乐疗法可能是一种有效的康复手段。音乐疗法可以为孤独症患者提供一个学习社会行为的环境刺激。在有组织的音乐活动中,患者可以获得合作、分享、遵守秩序、学会正确的礼貌行为等体验。例如,通过"交朋友"的音乐活动,孤独症患者可以学会交朋友的礼节,如握手,以及获得遵守音乐秩序活动所带来的愉悦感。这种愉悦感对患者的参与和配合是一种有力的强化作用,通常可以吸引患者的注意力。音乐疗法还可以发展孤独症患者的交流沟通能力。孤独症患者的语言沟通能力低下是最突出的问题,而接受来自环境中的声音,或称听觉感知,是理解语言的前提。通过音乐疗法,如演唱问候歌、演奏打击乐器和演奏爵士鼓等,可以刺激患者的听觉感知,帮助他们提高语言沟通能力。音乐疗法适用于各个年龄段的人群,特别是那些患有焦虑、抑郁、失眠、慢性疼痛等身心疾病的患者。音乐疗法可以在医院、康复中心、学校、社区等各个场所进行,也可以作为家庭自我疗愈的一种方式。

（一）音乐疗法的益处

（1）放松身心。音乐疗法能够通过音乐的旋律、节奏和和声等元素，帮助个体达到放松身心的效果。适当的音乐可以降低个体的应激水平，缓解焦虑和紧张情绪，使人感到平静和舒适。

（2）改善情绪。音乐疗法能够激发个体的积极情绪，提高情绪稳定性。通过音乐，个体可以感受到愉悦、温暖和满足等积极情绪，从而改善心理状态，增强自信心和幸福感。

（3）促进认知发展。音乐疗法对个体的认知发展也有积极的影响。通过对音乐的学习和演奏，个体可以提高注意力、记忆力和创造力等认知能力，促进大脑的发展和功能的提升。

（4）缓解疼痛。音乐疗法还可以帮助个体缓解身体疼痛。适当的音乐可以刺激身体的自然镇痛机制，减轻疼痛感和不适感，提高个体的舒适度和生活质量。

（二）音乐疗法的真实案例

音乐治疗作为一种独特的康复方法，已经在许多领域取得了显著的成果。以下是几个真实的音乐治疗案例，涵盖心理疏导、疼痛管理、康复辅助、情绪调节、认知提升、社交促进、创伤疗愈等多个方面。

1. 心理疏导

小明是一名初中生，因学业压力和人际关系问题出现了焦虑和抑郁情绪。通过参与音乐治疗项目，他学会了演奏钢琴，并在音乐中找到了表达自己情感的方式。渐渐地，小明的心情得到了舒缓，他的焦虑和抑郁症状也得到了明显改善。

2. 疼痛管理

李奶奶患有慢性关节炎，经常感到关节疼痛。在接受音乐治疗后，她开始每天聆听一些柔和、舒缓的音乐。不久，她发现疼痛的程度不仅有所减轻，而且能够更容易入睡和休息。音乐治疗帮助她有效地管理了疼痛，提高了生活质量。

3. 康复辅助

小王因为一次车祸导致身体受伤，需要进行康复训练。在音乐治疗师的指导下，他通过聆听和欣赏不同风格的音乐进行康复训练。音乐不仅激发了他的积极性，还帮助他更好地集中注意力，从而提高了训练效果。小王的康复进程因此加快，他也重新变得自信和乐观。

4. 情绪调节

小李是一名音乐爱好者，但在一次意外中失去了右手，无法再像以前那样自由地演奏乐器，变得越来越不自信。在音乐创作疗法的帮助下，他开始尝试使用特制的辅助工具进行音乐创作。虽然过程艰难，但小李坚持不懈地练习和创作。最终，他成功创作出了一系列感人至深的音乐作品。音乐创作疗法不仅帮助小李找回了自信，还让他在逆境中实现了自我价值和成长。

5. 认知提升

小张是一名学习成绩不佳的小学生。音乐治疗师为他设计了一系列音乐认知训练活动，如节奏训练、旋律记忆等。经过一段时间的训练，小张的认知能力有了明显提升，他的学习成绩也有了显著进步。音乐治疗在提升认知能力方面发挥了积极作用。

6. 社交促进

小华是一名患有孤独症的孩子，难以与他人建立联系。在音乐治疗过程中，他开始与其他孩子一起参与音乐活动，如合唱、打击乐演奏等。通过音乐，小华学会了与他人沟通和合作，他的社交能力有了显著提升。音乐治疗在社交促进方面发挥了关键作用。

7. 创伤疗愈

小芳曾遭遇一次严重车祸，导致她在心理上受到巨大创伤。在音乐治疗师的引导下，她开始接触音乐疗法，通过演奏和聆听音乐来宣泄情绪、调整心态。经过一段时间的治疗，小芳的创伤症状有了明显缓解，她也重新找回了生活的勇气和信心。音乐治疗在创伤疗愈方面发挥了重要作用。

（三）音乐疗法的奇迹

音乐，作为人类文化的一部分，自古以来就有着独特的魅力。它既能触动人心，也能调理身体。近年来，音乐康疗作为一种新兴的疗法，正逐渐进入人们的视野，为许多人带来了健康与希望。

音乐康疗，顾名思义，就是通过音乐来调理身心，达到治疗疾病、促进健康的目的。从中医的角度来看，音乐能够激发五脏功能，畅通气血，调节情绪。音乐与五脏之间有着紧密的联系，例如，歌对应于脾，唱歌可以强化消化系统的功能，促进脾胃运化，进而增强我们的体质。

中央音乐学院的赵世民教授是音乐康疗的践行者之一。他坚持歌唱养生22年，创造了四大奇迹。他22年来没吃过药，没打过针，曾患咽喉炎、肠胃炎、腰椎间盘突出等疾病，竟都奇迹般痊愈。他身体力行，潜心研究，成为横跨多个学科的学者，还练就了一个超过四个八度音域的铁嗓。赵教授的例子充分证明了音乐康疗的神奇之处。除了赵教授之外，还有许多人通过音乐康疗获得了健康与希望。他们中有些患有身体疾病，有些患有心理疾病，但他们都通过音乐找到了治愈的希望。

国内有些医院设有嗓音治疗科，有专门的嗓音治疗师，帮助失音患者重获声音，纠正错误的发音方法，使患者重拾自信。

除此之外，音乐康疗的应用领域也在不断拓宽。越来越多的医院、养老院、康复中心等开始引入音乐康疗，帮助患者缓解病痛，提升生活质量。在许多疾病的治疗过程中，音乐康疗被用作辅助治疗手段，如癌症患者的疼痛缓解、自闭症儿童的情绪调节等。音乐康疗的神奇之处还在于它的普适性。无论年龄、性别、文化背景，每个人都可以通过音乐康疗找到适合自己的康复方式。无论是聆听音乐、唱歌、演奏乐器，都能让人感受到音乐的力量，从而调整身心状态，达到康复的效果。随着科技的发展，音乐康疗也正在与科技相结合，衍生出更多创新的应用。例如，音乐与生物反馈技术结合，可以实时监测患者的生理指标，为他们提供个性化的音乐治疗方案。此外，虚拟现实技术也为音乐康疗带来了更多可能性，让患者能够在虚拟环境中感到音乐带来的愉悦与放松。

对于医学生而言，对艺术常识的了解或许并不像对医学知识那样迫切和直接，但在现代医疗实践中，艺术与医学的交融正逐渐成为一股不可忽视的力量。医学生如果能在学术之外涉猎一些艺术常识，将有助于他们更全面地理解患者的需求，提供更富有人文关怀的医疗服务。

音乐与医疗的关系远超我们的想象。音乐具有独特的治愈力量，能直接影响人的情绪和生理状态。在医疗环境中，恰当的背景音乐不仅能缓解患者的紧张情绪，还能促进他们的身体恢复。例如，在手术室播放柔和的音乐可以减少患者的焦虑情绪，而在康复室使用音乐疗法则有助于患者的疼痛管理和心理调适。医生可以通过选择适合的音乐，创造一个舒适宜人的治疗环境，使患者在心理上也得到疗愈。

在日常生活中，我们可以通过听音乐、唱歌、演奏乐器等方式来享受音乐疗法的好处。选择适合自己的音乐类型和曲目，合理安排听音乐的时间和频率，以及与音乐良好互动，都可以帮助我们达到身心康复的效果。

艺术疗愈中的音乐疗法是一种独特而有效的治疗方式，它利用音乐的力量来改善个体的身心状态，促进患者康复。通过音乐的陪伴和影响，我们可以更好地面对生活的挑战和困难，享受更加健康和幸福的生活。

三、绘画疗法

（一）绘画疗法

绘画疗法，也被称为绘画治疗，是一种心理疏导和治疗的方法。其原理在于让绘画者通过绘画的创作过程，利用非言语工具，将潜意识中压抑的感情与冲突释放出来。在绘画的过程中，绘画者可以在心灵上、情感上、思想上获得负能量的释放，宣泄情绪、调整情绪和心态，从而修复心灵上的创伤、填补内心世界的空白，获得满足感、成就感、自信心，达到诊断与治疗的良好效果。

绘画疗法不受年龄限制，成人或儿童都可以通过绘画疗法来满足各种心理需求。咨询师可以通过绘画解读受访者的心灵，解析深度困扰人们的"症结"，从而对症下药，让受访者在一定期间得到帮助和缓解。

绘画疗法的适用范围广泛，既可以用于团体测试，也可以用于个体测试，还可用于调节夫妻关系、亲子关系，促进人际沟通，治疗和矫正青少年不良习惯，亦可用于门诊、临床以及住院患者的心理诊断，为心理咨询提供相关信息，以及促进精神疾病患者的康复等。

（二）绘画疗法案例分析

小丽是一位年轻而有才华的女性，由于长期在家庭暴力和情感问题的双重压力下挣扎，她的内心世界变得异常复杂和混乱。她感觉自己仿佛被困在一个黑暗的迷宫中，四周是高耸而坚固的墙壁，窗户被封得严严实实，门口则站着一个凶神恶煞的守卫，让她无法逃脱。她的生活充满了恐惧、无助和绝望，无法与他人建立正常的社交关系，甚至连基本的信任都变得遥不可及。

在这种情况下，小丽的心理医生决定尝试一种新颖而富有创意的治疗方法——绘画治疗。小丽对此既感到好奇又有些犹豫，但她还是决定尝试一下。

在进行第一次绘画治疗时，小丽被要求随意地画一幅画，以表达她当前的感受。她拿起画笔，开始在画布上挥洒颜料。她的画充满了象征意义：一个狭小的房间，四周是高墙，窗户被封死，门口站着一个面目狰狞的人。这幅画深刻地反映了小丽内心的困境和无助感。

治疗师仔细观察了小丽的画作，并与她进行了深入的对话。治疗师耐心而富有同理心地倾听着小丽的叙述，鼓励她通过绘画来探索自己的内心。在这个过程中，小丽逐渐学会了通过绘画来表达自己的情绪和想法，而治疗师则给予了她积极的反馈和支持。

随着时间的推移，小丽的绘画作品开始发生变化。她开始使用更加明亮和鲜艳的颜色，画中的房间也变得越来越宽敞，窗户被打开，门口的那个人也变得模糊。这些变化都反映了小丽内心的积极转变和成长。她逐渐走出内心的困境，与家人和朋友建立了更加健康的社交关系。她的自信和开朗也逐渐显现出来，变得更加乐观和坚强，能够积极面对生活中的挑战和困难。

通过绘画治疗，小丽不仅学会了如何表达自己的情感和想法，还逐渐发现了内心深处的潜力。她学会了如何面对自己的恐惧和不安，并找到了自己的价值和意义。这个案例充分展示了绘画治疗在促进个体自我认知和情感成长方面的重要作用。

当然，这个案例的成功也得益于小丽和治疗师之间的良好互动和合作。小丽以开放和真诚的态度接受治疗师的建议和指导，而治疗师则以专业而富有同理心的态度为她提供了支持和帮助。这种相互信任和合作的关系为绘画治疗的成功奠定了坚实的基础。

同时，我们也应该意识到，绘画治疗并不是一种万能的治疗方法。它需要根据个体的情况和需求进行个性化的调整和应用。例如，对于某些个体来说，绘画可能并不是他们最擅长的表达方式，因此可能需要结合其他形式的心理治疗以达到更好的效果。此外，绘画治疗还需要与其他心理治疗方法相结合，形成综合治疗方案，以应对不同的心理问题和挑战。

　　总之，这个案例充分展示了绘画治疗在帮助个体表达和沟通内心情感、促进自我认知和情感成长方面的重要作用。通过绘画治疗，小丽成功地走出了内心的困境，重获自信和勇气，成为更加健康和有活力的人。这为我们提供了一种新颖而有效的心理治疗方法，也给那些面临心理困扰的人带来了一线希望。

　　艺术疗愈的效果体现在多个方面。它可以帮助人们表达内心的情感和压力，从而减轻心理负担，为个体创造一个安全、自由的环境，使他们能够以直观、具象的方式表达自己的情感和压力，找到情感的出口，从而缓解内心的压力和焦虑，提升心理健康水平和生活质量。同时，艺术疗愈能够激发创造力和想象力，促进个人的成长与发展。此外，艺术疗愈还可以提高人们的社交能力，促进人际关系的和谐发展。

　　艺术疗愈的适用人群非常广泛，包括儿童、青少年、成人和老年人等各个年龄段的人群。它适用于各种心理和情感问题，如焦虑、抑郁、自卑、压力等。同时，艺术疗愈也可以作为一种辅助治疗手段，与其他心理治疗方法相结合，提高治疗效果。然而，艺术疗愈并非对所有人都有效。有些人可能对这一艺术形式不感兴趣或无法投入其中，这可能会影响其疗愈效果。此外，艺术疗愈也需要一定的时间和投入，需要参与者有足够的耐心和毅力。因此，需要综合考虑各种治疗方法，为患者提供个性化的治疗方案。

本章微课视频

参 考 文 献

[1] 蔡靖泉. "文化遗产"析义[J]. 中华文化遗产, 2007(2): 8-9.

[2] 蔡玉硕, 翟东伟. 人人美育, 美育人人——设计美育的基本内涵与实施路径[C]//中国教育发展战略学会艺术教育专业委员会. 2024 "美育浸润·赋能未来"学术论坛论文集. 河南大学美术学院; 河南大学美术学院艺术学理论研究院, 2024: 9.

[3] 蔡元培. 美育人生[M]. 北京: 中国画报出版社, 2022: 139.

[4] 曹思静. 寺子屋教育观的近代性探究[D]. 昆明: 云南师范大学, 2018.

[5] 曹雪芹, 高鹗. 红楼梦[M]. 北京: 中国画报出版社, 2009.

[6] 陈国强, 高艳坤. 医学的追求永远是"求真、求善、求美"[N]. 健康报, 2020-11-24(005).

[7] 陈晋. 中国共产党与中国道路[J]. 红旗文稿, 2021(18): 4-9+1.

[8] 陈沛捷, 黄斌斌, 吴樱子. 大学美育[M]. 北京: 清华大学出版社, 2022.

[9] 陈郁. 服装服饰礼仪[M]. 北京: 轻工业出版社, 2006.

[10] 崔晗, 刘越. 基于美感经验的中国园林建筑审美特点探究[J]. 美与时代, 2024(4): 11-13.

[11] 崔晋文. 思想政治教育中的美育问题研究[M]. 武汉: 武汉大学出版社, 2021.

[12] 邓宏林. 构建基于生命教育的"大思政课"育人体系[J]. 当代广西, 2024(7): 19.

[13] 丁启豪. 园林意境在景观设计中的表达[J]. 艺海, 2021(9): 77-78.

[14] 丁文俊. 浅析天水市麦积区博物馆馆藏宋代耀州窑瓷碗的艺术风格[J]. 丝绸之路, 2012(14): 42-43.

[15] 段妍. 构建蕴含生命之美的和谐社会[D]. 沈阳: 沈阳师范大学, 2013.

[16] 方玉润. 诗经原始[M]. 北京: 中华书局, 1986.

[17] 弗洛伊德. 爱情心理学[M]. 滕守尧, 译. 合肥: 安徽文艺出版社, 1996.

[18] 高巍. 做有情怀的医生 写有温度的科普[J]. 中国卫生人才, 2020(8): 75-76.

[19] 葛承雍. 中华文化遗产的历史形态与当代意义[J]. 中国文化研究, 2011(2): 26-31.

[20] 顾凡颖. 历史的衣橱: 中国古代服饰撷英[M]. 北京: 北京日报出版社, 2018.

[21] 海英. 礼仪中国[M]. 北京: 北京师范大学出版社, 2021.

[22] 韩继新. 解剖学与人体美[J]. 医学与哲学, 1993(3): 28.

[23] 韩振江. 园林美的审美构成及其历史演进[J]. 艺术广角, 2023(5): 65-74.

[24] 呼思乐. 科学传播视角下的医学科幻与医学科普[J]. 科学与社会, 2023, 13(4): 36-47.

[25] 胡晓瑛. 由《红楼梦》茶文化看明清茶具之美[J]. 农业考古, 2013(2): 85-88.

[26] 胡新生. 礼仪文明与中国人的精神气质[J]. 东岳论丛, 2013, 34(6): 99-100.

[27] 胡智锋, 邓文卿. 站在适应人类社会发展角度重新审视高校美育[J]. 中国高等教育, 2017(7): 11-13.

[28] 黄高才. 大学美育[M]. 北京: 北京大学出版社, 2018.

[29] 加缪. 鼠疫[M]. 丁剑, 译. 北京: 新星出版社, 2013.

[30] 贾永禄, 贾忠敏, 李振奇. 谈邢窑[J]. 河北陶瓷, 1991(2): 11-19+32.

[31] 江向阳，钟林. 陶瓷艺术发展浅谈[J]. 景德镇陶瓷，2008(3): 45.

[32] 姜松华，张菊芳，姜茜. 艺术导论[M]. 北京：中国电力出版社，2014.

[33] 姜云雪. 中西文学作品中的爱情观对比分析[J]. 今古文创，2021(2): 24-25.

[34] 蒋勋. 艺术概论[M]. 北京：生活·读书·新知三联书店，2008.

[35] 金正昆. 大学生礼仪[M]. 北京：北京师范大学出版社，2018.

[36] 金正昆. 商务礼仪教程[M]. 北京：中国人民大学出版社，2006.

[37] 靳开严. 论宋代陶瓷的美学思想[J]. 艺术教育，2019(4).

[38] 孔国华. 浅谈陶瓷之刀笔书法综合装饰[J]. 陶瓷科学与艺术，2021，55(5): 62-63.

[39] 孔子. 论语[M]. 南宁：广西民族出版社，1996.

[40] 寇宗奭. 本草衍义[M]. 北京：中国医药科技出版社，2018.

[41] 雷素娟. 关于美与自然[J]. 美与时代（上），2014(3): 18-19.

[42] 李超. 日本平民教育的典范——寺子屋的教育观浅析[J]. 辽东学院学报（社会科学版），2011，13(5): 140-143.

[43] 李恒. 宋代绘画艺术鉴赏[M]. 西安：陕西出版集团、陕西人民美术出版社，2011.

[44] 李慧杰. 魏晋文艺对"自然"美的追求[J]. 商丘师范学院学报，2023，39(11): 54-58.

[45] 李建臣，刘正新. 敬畏生命与尊严[J]. 中国医学人文，2021，7(11): 10-14.

[46] 李静. 寻道传统文化实现育人无声——中华优秀传统文化与现代校园文化建设有效融合和再创造的美育实践[J]. 美术教育研究，2024(20): 172-174+180.

[47] 李俊成. 用美育涵养"美丽心灵"[J]. 甘肃教育，2024(3): 14.

[48] 李凌. 自然的美育[M]. 北京：清华大学出版社，2021: 44.

[49] 李时珍. 本草纲目[M]. 北京：人民卫生出版社，2014.

[50] 李晓乾. 护理礼仪与人际沟通[M]. 上海：第二军医大学出版社，2018.

[51] 李泽厚. 美的历程[M]. 北京：生活·读书·新知三联书店，2009: 16.

[52] 李中梓. 雷公炮制药性解[M]. 北京：中国中医药出版社，2000.

[53] 李宗建，董健. 中国化时代化的马克思主义行的逻辑进路[J]. 人文杂志，2023(12): 1-10.

[54] 梁慧晶，范文涵. 试析魏晋南北朝时期园林艺术的主要特征[J]. 山西广播电视大学学报，2019，24(4): 109-112.

[55] 梁慧敏. 医学史教学中的审美教育[J]. 中国医学伦理学，2006，19(1): 111-112.

[56] 梁素清. 浅说文学美[J]. 贵州师范大学学报（社会科学版），1999(2): 63-64.

[57] 廖爱武. 人体解剖学的美学初析[J]. 宜春学院学报，2006，28(2): 127.

[58] 林鸿福. 德化陶瓷艺术特色的历史考察[J]. 中国市场，2011(26).

[59] 蔺占献. 定窑坯釉的研究与仿制[J]. 文物春秋，1997(S1).

[60] 刘会敏. 体察人文变迁，品味自然之美——《行走天下：中国行旅文化》[J]. 教育信息化论坛，2023(9): 2+129.

[61] 刘健婷，万蓓，詹麒. 新时代高校美育实施：意涵流变、逻辑遵循与路向建构[J]. 江苏高教，2023(10): 99-103.

[62] 刘静文，黄国辅. 传统文化中的敬畏生命观对大学生生命观教育的启示[J]. 湖北经济学院学报

（人文社会科学版），2024，21(3): 139-143.

[63] 刘万鸣. 中国画论[M]. 3 版. 北京：高等教育出版社，2018.

[64] 刘勰. 文心雕龙译注[M]. 陆侃如，牟世金，译注. 济南：齐鲁书社，1995.

[65] 刘秀君，秦冀，等. 磁州窑回归世界 黑与白耀眼国际[N]. 邯郸日报，2010-11-06.

[66] 刘义庆. 世说新语（中国古典名著全译典藏图文本）[M]. 北京：中国社会科学出版社，2003.

[67] 柳旭. 通赏中国名画[M]. 长春：长春出版社，2014.

[68] 卢之颐. 本草乘雅半偈（校点本）[M]. 北京：人民卫生出版社，1986.

[69] 鲁迅. 呐喊彷徨[M]. 成都：四川文艺出版社，2020.

[70] 马奔腾. 赓续中华文脉：新时代文化遗产的文化使命[J]. 长白学刊，2023(6): 139-146.

[71] 马克思. 1844 年经济学哲学手稿[M]//马克思恩格斯. 马克思恩格斯全集：第 42 卷. 北京：人民出版社，1979：119.

[72] 毛晨. 文学作品中的疾病隐喻探析[J]. 文教资料，2014(29): 35-38.

[73] 缪希雍. 本草经疏[M]. 北京：中国医药科技出版社，2011.

[74] 彭林. 礼仪[M]. 北京：中华书局，2012.

[75] 彭林. 中国古代礼仪文明[M]. 北京：中华书局，2004.

[76] 彭庆星. 医学美学导论[M]. 北京：人民卫生出版社，2002.

[77] 彭兆荣，秦红岭，等. 笔谈：阐释与展示——文化遗产多重价值的时代建构与表达[J]. 中华文化遗产，2023(3): 4-28.

[78] 蒲昱晓. 青瓷烧造中釉色的控制分析[J]. 南方文物，2019(3): 292-293+259.

[79] 邱跃强. 延安文学中的爱情书写[D]. 西安：陕西师范大学，2022.

[80] 任增强. 从中国文学到世界文学：作为中介者的海外汉学[J]. 文艺争鸣，2023(1): 119-126.

[81] 日华子. 日华子诸家本草[M]. 宁波：宁波市卫生局，1985.

[82] 沈从文. 向阳而生[M]. 北京：中国画报出版社，2023.

[83] 沈从文. 中国服饰史[M]. 西安：陕西师范大学出版社，2004.

[84] 史敏，魏琪，李倩，等. 敬畏生命观对医学生医德培养的价值探讨[J]. 中国医学伦理学，2021，34(5): 630-633.

[85] 舒斐. 莫言与寻根文学[J]. 现代畜牧兽医，2012(11): 65.

[86] 宋炳辉. 世界文学里的中国文学论略[J]. 衡阳师范学院学报，2021，42(4): 1-11.

[87] 宋开艳，王磊，文钰，等. 医学人文精神与敬畏生命教育[J]. 中国医学人文，2017，3(1): 21-23.

[88] 隋盈盈. 基于 VRay 渲染器的陶瓷材质的表现与开发[D]. 景德镇：景德镇陶瓷学院，2010.

[89] 孙机. 华夏衣冠：中国古代服饰文化[M]. 上海：上海古籍出版社，2016.

[90] 孙乐栋，刘君丽，梁文丽. 医学美学[M]. 北京：科学出版社，2017.

[91] 汤用彤. 魏晋玄学论稿[M]. 上海：上海古籍出版社，2005.

[92] 陶弘景. 名医别录[M]. 北京：中国中医药出版社，2013.

[93] 陶明东. 文学经典的重构与文学价值取向的转变[J]. 温州大学学报（社会科学版），2007，20(6): 50-55.

[94] 田媛. 博物馆古陶瓷陈列之比较研究[D]. 景德镇：景德镇陶瓷学院，2012.

[95] 童庆炳. 中国当代文学创作中的人文价值取向[J]. 陕西师范大学学报（哲学社会科学版），1999，28(4): 99-109+173.

[96] 童庆炳. 中国当代文学的精神价值取向[J]. 学术月刊，2002(2): 59-61+44.

[97] 万震. 南州异物志[M]. 北京：中华书局，1960.

[98] 汪昂. 本草备要[M]. 北京：人民军医出版社，2007.

[99] 王国维. 人间词话[M]. 涂经诒，译注. 台北：台湾中华书局，1970.

[100] 王国祥. 现代医学人体审美观概率[J]. 中华医学美学美容杂志，2004(5): 49-50.

[101] 王晶晶，李明佳. 礼仪基础教程[M]. 北京：中国铁道出版社，2021.

[102] 王俊帜，等. 浅析审美教育在人体解剖学教学中运用和体会[J]. 科技创业家，2014(4): 191.

[103] 王树良，等. 艺术概论[M]. 重庆：重庆大学出版社，2019.

[104] 王威沫. 美育在应用本科人才培养中的发展策略研究[J]. 太原城市职业技术学院学报，2017(5): 91-93.

[105] 王晓莉，徐贤淑. 护理美学基础[M]. 北京：人民卫生出版社，2019.

[106] 王瑶. 中古文学史论集[M]. 上海：上海古籍出版社，1982.

[107] 王一方. 医学价值与价值医学——读韩启德《医学的温度》[J]. 科普创作评论，2022，2(1): 83-86.

[108] 王一方. 医学与温度——医学批评意识的缘起[J]. 读书，2021(5): 142-147.

[109] 温如春. 文学教育对大学生人文素养培养的影响初探[J]. 戏剧之家，2019(12): 192.

[110] 吴白莹. 自然之美与艺术之魅[J]. 科技创新导报，2012(18): 229.

[111] 吴立春，鲁薇. 浅析加强高校文学教育对提升大学生综合素质的重要性[J]. 价值工程，2010，29(29): 185-186.

[112] 吴宁，付成宇. 习近平文化思想的生成逻辑、特质内涵与时代价值[J]. 云梦学刊，2024，45(5).

[113] 吴余青，朱奕苇. 中国传统园林审美意蕴内涵解析[J]. 湖南包装，2022，37(6): 1-6.

[114] 习近平. 高举中国特色社会主义伟大旗帜 为全面建设社会主义现代化国家而团结奋斗——在中国共产党第二十次全国代表大会上的报告[R]. 北京：人民出版社，2022: 17-18.

[115] 徐睿，孙琪梦. 叙事医学视域下《文学与医学》课程模式探究[J]. 中国医学人文，2023，9(10): 12-16.

[116] 徐硕雁，黄伊航. 大学美育实践指南[M]. 北京：新华出版社，2023: 167.

[117] 许方霄. 人文医学的星星之火打造有温度的医疗道阻且长[J]. 首都食品与医药，2016，23(1): 26-28.

[118] 薛守瑞. 文学与医学的天然亲近感——兼论鼠疫题材小说中的医疗书写[J]. 中国医学人文，2021，7(2): 16-19.

[119] 闫雅玲. 包豪斯的设计教育理念在美育中的应用与启示[J]. 甘肃教育，2023(17): 20-24.

[120] 杨博语. 中国园林意境可造园——浅论"中国园林，虽无林木亦可成园"[J]. 文化产业，2023(11): 121-123.

[121] 杨赛. 中国音乐美学原范畴研究[M]. 上海：华东师范大学出版社，2015.

[122] 杨咏. 敬畏生命之价值重识[J]. 医学与社会，2010，23(12): 69-71.

[123] 叶雨婷. 打造有温度有趣味的医学科普课[N]. 中国青年报，2022-09-26(005).

[124] 袁仄. 中国服装史[M]. 北京：中国纺织出版社，2005.

[125] 曾春海. 和谐美与和谐社会——以徐复观《中国艺术精神》为论述主轴[J]. 长安大学学报（社会科学版），2014，16(1): 134-140.

[126] 张秉成. 本草便读[M]. 北京：学苑出版社，1936.

[127] 张剑锋. 学校美育的内涵及实践路径[J]. 西部素质教育，2024，10(15): 123-126.

[128] 张锦. 美术鉴赏[M]. 北京：首都师范大学出版社，2021.

[129] 张岩松. 实用礼仪教程[M]. 北京：北京师范大学出版社，2018.

[130] 张艳清，卢景国. 论医学生的敬畏意识[J]. 医学与哲学，2009，30(21): 67-68+75.

[131] 张子泉. 文学欣赏[M]. 北京：清华大学出版社，2018.

[132] 赵长义，樊平，靳玉川. 尊重科学敬畏生命的医学人文教育平台的建设[C]//中国解剖学会. 中国解剖学会 2015 年年会论文文摘汇编. 石家庄：河北医科大学解剖学教研室，2015: 2.

[133] 赵刚，张技术，徐思民. 中国服装史[M]. 北京：清华大学出版社，2013.

[134] 赵婧贻，李明今. 叙事有声点亮"医学的温度"——"细读"《我不是药神》[J]. 中国医学人文，2024，10(3): 34-37.

[135] 赵美娟. 彰往而察来：医学现代化时代之问[J]. 中国医学人文，2024，10(1): 7-9.

[136] 赵其光. 本草求原[M]. 广州：广东科技出版社，2009.

[137] 赵树才，姜一. 医学美育[M]. 北京：中国医药科技出版社，2023.

[138] 周红娟. 医学美学[M]. 3 版. 北京：人民卫生出版社，2018.

[139] 周嘉. 香乘[M]. 北京：中国书店，2014.

[140] 周武忠. 园林美学[M]. 北京：中国农业出版社，2022: 2.

[141] 庄周. 庄子[M]. 上海：上海古籍出版社，2002.

[142] 卓千晓. 中国式的审美——"自然"美[J]. 青春岁月，2013(15): 68.

[143] 宗白华. 美学散步[M]. 武汉：长江文艺出版社，2019: 185-189.

[144] 宗白华. 美学散步[M]. 武汉：长江文艺出版社，2019: 294.

教师服务

感谢您选用清华大学出版社的教材！为了更好地服务教学，我们为授课教师提供本书的教学辅助资源，以及本学科重点教材信息。请您扫码获取。

≫ 教辅获取

本书教辅资源，授课教师扫码获取

≫ 样书赠送

公共基础课类重点教材，教师扫码获取样书

清华大学出版社

E-mail: tupfuwu@163.com
电话：010-83470332 / 83470142
地址：北京市海淀区双清路学研大厦 B 座 509

网址：https://www.tup.com.cn/
传真：8610-83470107
邮编：100084